須川亜紀子
Sugawa Akiko

舞台・キャラクター・ファンダム

2.5次元文化論

青弓社

2.5次元文化論——舞台・キャラクター・ファンダム／目次

第3章　二・五次元舞台の成立と展開

第4章 二・五次元舞台ファンと「嗜好の共同体」としてのファンダム

装画――宮崎ひかり
装丁――Malpu Design〔清水良洋〕

はじめに

子どもの頃、島村ジョー沼に落ちた。(1) キャラクターデザイン・芦田豊雄、CV(キャラクターボイス)・井上和彦の一九七九―八〇年版テレビアニメ『サイボーグ009』の主人公009島村ジョーのことだ。石ノ森章太郎の代表作であるマンガ『サイボーグ009』は何度もリメイクされているが、金髪で潤んだ眼、逆三角形のカワイイ足の芦田/井上のジョーこそが、〝わたしのジョー〟である。おこづかいでマンガ単行本(秋田書店)を少しずつ買い、デパートで偶然開催していた石ノ森先生のサイン会に行った。先生と握手してもらい、サインだけのはずが、「ジョーを描いてください!」と思わず言ってしまった。先生は顔を上げてニコッと笑い、ジョーとサインをその日に購入した「天使篇」に描いてくださった。大勢の人にサインをしなければいけないなか、画を描くのは大変だっただろうといまでは反省しきりだが、子どもの頼みと思ってわがままを聞いてくださったのだと思う。先生と出会えたこととそのサインは、いまでも私の宝物である。

その後はアニメ映画『サイボーグ009 超銀河伝説』(監督:明比正行、一九八〇年)の試写会に応募し、見事当選。友達と二人でドキドキしながら都内の映画館に行った(CVは同じ井上)。さらに井上和彦にジョーの(声の)面影を追い、彼が演じる二枚目キャラクターが登場するアニメを見まくった。

ジョーの仲間で恋人の003フランソワーズとジョーの二人の物語を自分で創作し、イラストも描いていた。もちろん「pixiv」もない時代なので、一人でひっそりと想像の世界に浸っていただけだが……。振り返ってみると、アニメ、マンガ、声優を追いかけ、描いていながらも二次創作を知らず知らずにおこなっていたのだった。私にとってそれが二・五次元の原体験だったのかもしれない。

中学・高校では、アニメイベントにも参加。一時期海外にいたが、帰国して再びハマったアニメは『HUNTER×HUNTER』（フジテレビほか、一九九九―二〇〇一年、日本テレビほか、二〇一一―一四年）だった。この頃になると声優のラジオ番組が放送されるようになっていて、毎週〝生〟ゴン、キルア、クラピカ、レオリオに会えるのがうれしかった。ある日、ラジオを聞いていて、声優たちが自分の担当した役を演じるミュージカル『HUNTER×HUNTER』が上演されると知り、衝撃を受けた。アニメやマンガの画と声で私のなかに生きていたゴンたちが目の前に現れることには不安もあったが、CV竹内順子は体形からもまさにゴン。主要メンバーもそっくりで、特にヒソカ（高橋広樹）は体形だけでなく身のこなしも、二次元から飛び出てきたようだった。

のちに「二・五次元ミュージカル（または舞台）」と呼ばれる一大ジャンルに発展するマンガ・アニメ原作やゲーム原案の舞台は、マンガ、アニメ、ゲーム文化と密接な関係がある。そして観客の多くは、いわゆる「オタク」と呼ばれる熱狂的ファンである。一般的に「オタク」とは、「ある特定の趣味や楽しみ方や傾向性を持った人々」(2)とされ、現在では趣味対象を示す語に結び付くことで、「〇〇オタク」としてその熱狂ぶりが表現できる用語になっている（例えば、ジャニーズオタク＝ジャニオタなど）。質的調査に協力してくださった二・五次元舞台のファンに、「あなたはオタクですか？」と問うと、「オタクってほどじゃない」という回答がしばしば返ってくる。かなりの知識と熱狂度がある人だけが「オタク」だという認識があるようで、まだまだ「オタク」の域には達していないと謙遜するファンが多い。「オタク」と呼ばれることに対する嫌悪感もあるのかもしれないが、「オタク」であるファンは、ライトなファンよりも、〝嗜好の共感〟を強く欲していると思われる。筆者は「嗜好の共同体」という用語をあえて使い、「好き」や「推し」という感情に根差した心情、つまり嗜好が、コミュニケーションを活性化し、連帯感や絆を形成していることを強調し、またその政治性についても考察する。ファンは、「ネタとベタ」の切り替えがわかる人や、推しやカップリング[3]についてディープなオタク話ができる相手を見つけると、とにかく楽しい（逆に嗜好が合わないと、すぐに遠ざかることもある）。本書では、オーディエンス／ファンという用語を用いるが、第4章「二・五次元舞台ファンと「嗜好の共同体」としてのファンダム」で論じるように、ファンは「オタク」要素を抜きにして語ることはできない。

ファン（オタク）のなかにはコスプレイヤーもいたり、いわゆる聖地巡礼（コンテンツツーリズム）をしていたり、声優のコンサートに出かけたり、グッズを集めたりと、領域横断的に活動し、コンテンツを消費している。これらの活動に共通しているのは、第一義的には、自分の好きな物語やキャラクター（推し）に「会いたい」「存在を感じたい」「推しがいる世界に入りたい」というような強い思いだろう。二・五次元という二次元（虚構）と三次元（現実）の間を行き交って妄想をめぐらし実践するジャンルは、さまざまな領域と相関関係にある。個別の事例を考察する際、周辺領域と関連させてみると、包括的な視点が獲得できる。そして、そういった視点から現代のマンガ、アニメ、ゲームをめぐるファンの消費行動や利用、ひいては社会やジェンダー規範に対する考え方も析出できるのではないか。そうした理由から、筆者は「二・五次元文化」という概念を提示し、二・五次元舞台、コスプレ、声優／キャラライブコンサート、応援上映、コンテンツツーリズム（アニメ聖地巡礼）、バーチャル・ユーチューバーなどを対象に、コンテンツとそのファンの調査・研究をしている。本書は、その足掛かりとして「二・五次元文化」の代表ともいえる二・五次元舞台とそのファンに焦点を当てた。「二・五次元文化」への航海の道しるべとして、本書が少しでもお役に立てたらうれしい。

＊本書は、青弓社のウェブ連載「二・五次元文化論」の一部を大幅に加筆、修正したものです。
＊本書の一部はＪＳＰＳ科研費「「二・五次元文化」における参加型文化による嗜好共同体構築に関する研究」（課題番号17K18459）の助成を受けたものです。

注

（1）「沼」とは、沼に足を踏み入れるように、ハマった対象、ジャンルから抜け出せない状態のこと。
（2）吉本たいまつ『おたくの起源』（ＮＴＴ出版ライブラリーレゾナント）、ＮＴＴ出版、二〇〇九年、三ページ

（3）カップリングとは、BL（ボーイズラブ＝男性同士の恋愛）関係において、男性キャラクター二人をファンが勝手にカップルにすること。

第1章 「二・五次元文化」の隆盛

はじめに

「二・五次元」。マスメディアでも頻繁に取り上げられるようになったこの言葉が最もよく使用される文脈は、「二・五次元ミュージカル」だろう。二〇一八年末の『NHK紅白歌合戦』にゲスト出演した「刀剣男士」のパフォーマンスで全国的に知られるようになったミュージカル『刀剣乱舞』(二〇一五年—)は、最も人気がある二・五次元ミュージカルの一つだ。「刀剣男士」とは、リリース後四カ月で登録者数百万人を突破した人気オンラインゲーム『刀剣乱舞—ONLINE—』(二〇一五年—)に出てくる刀剣の擬人化キャラクター(付喪神になった刀剣たち)の総称である。[1] そのゲームでは声優の台詞によってキャラクターに魂が与えられているが、メディアミックスによる舞台化、テレビアニメ化、実写映画化などを通じて、多くの物語が新しく創成されている。そうした二次元の虚構キャラクターが、三次元の現実で具現化し、虚構性を限りなく内包した人間の生身の身体、いわば「虚構的身体（“virtual corporality”）」と呼びうるものによって実践されることが、二次元と三次元の中間という意味で「二・五次元」と呼ばれているのである。

しかし、ミュージカルや演劇を指すだけでなく、二次元（虚構）と三次元（現実）の中間という広い意味で「二・五次元文化」(2)を捉えると、「二・五次元文化」事例はより広い領域で多数観察することができる。世界中で受容されているマンガ、アニメ、ゲームなどのキャラクターに扮する「コスプレ（コスチュームプレイ）」、『ラブライブ！ school idol project』で有名になった、声優が演じるキャラクター自身としてパフォーマンスする「声優／キャラライブコンサート」、アニメの舞台やゆかりの地などを旅する「コンテンツツーリズム」（アニメ聖地巡礼）、映画館で空間を共有する観客たちとともにスクリーンに向かって応援する映画の「応援上映」、メイド喫茶やバトラーズカフェなどある一定の世界観やテーマを表現する「コンセプトカフェ」や「テーマカフェ」などで、私たちは「現実」と「虚構」が混交する空間を自由に行き来しながら、「二・五次元文化」を楽しんでいる。二〇二〇年前後ではキズナアイや輝夜月《かぐやるな》などのバーチャル・ユーチューバー（Vチューバー）や、横浜のDMM VRシアターでのARP(3)（シンジ、レオン、レベルクロス）やenoguなどのVRアイドル、そしてジャニーズ事務所の「バーチャルジャニーズプロジェクト」によってデビューしたバーチャルアイドル海堂飛鳥と苺谷星空(4)も、二・五次元文化の一例といっていいだろう。

そうした二・五次元文化の広がりは、日本だけの現象ではない。日本のマンガ、アニメ、ゲームには世界中にファンがいて、「聖地」日本にあこがれて来日するインバウンド観光にもつながっている。さらに日本に定住する海外ファンも増加している。

いつの間にか人口に膾炙しつつある「二・五次元」だが、その用語が普及すると同時に、領域の多様化も急速に進んでいる。そのため、「二・五次元文化とは何か」を定義することがますます困難になってきている。しかし、学術的に研究するためには、その前提としてある程度の定義をすることは必要である。筆者は、あえて戦略的に二・五次元領域で展開される現象を包括的に捉え、マンガ、アニメ、ゲームなどの視覚情報が優先される二次元の虚構世界と、身体性を伴う経験を共有する三次元の〝現実〟世界のあいまいな境界でおこなわれる文化実践を、「二・五次元文化」として定義する。そこでは、制作者、アクター、そしてそれを消費・利用するオーディエンス／ファンの積極的な関与によって生じる相互作用が不可欠である。個々のメディア別の事象だけではなく、包括的な視点を措定することによって、現在展開している現象の社会文化的意味、とりわけデジタル時代の若者文化、ジェンダーにまつわる問題群の析出、さらにトランスナショナルな相互理解の可能性が照射できるだろう。

1　「二・五次元」の意味の変容

二・五次元としての声優（または〝中の人〟）

「二・五次元」という用語は、一九七〇年代頃からアニメファンの間のジャーゴンとして、「声優」を意味する言葉だった。本書では「アニメ」という言葉は主に日本の商業用テレビアニメーション、または映画作品を指している。日本で本格的なテレビ放送が開始されたのは五三年だが、テレビ放送黎明期はまだ国産のアニメ番組は制作されておらず、『まんが・スーパーマン（Superman）』（一九五五年）、『ポパイ（Popeye the Sailorman）』（一九五九年）、『トムとジェリー（Tom & Jerry）』（一九六三年）など、主にカートゥーン（animated cartoons）と呼ばれる、どたばた調の一話完結の短篇で構成されたアメリカのテレビアニメを放送していた。[5] 初の国産連続テレビアニメは、六一年の三分番組『インスタントヒストリー』（フジテレビ）だが、毎週一話約三十分という現在のテレビアニメ番組スタイルの原型になるのは、六三年一月一日から放映された『鉄腕アトム』（フジテレビ系、一九六六年）だった。同年に『鉄人28号』（フジテレビ系、一九六六年）、『エイトマン』（TBS系、一九六四年）、『狼少年ケン』（NETテレビ、一九六五年）なども放映され、アニメのキャラクターに命を与える声優[6]の声と身体が、アニメーションの動きとともに、キャラクターに身体性、存在感を与える大きな役割をもった。同時に、例えばアトムのキャラクターが、スポンサーの明治製菓のお菓子のパッケージに印刷されたり、おまけシールなどに起用されたりと、のちに「メディアミックス」と呼ばれるこの総合的なフランチャイズによって、キャラクターたちは映像以外でも私たちの日常生活をともに生きる存在になっていった。

声優の役割について、野澤俊介は次のように述べている。

「中の人」という比喩は、声優を媒介者、またはキャラクターが牽引するコンバージェンス・カルチャーの媒介としての枠組みを構成している。それは、リアリティとファンタジーが出会う場であるが、決して融合しない境界のイマジネーションを呼び起こす。サブカルチャーのファンはよく、声優は三次元の現実と二次元のファンタジーの中間――つまり二・五次元に生きているように表現する。まさに声優は、境界上にいる媒介者なのだ。(7)

このようにアニメ声優を意味していた「二・五次元」という言葉は、声優ブームが起こると言説上にあまり登場しなくなる。藤津亮太によると、第一次声優ブームは、海外ドラマなど（「外画」）の吹き替えをした野沢那智らに追っかけファンが現れた一九六〇年代後半であり、第二次声優ブームは、劇場版『宇宙戦艦ヤマト』（監督：舛田利雄、一九七七年）の公開をきっかけとしたアニメブームとともに始まり、ブームが沈静化する八〇年代前半まで続いた。その後、第三次アニメブームが『美少女戦士セーラームーン』（テレビ朝日系、一九九二―九七年）とともに始まるが、この時期の特徴は「声優そのものもメディアミックスの対象」(8)だったことだという。「二・五次元」的な感覚が、アニメと声優という二者の関係性だけではなく、声優の「虚構的身体」（虚構性の高い身体性）を通じたイベント、ラジオ、音楽、ゲーム、舞台など多メディアでのパフォーマンスにも広がった。このことが、声優ではない役者によって演じられる、のちに「二・五次元」と呼ばれる現象が舞台（音楽劇、台詞劇）や関連コンテンツ（イベント、コンサートなど）とともに社会に定着する土壌となった。また、後述するようにミュージカル『テニスの王子様』登場以前に、ゲーム／アニメ『サクラ大戦』やアニメ『HUNTER×HUNTER』の声優たちが、ショーやミュージカルといった舞台で自分たちの役を演じるという虚構と現実のシームレスな関係がすでに具現化されていたことも、忘れてはならない（詳細は第2章「二・五次元舞台とは何か――虚構的身体性とファンの相互作用」で論じる）。

マンガ、アニメベースの舞台としての二・五次元

一九七八年には初のアニメ専門雑誌「アニメージュ」（徳間書店）が創刊、続いて声優専門雑誌「ボイスアニメージュ」（徳間書店）、「声優グランプリ」（主婦の友インフォス）がともに九四年に創刊され、イベント以外にも声優の「顔出し」の場が多くなっていく。こうして声優自身の身体（存在）が可視化されるにつれて虚構性が希薄になり、「二・五次元」という言葉は声優に対してあまり使用されなくなる。かわりに、「中の人」という用語のほうが多用される。声優に対して使用されなくなった「二・五次元」は、二〇〇三年から始まるミュージカル『テニスの王子様』（以下、『テニミュ』と略記）の人気が徐々に高まるにつれ、声優という限定的な意味から変化し、役者の虚構性が高い身体、つまり「虚構的身体」を通じて表現されるキャラクターの再現性を重視した演劇、およびその「キャスト」（＝俳優）を指すようになる。「まるで二次元（アニメ）から三次元（現実）に抜け出たみたい」という、マンガ・アニメ原作の舞台を観たファンの声が、ネットを通じて共有され定着していった。

制作者側が「二・五次元」を採用するまでには、時差があった。ミュージカル『忍たま乱太郎』

（二〇一〇年―）などの開発、宣伝を手掛けた豊陽子は、「二・五次元」はおそらくファン主導の用語だと断ったうえで、あえて「アニメライブ」（アニメーションのようにライブ化する）と呼称している。(9) 二〇〇八年に出版された『TEAM!』の『テニミュ』特集では、このライブステージのジャンルに名前をつけるとしたらどうか、という問いに対して、当時エグゼクティブ・プロデューサーだった片岡義朗は、このときはまだ「アニメミュージカル」（アニメ作品のミュージカル化）と回答している。(10) しかし、一〇年には雑誌「Otome continue」で「2・5次元バックステージ」特集を組んでいるので、(11) 二・五次元という言葉が〝アニメなどを原作にした（特にキャラクターの再現性が高い）舞台作品〟を指すものとして使用されたのは、少なくとも〇八年以降だと思われる。それは「YouTube」に代表される動画共有サイトが普及し、「ニコニコ動画」によってファンによる字幕での参加型文化が徐々に始まった時期、そして二・五次元ミュージカルの公演数増加の時期と一致する。ぴあ総研の調査（二〇一九年）によると、〇八年から前年に比べてタイトル数が十九から二十九へ、公演数が三百二十九から五百四十九回へと一挙に跳ね上がり、一一年の東日本大震災の影響で減速するものの、一二年に再び驚異的な伸びを記録し、以後は増加の一途をたどっている(12)（図1）。この統計は日本だけの数字なので、アジア公演をした『テニミュ』、ミュージカル『美少女戦士セーラームーン』（アメリカ公演もあり）、『ライブ・スペクタクルNARUTO―ナルト―』、ミュージカル『黒執事』や、パリ公演を果たしたミュージカル『刀剣乱舞――阿津賀志山異聞』などの海外での観客動員数を合わせると、その数は大幅に増えるだろう。

「日本の「漫画アニメミュージカル」を世界共通の若者文化へ」という目標を掲げて二〇一四年に

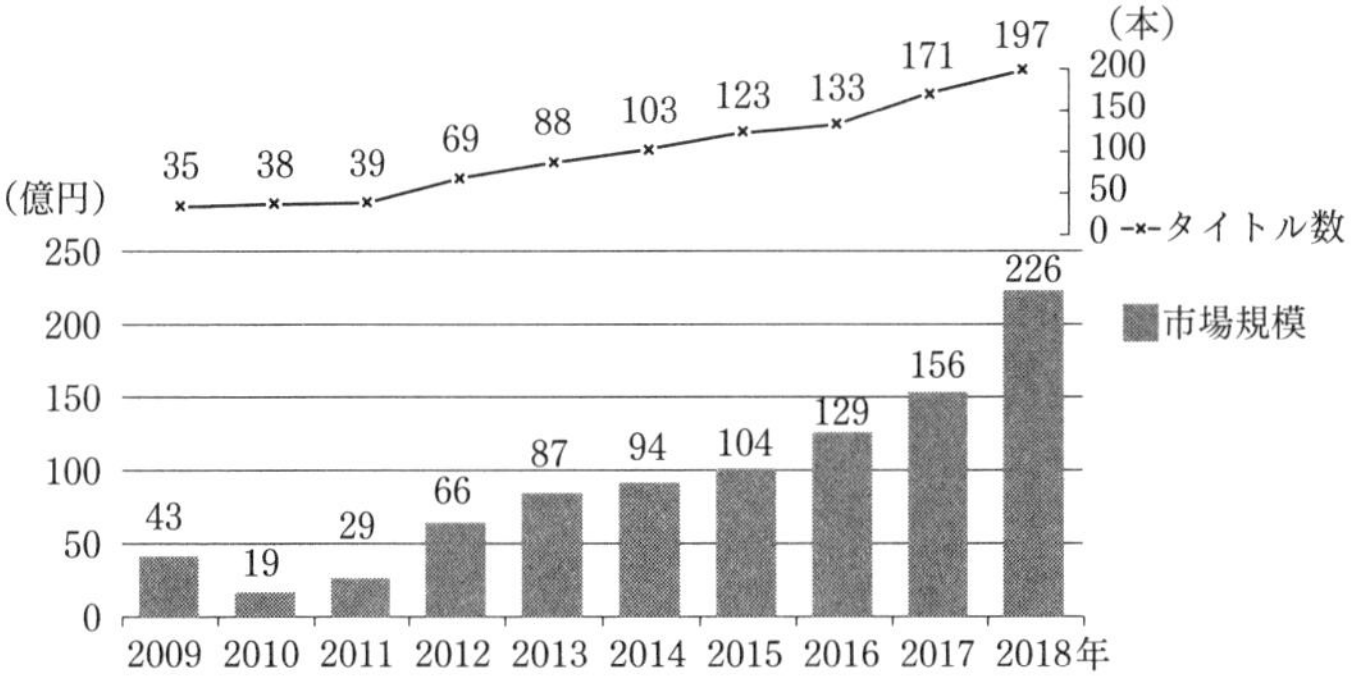

図1　2.5次元ミュージカル市場規模とタイトル数の推移
（出典：ぴあ総研による推計値。「ぴあ総研2.5次元ミュージカル市場2000—2018年推 移」2019年〔https://corporate.pia.jp/news/detail__live_enta20190704_25.html〕［2020年12月19日アクセス］）

設立された日本二・五次元ミュージカル協会は、「二・五次元」というファン用語を積極的に、また戦略的に名称に採用した初めての団体である。協会は、二・五次元ミュージカルを「二次元の漫画・アニメ・ゲームを原作とする三次元の舞台コンテンツの総称[13]」と定義している。ミュージカルという用語を冠しているが、対象にはミュージカルではないストレートプレイ（台詞劇）も含まれる。二次元作品を三次元化した舞台の総称にミュージカルという用語を選択したのは、このジャンルを『テニミュ』が牽引してきたこととも関係があるだろう。毎年ライブ・エンターテインメント市場の調査結果を発表しているぴあ総研も、「二・五次元ミュージカル」を「二次元の漫画・アニメ・ゲームを原作とする三次元の舞台コンテンツの総称[14]」と定義している。ただし、歌舞伎／能・狂言、宝塚歌劇とは分けて集計している一方で、例えば萩尾望都のマンガ『ポーの一族』原作の宝塚ミュージカル・ゴシック『ポーの一族』（花組、二〇一八年）などは「二・五次元ミュージカル」としてカウントしているため[15]、留意が必要である。

しかし前述したとおり筆者が考える「二・五次元」とは、ストレートプレイやミュージカルの専売特許ではなく、現代ポピュラー文化（マンガ、アニメ、ゲームなど）の虚構世界を現実世界に再現し、虚構と現実のあいまいな境界を享受する文化実践である。あえて「文化実践」としているのは、インターネット環境が発達した今日では、送り手（制作者／製作者、演技者）と受け手（オーディエンス／ファン）という二つのベクトルは完全に分離しておらず、送り手と受け手の相互作用のなかに二・五次元文化は現象するからだ。つまり、送り手（制作者／製作者、演技者）も受け手（オーディエンス／ファン）もプレイヤー／アクター／パフォーマーとして行動し、参加する（participate）ことを通じて、二・五次元文化が生産されるのである。こうした文化創造の実践は、参加型文化（participatory culture）と呼ばれる。

2　二・五次元文化隆盛の背景

では、プレイヤー／アクター／パフォーマーたちの相互作用を可能にするのは何だろうか。二次元の虚構の世界の住人たちが、あたかも三次元の私たちの「現実」に存在するような妄想、錯覚、認知、遊戯……。しかし、それは近年急に現象したわけではない。イマジネーションの力によるファンタジー世界の構築は、どの時代の人でもできたはずである。現代のエンターテインメントとしてその隆盛が顕著になった要因として、次の三つがあげられる。一つ目は、〝キャラクター〟の前景化である。正確にいうと〝キャラクター中心のコンテンツの成立とその消費〟がおこなわれていることである。前述したとおり、テレビアニメの創成期と同時に「メディアミックス」とのちに呼ばれるフランチャイズがおこなわれ、オーディエンスは子どもの頃からキャラクターを自律した存在として認識してきた。そのようなメディア環境で、キャラクターは広範囲で共有、消費されてきた。「メディアミックス」にはさまざまな解釈と定義が存在するが、ここでは木村智哉の「根幹となる一つの企画が多数のメディアを前提に、そのアイデアを放射状に展開する、連関したアレンジの体系」[16]という説明を採用し、論を進める。

二つ目は電子メディア環境の変化によるコミュニケーション様態とリアリティ認識の変容である。虚構と「現実」を接続するツールとして大きな役割を果たしたのは、インターネットである。「ニコニコ動画（現・ニコニコ）」や「YouTube」などの動画共有サービスや、「mixi」「Facebook」「Twitter」「Instagram」「pixiv」「LINE」などのソーシャルメディア（以下、SNS〔会員制交流サイト〕）が、パソコンからモバイル機器（スマートフォンなど）へと広がりユビキタスな情報・コミュニケーション空間を可能にさせた。また、VR（虚構現実）、AR（拡張現実）などの映像技術の発展も、虚構と「現実」を攪乱させる一助になる。私たちを取り巻く社会的環境、特にこうしたメディアの発達によるコミュニケーション形態の変化が、二・五次元文化の隆盛に大きく影響していると考えられる。私たちは、マンガ、アニメ、ゲームなどの二次元の虚構が三次元の現実に移植されたコンテンツを楽しむ。この快楽を容易にさせているファクターの一つに、「リアル」に対する私たちの認識の変容があげられる。

それと連動して、三つ目はSNSを通じてほかのユーザー（オーディエンス／ファン）やコンテンツ提供者とのコミュニケーションが容易になり、かつ加速化し、相互作用が盛んにおこなわれることで参加型文化が可能になったことである。本節では①キャラクターとその共有、消費、利用、②電子メディア環境の発達によるリアリティ認識とコミュニケーション様態の変容、③参加型文化の三つの軸を中心に、二・五次元文化の発展の背景を考察する。

キャラクターとその共有、消費、利用

キャラクター中心のコンテンツの共有、消費、利用は二・五次元文化の主要な特徴である。キャラクターという用語には多くの意味が付与されているため、まずキャラクターについて整理してみたい。

キャラクターとは、第一義的には創作物（＝二次元）の登場人物のことである。しばしばキャラクターは「キャラ」と略して使用され、近年では文脈によってその意味は多様化している。キャラクターとキャラに関する議論は多様であり、創作物だけでなく現実の私たちにもその言葉はしばしば適用される。土井隆義の『キャラ化する／される子どもたち――排除型社会における新たな人間像』（〔岩波ブックレット〕、岩波書店、二〇〇九年）に代表されるように、ある一定の個性を強調した個体（「いじられキャラ」「エロキャラ」などコミュニティーのなかでの役割分担のようなもの）がキャラと呼ばれる場合は、コミュニケーション学や社会学の文脈でしばしば語られる。この文脈では「キ

ャラがかぶる」(例えば「メガネキャラ」などメガネをかけているクール系の生徒がクラスに二人もいると、都合が悪いわけである。アニメやマンガでもその傾向は顕著だ)や、「キャラが立つ」(個性の強さがあり、唯一絶対の個体として認識できる)などの言い回しになる。しかし、キャラは単なるキャラクターの略語だけではないことも、いまでは自明である。

二次元でのキャラクターやキャラに関する先行研究を精査してみよう。マンガ、アニメ、ゲームなどでキャラクターを構成する主要要素には、視覚的造形(髪形、コスチューム、付属品、色彩など)、内面(性格)、音声的特徴(声の高低、口癖、決め台詞など)があげられる。[17] マンガでのキャラクター研究が先行したため、まずキャラクター論は図像を中心に展開された。伊藤剛は『テヅカ・イズ・デッド』で、手塚治虫のマンガを中心に分析し、キャラとキャラクターを次のように説明している。キャラとは「キャラクターに先立って、何か「存在感」「生命感」のようなものを感じさせるもの[18]」であり、「比較的に簡単な線画を基本とした図像で描かれ、固有名で名指されることによって、あるいはそれを期待させることによって、人格・のようなものとして存在感を感じさせるもの[19]」とし、テキストからの遊離が可能としている。一方、キャラクターとは、「テキストの背後にその「人生」や「生活」を想像させるもの[20]」であり、人格をもった身体の表象で、物語内に閉じると述べている。つまり名指される存在としての〝キャラ〟という概念が認識されることで、キャラクターが成立するのである。

同じく手塚治虫のマンガの分析で、伊藤のキャラクター論を精査、発展させた岩下朋世は、次のように整理する。

単なる図像は「キャラクター」を立ち上げるための基盤となり得ない。「人格・のようなもの」といった言葉で形容されるある種の存在感を媒介することで、図像は「キャラクター」を表現する上での単位となるのである。（略）図像が指示し、意味する個別的対象をキャラ人格と呼ぶことにしたい。また、こうしたキャラ人格を立ち上げるものとして造形され、あるいは使用される、差異化された図像についても、以下ではキャラ図像と呼ぶ。[21]

このキャラ図像、キャラ人格という概念は、マンガのそれぞれのコマに描かれているキャラクターについて使用されている。「キャラ図像」とは、コマに描かれた一つひとつのキャラクターを指していて、その複数の「キャラ図像」が同一人物だと認識されるために必要なのが「キャラ人格」である。[22]岩下は、例として高橋留美子のマンガ『らんま１／２』の主人公の少年・早乙女乱馬が、多数のコマで描かれるだけでなく、水をかぶると女性に変身してしまっても乱馬と同定できるのも、「同じ誰か」＝「キャラ人格」が結び付いているからだと説明し、「キャラクターはキャラ人格によって繋ぎとめられる複数のキャラ図像が折り重なり響き合うことによって受け手の中に描きこまれていくもの[23]」と主張する。

「キャラ図像」「キャラ人格」概念によって、マンガやアニメにしばしば現れるデフォルメ化されたキャラクターの同一性が説明できる。例えば、金髪、青い目にお団子頭のツインテール、スリムで長い手足をしたキャラクター（キャラ図像）が、おっちょこちょいで大食漢だが仲間と恋人への思いやりをもち、敵と戦う勇気（＝内面）と口癖（決め台詞「月にかわっておしおきよ！」など）があるというキャラ人格によって、受け手は『美少女戦士セーラームーン』の月野うさぎ（セーラームーン）だと認識することが可能である。うさぎがちびキャラ[24]として描かれようと、キャラ人格を通じて同定することは不可能ではない（ここではキャラ人格に声優の声も含まれるだろう）。

キャラクターの決め台詞のほかにも、口調に関する情報として「キャラ語尾」があげられる。マンガ、アニメ、ゲームのキャラクターが使う独特の語尾のことだが、実際に私たちが通常使わない語尾であればあるほど、キャラ人格の情報として機能する。例えば、中国人系キャラクターの日本語の語尾の「〜アル」（例：石ノ森章太郎『サイボーグ009』〔一九六四年―〕の張々湖、空知英秋『銀魂』〔「週刊少年ジャンプ」二〇〇四―一八年、集英社〕の神楽）、岸本斉史『NARUTO―ナルト―』（「週刊少年ジャンプ」一九九九―二〇一四年、集英社）の主人公うずまきナルトの「〜だってばよ」などである。アニメ化もされているライトノベル、鎌池和馬『とある魔術の禁書目録《インデックス》』と関連シリーズ（メディアワークス、二〇〇四年―）でも、多くの登場人物の台詞には独特の語尾（または接頭語）がある（例：土御門元晴の「〜だにゃー」など）。こうした「キャラ語尾」は、一人称（オレ、僕、私、わい、拙者など）の多様性と同様、キャラクターの人格・内面を指示する要素として重要である。こうした側面は、キャラクターがおこなっている（とされる）「Twitter」アカウントなどのキャラクターSNS（例：『うたの☆プリンスさまっ♪』の一十木音也 @Otoya_1_SH[25]）などもで展開されており、それがキャラ、キャラ人格を表現する要素として、言い回し、言い方がキャラクターを認識する重要な要素の一つになっている証左である。[26]

岩下の議論と通じるのが、E・M・フォースターの『小説の諸相』を援用した小田切博のキャラクター論である。小田切は、『キャラクターとは何か』で、キャラクターの構成要素は「外見、性格、記号的意味」であり、どれか一つでもあればキャラクターは成立する、とした。キャラクターの成立要素が最低一つあればよいという指摘は、（手塚）マンガだけでなく、多メディアでのキャラクターにも適用でき、汎用性がある。例えば、ハローキティを示すのに、キティが身に着けている丸いフォルムのリボン（記号的意味）をプリントしたバッグは、キティ自体が描かれていなくとも、「キティのバッグ」と認識されるのである。同様に、単純描線で丸い顔に二つの丸い耳が突き出ていたら（外見＋記号的意味）、目鼻が描かれていなくとも、ミッキーマウスだと認識されうる。[27]

このように図像中心にキャラクター論は発展していったが、初の国産三十分連続アニメの『鉄腕アトム』がそうだったように、マンガの図像はアニメ化されて声と動きがつけられ、またお菓子などのパッケージやおまけにプリントされるなど、「メディアミックス」展開のもと、図像以外のさまざまな要素がキャラクターには付与される。この点について岩下は、言語情報、紙面上の配置、コマによる分節化など視覚以外の付加的な情報もキャラ図像を機能させうるとし、マンガでの図像以外の付加情報にも言及している。岩下のこの指摘は、アニメ（二次元）からコスプレや二・五次元舞台などへの具現化における、人間の身体を媒介にしたパフォーマンスでのキャラクター認識機能の示唆を与え、実際、自身のキャラクター論を二・五次元作品にも発展的に適用している。[28][29]

マンガ以外のメディアプラットフォームでのキャラクターについて分析したさやわかは、『キャラの思考法』で、クリプトン・フューチャー・メディアの初音ミクについて論じている。音声合成ソフトのボーカル音源を歌う女性型キャラクター初音ミクは、キャラクター設定情報が非常に限定されている。しかし、さやわかによると、それこそがユーザーがコミットできる余地になっているという。ミクは、ユーザーが読み込む「どのような物語でも受容できる白紙の存在(30)」であるため、ユーザーのn次創作が無数に生まれ、ストリーミングサイトで世界中のユーザーに共有、消費、利用されていった。また、さやわかは、図像中心のキャラクター研究で看過されていた「声」に着目し、キャラクターに声が付与されたことによって、「インターネットを中心に動画や音楽など、時間性のあるコンテンツを積極的に消費するようになったゼロ世代後半以降に相応しいキャラクター像の更新(31)」が可能になったと論じている。

キャラクターと声が不可分に結び付くことで、声もキャラクターを認識させる重要な要素の一つになる。小林翔は、声と同時に声優の身体もキャラの情報として含め、「ボイス・アイデンティティ」と呼称している。小林によると、ボイス・アイデンティティとは、「キャラクターの声とそれを演じる声優の音声イメージの重なりあいによって生成される再認識可能性(32)」であり、特に音声情報があるアニメ作品のキャラクターを考察する際に重要である。小林の論は、声は作品でのキャラクターのアイデンティティを担保するだけでなく、特定の声優の声という固定イメージ、つまり「色」が重なることで、作品の横断だけでなく、声優の声を介在させた二・五次元舞台でキャスト／キャラクターの「虚構的身体」が構築されるという、キャラのメディア横断性についての示唆を与えてくれる。つまり、声優が背負ったキャラクターのイメージを、オーディエンス／ファンが別の作品で同じ声優が演じるキャラクターに重ねて楽しんでみたり、声を手掛かりにキャストを二次元の世界に近づけて認識したりするという行為において、声が非常に重要な役割を果たしていることがわかるのである。

こうしてキャラ、キャラ人格と呼ばれるものによって、私たちはキャラクターを認識し、共有、消費、利用する。二次創作作品など、無数のn次創作がファンによって増産されることについて黒瀬陽平は、「キャラクター文化の無尽蔵な母胎は、記号であるにもかかわらず、そこに独特の存在感や生命感を宿す「キャラ」の力」があるとし、「複数の物語を自由に飛び回る」[33]キャラクターの力を「キャラクターのおばけ」[34]と形容している。「キャラクターのおばけ」とその共有、消費、利用を可能にしているプラットフォームは、メディアミックスによって多層的に展開されている。換言すれば、メディアミックスを支えているのは、魂をもったキャラクターの横断性であり、力なのだ。

リアリティ認識とコミュニケーション様態の変容

テクノロジーの発達によって、虚構世界を現実に近づける仮想現実、バーチャルリアリティ(virtual reality＝VR)が社会を騒がせたのも今は昔、すでに私たちは拡張現実(augmented reality＝AR)を身にまとっている。スマートフォンのアプリを開いて建物などにかざすと、CG(コンピューターグラフィックス)で過去の都市風景が重なるように出現したり、観光名所にかざすとすぐさま説明が現れたりする仕組みで、ARは観光案内などですでに実装されている。お菓子のパッケージについたQRコードを読み取ると、アプリを通じてキャラクターが現実の物体に重なって現れるなど、エンターテインメントでも使用されている。二〇一六年には「プレイステーションVR」が約十万円程度の〝手が届く値段〟で発売され、ヘッドセットをつければ家庭で気軽にVR体験ができるようになったことから、一六年は「VR元年」とも呼ばれた。[35] リアリティがある優れたVRとその臨場感の体験について、アメリカの心理学者ジェレミー・ベイレンソンは『VRは脳をどう変えるか?』で、「[心理的臨場感：引用者注]が生じると、あなたの運動機能と認知機能は現実世界に対するのと同じように仮想世界と相互作用する」[36] とし、VRを通じた〝体験〟がリアリティ認知を変化させると述べている。

それらVRとARが混在した空間は、複合現実（mixed reality＝MR）と呼ばれ、私たちの「リアル」感覚を攪乱する。[37] 二〇二〇年には5G（第五世代移動通信システム）によって、通信速度が加速してさらに大容量のデータの送受信が可能になった。今後日常空間にMRが常態化されていき、自動運転などのIoT（Internet of Things）も珍しくなくなるだろう。こうした映像、映像体験の変化、そして私たちの受信方法の変化について、石岡良治は、「画像検索のような技術に伴う受容者のビジュアル・リテラシーの高まりやディープ・ラーニングの精緻化」[38] という問題にも結び付くと論じている。さらに、SF小説、マンガ、アニメなどでおなじみのAI（artificial intelligence）を搭載する人型ロボットや自動車などは着々と実用化されていて、AIは軍事兵器から日用品まで幅広く採用されつつある。人間（リアル）なのか人間に限りなく近いAI（作り物）なのか、その差異のあいまいさもリアリティ認識に影響するだろう。

MRよりもさらに「リアリティ」と虚構が混交した状況を、デ・ソウザ・イ・シルヴァは、ハイブリッド・リアリティ（hybrid reality＝HR）と呼んでいる。都市空間では、モバイル電子機器によってネットに接続している状態が常態化し、その結果、物理的空間とサイバー空間の差が消滅していく。(39)ソーシャルゲームやSNSなどによる、時空間を縦横無尽に横断する相互作用によるコミュニケーションが日常生活の一部（もしくは大部分）になっている若者にとって、彼女が二〇〇六年に論じたこの感覚はもはや自明のことだろう。物理的に隣にいる友人よりも、ネット上でチャットしているハンドルネームだけしか知らない他者に対してより親近感とリアル感を感じてしまうことも不思議ではない。何を「リアル」と感じるか、という「リアリティ」の概念は、こうしたデジタル空間での自我を違和感なく持続させている多くの若者にとって、もはや物理的感覚と直結しないのである。

しかし、ここで強調しておきたいのは、技術決定論で二・五次元文化を論じようとしているわけではない、ということだ。前述したとおり、いつの時代にもファンタジーや妄想の世界は存在しており、人々は現在でいう「二・五次元」的な世界を享受していた。それがなぜ「二・五次元文化」が近年に急速に顕在化してきたようにみえるのか。その理由の一つは、SNSやインターネットを利用し、モバイル機器を日常的に利用するようになるなかで、現実と虚構を自由に行き交うことが容易になったのが、二〇〇〇年代後半以降だったということにすぎない。つまり、技術が私たちの認識を変化させたという単純な構造ではなく、技術の発達と私たちのコミュニケーション活動の変化が並行し、相互作用するなかで、「リアル」に感じる感覚が変化してきたということなのである。

参加型文化——パフォーマンスとしての二・五次元文化実践

ハイブリッド・リアリティ下の「リアリティ」の感覚の変化に加え、二・五次元文化は、〝パフォーマンス〟を通じて成立する。ここでいうパフォーマンスとは、「参加者たちが、同じ時空間で、ある領域に囲まれた活動に参加している、あらゆる実践」のことである。[40]ドイツの演劇学者エリカ・フィッシャー＝リヒテは、演劇、サッカーの試合、結婚式、ミサ、政治集会などあらゆるシーンで、行為者と参加者の相互作用のなかでパフォーマンスは生じると述べる。[41]ドイツ文学者マックス・ヘルマンがいう、演劇での俳優と観客の相互作用、すなわち「身体（ライブ）の共在」[42]を援用し、フィッシャー＝リヒテは俳優と観客、観客と観客の間の総合的なインタラクションの重要性を強調している。[43]こうした相互作用に「身体（肉体）の共在」[44]が不可欠であることは、昨今のライブパフォーマンスの隆盛にも通じるが、「身体」をサイバー世界（ＳＮＳ上での情報交換）にも拡大すると、本書で論じる「二・五次元文化」の実践の内実がより精緻に分析できると思われる。

フィッシャー＝リヒテによると、パフォーマンスの主要四要素は、媒介性（mediality）、物質性（materiality）、記号論的意味性（semioticity）、審美性（aestheticity）である。[45]媒介性とは、行為者と鑑賞者が同時空間に存在し、互いに分離不可能な状態のことである。また、テキスト（詩、絵画、小説、映画など）は作者の手を離れても変化しない物質性を保持するが、パフォーマンス（上演）は、それ自体が商品であり、物質的にあとに残らない一回性のものであるため、そのはかなさこそがパフォーマンスの物質性となる。[46]記号論的意味性とは、パフォーマンスがどのように意味を生成するか、ということである。そして、審美性とは、パフォーマンスが参加者たちにどんな経験をさせるのか、ということである。同時空間に存在し、一回性のパフォーマンスが意味を生成することによって、審美的経験を具現化するのである。

このパフォーマンス論を「二・五次元文化」の研究に援用しながら、デジタル時代のファン研究、コンテンツ産業研究も視野に入れ、二・五次元文化事象を分析するための理論的基盤を考察してみたい。先行研究としてここでは、ヘンリー・ジェンキンスの「テキスト密猟」「収斂文化」や、イアン・コンドリーの「ダークエネルギー」「協働」、マーク・スタインバーグの「アニメのメディアミックス」という概念を取り上げる。

テレビとファンダム（ファン共同体）の研究の第一人者であるジェンキンスは、*Textual Poachers*（『テキスト密猟者』[47]）で、アメリカのテレビ番組のファンが、二次創作（例えば、日本でいうBL〔ボーイズラブ〕小説のような〝スラッシュフィクション〟やイラスト）を通じて共同体を作り、文化を消費・利用している事例をあげている。典型的なのは一九六〇年代に爆発的な人気を得、現在でもファンが多い『スター・トレック（Star Trek）』のキャラクターを使って、自分たちの欲望に沿って新しい物語や関係性を創造することで、キャラクターを所有し、作品を共有して楽しむような、参加型「二・五次元」的世界が存在していたことだ。ジェンキンスは、ファンがそれぞれに直面する社会の問題の交渉の場としても、こうしたアクティブなファンたちの行動を肯定的に捉えた。二〇〇六年の同著者による *Convergence Culture*（『収斂文化』[48]）では、デジタルメディアの発達によって、インターネット、特にSNSを通じて、送り手と受け手の混交したアクターたちが相互に行動することで収斂した結節点に文化は生産されるとし、送り手／生産者側と、受け手／ファン側の相互作用との共犯関係を指摘している。池田太臣が指摘しているように、ファンと生産者、消費と生産などの二項対立的構造自体を脱構築する必要はあるが、ジェンキンスが提示したファン研究の意義は、「二・五次元文化」を考察する際に非常に重要である。[49]

また、*The Soul of Anime*（『アニメの魂』）で、エスノグラフィックな参与観察を通じてファンと生産者の協働という構図を論じたコンドリーが指摘したファンの「ダークエネルギー」は、二・五次元文化を成立させる要素について示唆を与えている。[50]「ダークエネルギー」とは、天文学で銀河団を引き寄せる目に見えない物質＝ダークマターをもじった、目に見えないエネルギー（ファンたちのコンテンツに対する欲望や、コンテンツの生産者がファンとの対話を通じて起こす相乗作用）が相互に影響しあって、現在のような巨大なコンテンツ文化産業に発展していく様子を表した用語である。こうした考え方は、「二・五次元文化」のあらゆるコンテンツの周辺で生じている現象を端的に説明してくれる。しかし、その個々の実態について、またそこで生成される社会文化的意味についてはさらなる考察が必要である（詳細は後述）。

スタインバーグは『なぜ日本は〈メディアミックスする国〉なのか』で、日本のポピュラー文化の特徴的な消費形態として和製英語の用語である「メディアミックス」が戦前・戦中以来継続的におこなわれ、一九八〇年代、九〇年代、現代と、そのモデルが変化してきたことを論じている。[51]マンガの紙面やテレビ画面だけでなく、お菓子のパッケージや玩具、文房具、衣類（パジャマ、Tシャツなど）、装飾品に至るまで、子どもの頃からあらゆる媒体（メディアプラットフォーム）に息づくキャラクターとその世界観を受容することで、身体性を伴いながら、キャラクターやコンテンツを受け入れてきた文化事情は、二・五次元文化現象の可視化と深く関係している。大塚英志は、「「物語」（小説から都市伝説、スキャンダルまで）を単に受け手として「消費」していくのではなく、受け手が創ることに参画して自己増殖していく仕組みのこと」を「物語消費論」と呼び、日本でのその仕組みの源泉は、戦国時代から江戸時代の辻講談（路上での口承）や、歌舞伎、浄瑠璃の『世界綱目』などにみられるという。[52]大衆文化の誕生からすでに制作者側でもアダプテーションがおこなわれ、消費者も無数の創作を生み出し、友人・知人の間で循環し、また再生産がおこなわれてきた。それが、現在では相互作用を可能にさせたインターネット（ブログ、フォーラムからＳＮＳまで）の発達と普及で、誰もが発信者になることができ、ｎ次創作は加速度的に広範囲で増殖、循環している。

こうしたキャラクター中心の「メディアミックス」は日本固有のものではなく、欧米では franchise（フランチャイズ）という言葉で表現される手法がそれにあたる。日本では「フランチャイズ」という用語は、コンビニエンスストアやファストフード店などのチェーン店という意味でよく使われるが、メディア・フランチャイズは、ＩＰ（intellectual properties ＝知的財産または著作権）や商品の多種メディア、多種産業セクターでの展開を意味する。[53]デレク・ジョンソンは、フランチャイズはジャンルではなく、「文化区分としてテキスト性の機能としてだけではなく、歴史的過程と言説によって構築された産業的、社会的な営みとして理解しなければならない[54]」と論じている。できあがった商品や作品だけでなく、フランチャイズを成立させる経済的・文化的力をも包含して捉えるという彼の考え方は、日本の「メディア・コンテンツ」や「メディアミックス」の捉え方に限りなく近い。

スタインバーグは、欧米でもキャラクター中心に物語が多種メディアで展開していることはジェンキンスがいう transmedia storytelling という概念で説明できるが、日本のメディアミックスではキャラクターの求心力がより重要だと論じている。

アメリカのトランスメディアは、一元的で連続的な世界観を求めている。対照的にメディアミックス作品は、物語の連続性を必要としないし、作品同士で矛盾はそこかしこにある。メディアミックスを支えているのは、互いに矛盾した物語の中の同一キャラクターだ。(55)

これは、黒瀬陽平がいう「キャラクターのおばけ」と通底する考え方だが、キャラクターのこの求心力は、オーディエンス／ファンの消費や、n次創作へも適用でき、現在ではオーディエンス／ファンの参画を前提としてのメディアミックスがおこなわれている。では、オーディエンス／ファンとは「誰」なのか。オーディエンスとは、ラジオの聴取者、テレビの視聴者、映画、イベント、演劇などの観客を指す。日本語ではメディア形態ごとに呼び方が異なるため、メディア横断が常態化している今日のメディア・コンテンツでそういった区分はあまり有効ではない。したがって、本書では総称する英語のオーディエンス（audience）を用いる。しかし、前述したとおり、物理的、非物理的にかかわらず、身体（肉体）の共在がパフォーマンスを成立させるというパフォーマンス理論の考察で、オーディエンスはパフォーマーの重要な一角を担っている。本書ではパフォーマーとしてのオーディエンスという上位カテゴリーで、ファンを「特に熱狂的、積極的にコンテンツを受容、消費、利用する行為者」として定義する。特に、マンガ、アニメ、ゲームなどのキャラクター中心の虚構世界に興味をもつファンを想定している。

マンガ、アニメ、ゲームなどのファンはしばしばオタクと呼ばれ、特徴的なファンとして有徴化されていて、ステレオタイプの男性オタクのイメージ（例えば、メガネをかけてリュックを背負い、チェックのシャツをズボンに入れている太ったダサい男性、など）も量産されている。

「オタク」という用語が生まれた一九八〇年代から、その意味も変容し、いまではライトユーザーからディープなファン（「ガチなオタク」）までを「オタク」という用語が内包する場合もある。だが、本書では「オタク」とは何かという定義の議論には踏み入らず、「オタク性」をもつファンの参加、つまり文化実践について注目する。アルビン・トフラー[56]を援用したまつもとあつしは、こうしたアニメファンの活動を「プロシューマー（生産消費者）」と捉えている。[57]プロシューマー（prosumer）とは、生産者（producer）と消費者（consumer）の合成語で、n次創作、コスプレなどの生産活動をする消費者という意味である。一方的な受容と消費ではなく、受容、消費、利用（生産）するようなパフォーマーでありプロシューマーであるファンは、二・五次元文化を成立させる重要な一要素である。

現在のハイブリッド・リアリティ下のファンの受容、消費、利用を考える際、コンテンツツーリズム（アニメ聖地巡礼）について論じた岡本健の考え方は、二・五次元文化についても適用できる。

岡本によると、アニメファン（＝コンテンツツーリスト）たちは、「現実空間、虚構空間、情報空間[58]」の三つの空間を絶えず横断しながら、コンテンツを受容、消費、利用しているのだという。岡本が指摘する現実空間（観光目的地）、虚構空間（コンテンツ内物語）、情報空間（ネットサーフィンなど）を、例えば二・五次元舞台に当てはめてみると、現実空間が劇場、虚構空間がマンガ、アニメ、ゲームなどの原作および舞台化作品、関連イベントやコンサート、情報空間が「Twitter」などでのキャスト（俳優）、キャラクターのつぶやきや、ファン同士の「Twitter」上の交流などになる。この三つの空間にオン／オフの状態で回遊しているのがファンであり、ファンの活動なのである。

3　本書の構成

このように、キャラクターを中心にしたメディアミックス、映像技術の発達、双方向的SNSの普及、ファンの参加によって、二・五次元文化は構築されている。本書では、二・五次元文化について、マンガ、アニメ、ゲームに関連する社会文化的背景とともに、いくつかの事例とファンの活動を中心に考察していく。紙面の都合上すべてを網羅することはできないため、二・五次元文化の代表ともいえる「二・五次元舞台」を中心に論じていく。

本書の構成は以下のとおりである。

第2章「二・五次元舞台とは何か――虚構的身体性とファンの相互作用」では、虚構キャラクターについて、生身の俳優の身体がキャラクターを顕在化させる際の虚構性の高い（実在感がない／ないと思わせる）身体性、すなわち「虚構的身体性」と捉えて、キャラクターとキャスト（俳優）の身体性について論じる。周辺文化として、アニメブーム、声優、特撮でのキャラクターやキャストに対するファンの解釈についても概観する。

第3章「二・五次元舞台の成立と展開」では、十七年以上の歴史をもつミュージカル『テニスの王子様』（『テニミュ』）を分水嶺とし、『テニミュ』以前の二・五次元的舞台作品（アニメミュージカルまたは声優／キャラ舞台）から『テニミュ』以後の二・五次元舞台への展開を通史的に考察する。フィッシャー＝リヒテの「現象的肉体、記号的身体」を援用し、二・五次元俳優の現象的肉体とキャラクター／役の記号的身体の関係性を探る。

第4章「二・五次元舞台ファンと「嗜好の共同体」としてのファンダム」では、デジタル時代の二・五次元舞台ファンダムについて、同じ嗜好で緩やかにつながるインティメイト・ストレンジャーによる「嗜好の共同体」という概念を軸に、「オタク性」をもつ二・五次元舞台ファンの文化実践を量的・質的調査から考察する。

注

（1）「仕掛け人が語った3年半と刀剣が女性にうけた理由」「日経トレンディ」二〇一八年十二月号、日経BP、一七四―一七六ページ

（2）Akiko Sugawa-Shimada, "Emerging "2.5-dimensional" Culture: Character-oriented Cultural Practices and "Community of Preferences" as a New Fandom in Japan and Beyond," *Mechademia: Second Arc*, Special Issue: Asian Materialities, 12(2), 2020, pp. 124-139.

（3）二〇二〇年四月三十日に閉館。「DMM VR THEATER」(https://vrt.dmm-futureworks.com/)［二〇二〇年五月十六日アクセス］

（4）二〇一九年開始のジャニーズ事務所とSHOWROOMのプロジェクト。演じている「中の人」は、関西ジャニーズJr.内のユニット・なにわ男子の藤原丈一郎（海堂役）、大橋和也（苺谷役）である。

（5）テレビ文化については、「テレビ文化――テレビと歩んできたアニメ番組」（須川亜紀子／米村みゆき編著『アニメーション文化55のキーワード』［「世界文化シリーズ」別巻第三巻］所収、ミネルヴァ書房、二〇一九年）参照。

（6）当時はまだ「声優」という独立した職業としての呼称はなかった。「声優」が職業として認知されるのは、一九七七年以降の第二次アニメブームからである（藤津亮太「声優論――通史的、実証的一考察」、小山昌宏／須川亜紀子編著『アニメ研究入門［応用編］――アニメを究める11のコツ』所収、現代書館、二〇一八年、九三―九四ページ）。

（7）Shunsuke Nozawa, "Ensnoulment and Effacement in Japanese Voice Acting," in Patrick W. Galbraith and Jason G. Karlin eds., *Media Convergence in Japan*, Kinema Club, 2016, p.170. 日本語訳は拙訳（以下、明記しないかぎり、日本語訳は拙訳による）。

（8）前掲「声優論」九七ページ

（9）インタビュー「製作プロデューサー／豊陽子」、公野勉『ライブエンターテイメントへの回帰――映像から二・五次元 アニメライブミュージカル概論』所収、風塵社、二〇一八年、七九―八〇ペー

ジ

（10）片岡義朗「アニメミュージカル」、チームケイティーズ編『TEAM!――チーム男子を語ろう朝まで！』所収、太田出版、二〇〇八年、五八ページ

（11）「2・5次元バックステージ――そこに、ドラマがある」「Otome continue」第三号、太田出版、二〇一〇年

（12）ぴあ総研「2・5次元ミュージカル市場推移2000-2018」二〇一九年（https://corporate.pia.jp/news/detail_live_enta20190704_25.html）［二〇二〇年二月二十二日アクセス］

（13）日本二・五次元ミュージカル協会「日本発、世界標準ミュージカル。」二〇一九年、二ページ（https://www.j25musical.jp/user/img/download/J2.5D_pamphlet.pdf）［二〇二〇年二月二十二日アクセス］

（14）ぴあ総研「前年比45％増。成長を続ける2・5次元ミュージカル市場／ぴあ総研が調査結果を公表」二〇一九年七月四日（https://corporate.pia.jp/news/detail_live_enta20190704_25.html）［二〇二〇年二月二十日アクセス］

（15）同ウェブサイト

（16）木村智哉「メディアミックス――連関したアレンジの体系」、前掲『アニメーション文化55のキーワード』所収、一九七ページ

（17）厳密には、マンガには「音声」がないので音声的特徴は適用されないが、オノマトペや口癖が活字で表現されることで、ある程度具体的な「音声」を読者はイメージすることができる。マンガがアニメ化されたとき、「声がイメージと違う」と読者がいうことがあるのがその証左である。

（18）伊藤剛『テヅカ・イズ・デッド――ひらかれたマンガ表現論へ』ＮＴＴ出版、二〇〇五年、九四ペ

ージ
(19)同書九五ページ
(20)同書九七ページ
(21)岩下朋世『少女マンガの表現機構——ひらかれたマンガ表現史と「手塚治虫」』NTT出版、二〇一三年、一二八ページ
(22)岩下朋世『キャラがリアルになるとき——2次元、2・5次元、そのさきのキャラクター論』青土社、二〇二〇年、一七ページ
(23)同書一九ページ
(24)二頭身から四頭身に縮小（スーパーデフォルメ）したキャラクター造形。しばしば頭部（特に目）や特徴的なアイテムが大きく誇張される。
(25)「シャイニング事務所 Official Twitter」(https://www.utapri.com/sp/twitter/)［二〇二〇年二月二十日アクセス］
(26)興味深いのは、ファンがおこなう二次創作としての非公式「Twitter」アカウントも存在する（SNS上では「なりきり垢」〔=なりきりアカウント〕と呼ばれる）が、それを「本物ではない」と非難するファンが存在することである。キャラ、キャラ人格をもう一段階進めた、写真や文字による言い回しを通じた主体の構築についての考察は、今後の課題にしたい。
(27)小田切博『キャラクターとは何か』（ちくま新書）、筑摩書房、二〇一〇年、三ページ
(28)前掲『少女マンガの表現機構』一三〇ページ
(29)前掲『キャラがリアルになるとき』一二六—一四三ページ
(30)さやわか『キャラの思考法——現代文化論のアップグレード』青土社、二〇一五年、二〇ページ

(31) 同書二七ページ

(32) 小林翔「アニメキャラクターにおけるボイス・アイデンティティとその表現――『GHOST IN THE SHELL 攻殻機動隊』『PSYCHO-PASS サイコパス』を中心に」、京都精華大学紀要委員会編「京都精華大学紀要」第四十八号、京都精華大学、二〇一六年、二四ページ

(33) 黒瀬陽平『情報社会の情念――クリエイティブの条件を問う』（ＮＨＫブックス）、ＮＨＫ出版、二〇一三年、二一二ページ

(34) 同書二一三ページ

(35) 多根清史「百見は1プレイにしかず！ ＰＳ ＶＲ体験レポート」「美術手帖」二〇一六年八月号、美術出版社、七〇ページ

(36) ジェレミー・ベイレンソン『ＶＲは脳をどう変えるか？――仮想現実の心理学』倉田幸信訳（Kindle）、文藝春秋、二〇一八年、n.d.

(37) Paul Milgram and Fumio Kishino, "A taxonomy of mixed reality visual displays," *IEICE Transactions on Information and Systems*, E77-D, (12) December 1994, pp. 1-15.

(38) 石岡良治「キャラクター表現の注目ポイントはここ！ 最新 石岡良治のキャラクター文化「超」講義」、前掲「美術手帖」二〇一六年八月号、六六ページ

(39) Adriana de Souza e Silva, "From Cyber to Hybrid: Mobile Technologies as Interfaces of Hybrid Spaces," *Space and Culture*, 9(3), 2006, p. 261.

(40) Erika Fischer-Lichte, *The Routledge Introduction to Theatre and Performance Studies*, Routledge, 2014, p. 18.

(41) *Ibid.*, p. 18.

(42) エリカ・フィッシャー＝リヒテ『パフォーマンスの美学』中島裕昭／平田栄一朗／寺尾格／三輪玲子／四ツ谷亮子／萩原健訳、論創社、二〇〇九年、四四ページ

(43) 同書五七ページ

(44) エリカ・フィッシャー＝リヒテ『演劇学へのいざない——研究の基礎』山下純照／石田雄一／高橋慎也／新沼智之訳、国書刊行会、二〇一三年、三八ページ。ここでは、身体ではなく、肉体という訳語を当てている。身体と肉体に関する議論は、第2章で考察する。

(45) Fischer-Lichte, *op.cit.*, p. 18.

(46) 前掲『演劇学へのいざない』三九ページ

(47) Henry Jenkins, *Textual Poachers: Television Fans and Participatory Culture*, Routledge, 1992.

(48) Henry Jenkins, *Convergence Culture: Where Old and New Media Collide*, Updated version, New York University Press, 2008.

(49) 池田太臣「共同体、個人そしてプロデュセイジ——英語圏におけるファン研究の動向について」、甲南女子大学編「甲南女子大学研究紀要 人間科学編」第四十九号、甲南女子大学、二〇〇三年、一〇七—一一八ページ

(50) Ian Condry, *The Soul of Anime: Collaborative Creativity and Japan's Media Success Story*, Duke University Press, 2013.（イアン・コンドリー『アニメの魂——協働する創造の現場』島内哲朗訳、ＮＴＴ出版、二〇一四年）

(51) マーク・スタインバーグ、大塚英志監修『なぜ日本は〈メディアミックスする国〉なのか』中川譲訳（角川ＥＰＵＢ選書）、ＫＡＤＯＫＡＷＡ、二〇一五年。原書は、Marc Steinberg, *Anime's Media Mix: Franchising Toys and Characters in Japan*, University of Minnesota Press, 2012 だが、邦訳のほ

うには改訂・増補された章が含まれている。また、監修の大塚英志の『メディアミックス化する日本』（〔イースト新書〕、イースト・プレス、二〇一四年）も、日本のメディアミックス状況をわかりやすく解説している。

（52）前掲『メディアミックス化する日本』九二ページ

（53）Derek Johnson, *Media Franchising: Creative License and Collaboration in the Culture Industries*, New York University Press, 2013, p. 28.

（54）*Ibid.*, p. 29.

（55）前掲『なぜ日本は〈メディアミックスする国〉なのか』二五ページ。詳細は、須川亜紀子「オーディエンス、ファン論（ファンダム）――2・5次元化するファンの文化実践」（前掲『アニメ研究入門［応用編］』所収）も参照。

（56）アルビン・トフラー『第三の波』徳岡孝夫監訳（中公文庫）、中央公論社、一九八二年

（57）まつもとあつし『コンテンツビジネス・デジタルシフト――映像の新しい消費形態』NTT出版、二〇一二年、四ページ

（58）岡本健「コンテンツツーリズムの空間」（岡本健編著『コンテンツツーリズム研究――情報社会の観光行動と地域振興』所収、福村出版、二〇一五年）五一ページ、および、同『アニメ聖地巡礼の観光社会学――コンテンツツーリズムのメディア・コミュニケーション分析』（法律文化社、二〇一八年）。

第2章　二・五次元舞台とは何か
——虚構的身体性とファンの相互作用

はじめに

ディズニー／ピクサーなどのアメリカのフルアニメーションや3DCGアニメーションと並んで、日本のセルタイプの2D（リミティッド）アニメがいまや「世界標準」になっている（つまり、「アニメといえば、日本」という共通認識がある）のと同様に[1]、ニューヨークのブロードウェイ、ロンドンのウエストエンドのミュージカルに対して、ミュージカルを含む二・五次元舞台は日本独特のスタイルだと海外で認知されつつある[2]。実際、二〇一四年、ヨーロッパ最大の日本に関するオンリーイベントである「ジャパン・エキスポ」（パリ郊外）でおこなわれたミュージカル『美少女戦士セーラームーン』のプロモーションイベントで、セーラー戦士とタキシード仮面に扮するキャスト

図2　「ジャパン・エキスポ」で『美少女戦士セーラームーン』のコスプレをするフランスのファン（筆者撮影）

（＝俳優）が登場すると、その場にいた観客が一斉にカメラを構え（図2）、熱狂的に彼女たちを迎えた。一七年には同イベントでミュージカル『刀剣乱舞』の刀剣男士や舞台『弱虫ペダル』のキャストもプロモーションイベントをおこなっている。一八年には日本・フランス共同の芸術文化イベント「ジャポニズム2018」の公式企画として、ミュージカル『刀剣乱舞』「阿津賀志山異聞2018 巴里」が上演された。二・五次元舞台のキャストをよく知らなくても、マンガ、アニメ、ゲームなどのキャラクターは、国境を超えて認知されている。このように日本のポピュラー文化のコンテンツの力、そしてキャラクターの力は、国境もメディア領域も超えて拡大し続けている。

本書では「二・五次元舞台」を、次の五つの要素をもつコンテンツとして定義する。

①マンガ、アニメ、ゲームを原作、原案にもつ舞台作品（台詞劇、音楽劇、その他）。
②特にキャスト自身よりも、二次元キャラクターのビジュアル・内面・世界観の、三次元での再現性が前景化している。
③俳優たちが、俳優業以外にアイドル活動に類似する活動やSNS発信を活発におこなっている。
④マーチャンダイズの重要性が相対的に高い。

⑤ファンの参加・関与の重要性が高い。

コンテンツとは、岡本健によると、「何らかの形で編集された情報」であり、「それ自体を消費することで消費者が楽しさを得る可能性がある」[3]もので、内容や作品（商品）そのもの以外に、快楽装置としての機能を備えた対象の総称である。例えば関連コンサート、イベント、マーチャンダイジング（ライセンス商品）などがあげられる。これらを「二・五次元舞台関連コンテンツ」と総称する。「二次元の漫画・アニメ・ゲームを原作とする舞台コンテンツの総称」[4]を「二・五次元ミュージカル」とする日本二・五次元ミュージカル協会やぴあ総研の定義よりも限定的だが、こうした限定的な定義をすることによって、ファン（プロシューマー）たちの消費行動、快楽、利用の実態の析出が可能になると思われる。

俳優の知名度や固定イメージについてしばしば「色がついている」という表現をされるが、本書で論じる二・五次元舞台は、「色があまりついていない」、もしくは「色を感じさせない」俳優たちによるカンパニーのものが多い。さらに、ターゲットが十代から三十代の若者と設定されることが多いマンガ、アニメ、ゲームの登場人物には少年・少女が多いために、設定年齢に合うよう若手俳優が起用されることが多い。またシリーズ物や再演では、ある程度年齢が高くなると世代交代が起きる（卒業する）というエフェメラリティ（はかなさ）もその特徴であるといえる。[5]二・五次元舞台の多様化とともにその特徴も多様化しているが、若さ、未熟さゆえのかわいらしさ、伸びしろの大きさの魅力という特徴は、二・五次元舞台を論じるうえで重要な要素である。本章ではマンガ、アニメ、ゲームを原作・原案としたミュージカル（音楽劇）、ストレートプレイ（台詞劇）のうち、特に「虚構的身体性」を伴う、キャラクターの再現性を重視した「二・五次元舞台」、そのほか関連するショー、コンサート、イベント、マーチャンダイジングなどの「二・五次元舞台関連コンテンツ」を取り上げる。具体的にはマンガ、アニメ、ゲームに加え、特撮、ドラマ、ライトノベルなどのポピュラー文化のファン（特に女性ファン）の動向も通史的に追いながら、舞台作品とその関連コンテンツの歴史を概観していく。（巻末の「二・五次元文化年表」を参照していただきたい。）

1　「二・五次元舞台」の歴史と社会文化的背景

「二・五次元舞台」の歴史とマンガ、アニメ、ゲーム文化

二次元作品（マンガ、アニメ、ゲーム）の虚構物語の舞台化（ライブ化）という観点からみると、戦前の宝塚少女歌劇団（現・宝塚歌劇団。以下、宝塚と略記）によるマンガ作品の舞台化が初めての試みとなる。一九二四年には日本初のグラフ誌「アサヒグラフ」（朝日新聞社）や「朝日新聞」に掲載された四コママンガ『正チャンの冒険』を、三八年には平井房人のグラフィックノベル風マンガ『家庭報國 思ひつき夫人』を舞台化している。戦後は、映画化もされた岡本一平のマンガ小説『刀を抜いて』を五六年に舞台化している。このように〝マンガの舞台化〟という点では、宝塚が先駆けとなっている。『正チャンの冒険』に関しては、当時正チャンがかぶるポンポンのついた帽子が

〝正チャン帽〟と呼ばれ、子どもたちがこぞって正チャンスタイルのまね（現在でいうコスプレに近い）をしたり、[6]二六年には映画化されたりと、小規模だが現在でいうところの「メディアミックス」が展開されている。[7]ただ、宝塚の舞台では、少年正チャン役も相棒のリス役も大人の女性が演じたため、「原作から抜け出たような二・五次元感」は少なかったと推測される。

視覚情報を伴った一次創作物を原作にした舞台のうち、「二・五次元」という言葉が想起させる「キャラクターの再現性の高さ」を重視するなら、スター重視という側面は否めないものの、独自の様式で視覚的再現性を内包していた一九七四年の宝塚による『ベルサイユのばら』（月組、原作：池田理代子の同名マンガ〔一九七二―七三年〕）に、「二・五次元舞台」のエッセンスを垣間見ることができるだろう。のちの二・五次元舞台にも大きな影響を与えた〝宝塚スタイル〟は、厳密にいうとキャラクターよりも宝塚スターが前景化している点、また宝塚音楽学校と専用劇場（兵庫と東京）という場を確保して独自のスタイルを継承している点で、二・五次元舞台にはカテゴライズされないことが多い。宝塚は「元来スターに当て書きするオリジナル作品の製作」が原則であり、海外ミュージカルも翻訳ではなく「宝塚流にアレンジされた翻案」[8]である。しかし、宝塚の振付師、宝塚出身女優の二・五次元舞台への参加も多く、クロスメディアとして宝塚は重要である。

宝塚以外の二次元（マンガ、アニメ）原作舞台では、一九九一年にCDデビューしたばかりのジャニーズのアイドルグループSMAP主演による『聖闘士星矢《セイントセイヤ》』や、九三年の世界的ヒットアニメ『美少女戦士セーラームーン』のミュージカル化があった。視覚的（ビジュアル）再現性に聴覚的（声）再現性が加わった舞台では、アニメ版の主役・両津勘吉の声を当てたラサール石井が同じ役を演じたミュージカル『こちら葛飾区亀有公園前派出所』（一九九九―二〇〇六年）シリーズ(9)や、アニメ声優たちが担当キャラクターを演じた『サクラ大戦歌謡ショウ』（一九九七―二〇一九年）シリーズ、ミュージカル『HUNTER×HUNTER』（二〇〇〇―〇四年）シリーズなど、『テニミュ』登場以前に二・五次元感がある舞台もあった。まず初めに、マンガ、アニメ、ゲームの舞台化が「二・五次元舞台（あるいはミュージカル）」という一大ジャンルを形成するに至るまでの歴史を、メディアプラットフォームとファンの受容・消費に注目しながら概観してみよう。

一九五〇年代の地上波テレビ放送の開始、六〇年代のカラーテレビの普及、八〇年代の家庭用ビデオデッキの登場・普及、九〇年代のパソコン通信による双方向性コミュニケーションメディアの登場から二〇〇〇年代のインターネットの急速な普及、ストリーミングサイト（動画投稿サイト）のサービス開始、一〇年代のソーシャルメディアの発展、二〇年代のテレワークの浸透、5G（第五世代移動通信システム）へと目まぐるしく変化するメディア環境は、私たちの現実認識やコミュニケーション形態に大きな影響を与えてきた。メディアの発達に伴い、最初に映像を視聴するメディア媒体も、テレビ→パソコン画面（配信）→スマートフォン、タブレット画面（配信）と多様化した。また、送り手から受け手への一方通行の情報伝達が、双方向へと進化した。さらに録画技術の発達は、オーディエンスの視聴行動を変化させた。こうしたメディア環境の変容、技術の発達とともに、マンガ、アニメ、ゲーム文化は伝播し、受容されていった。

①第一次アニメブーム期（一九六〇年代半ば―七〇年代半ば）

最初に一九六〇年代以降のマンガ雑誌、テレビアニメ文化を概観する。少年・少女雑誌でのマンガの掲載やアニメーション映画は戦前から存在していたが、今日の二・五次元舞台の流れに直接関連しているのは、マンガ原作がテレビアニメ化され、キャラクターを中心としたメディアミックス商品がテレビで宣伝され、オーディエンスによる商品の購買、装着を通じて、〝ある「世界観」とキャラクターを共有するコンテンツ〟という認識が常態化したことである。五〇年代には幕末の少年剣士・金野鈴之助が主人公の『赤胴鈴之助』（原作：武内つなよし）のラジオ、テレビドラマ、映画の多メディア展開で、キャラクターの商品化（玩具）がすでにおこなわれていたが、本格的なライセンスの許認可制度が普及したのは、国産の連続三十分のテレビアニメ『鉄腕アトム』（一九六三―六六年）が契機だった。[10]『鉄腕アトム』は、雑誌「少年」（光文社）に連載された手塚治虫の同名マンガ（一九五二―六八年）の手塚自身によるテレビアニメ化である。近未来の世界を舞台に、AI搭載の少年型アンドロイドとして作られたアトムは、生みの親の科学者・天馬博士に人間のように成長しないことを理由にロボットサーカスに売り飛ばされるという、いわば親に見捨てられた子どもだ。のちにお茶の水博士に引き取られ、人間とロボットの間に立って悪と闘い、最後に地球人類を助けるために犠牲になるという、子どもにも大人にも愛されたキャラクターだった。

声優・清水マリによって魂が与えられたアトムは、スポンサーの明治製菓のお菓子のパッケージやおまけのシールに使用され、子どもたちはテレビから飛び出たキャラクター・アトムを日常生活で「体験」する。[11]高い制作費に比べて放送権料は低く、埋められない赤字をキャラクターグッズや海外輸出で回収するというビジネス上の事情があったにせよ、商品としてキャラクターを〝身にまとう〟という体験が、キャラクターの自律性に一役買ったのは明白である。また、実写による虫プロダクション（『鉄腕アトム』のアニメ制作会社）のアニメ制作現場をアニメ画のアトムが妹のウランを連れて案内する回や、著名人をゲストに呼んで対談する人気番組『スター千一夜』[12]（フジテレビ系、一九六五年十月十六日）で、手塚治虫とアトム（アニメ映像）が共演するなど、映像上の「二・五次元的」演出がすでになされていた。実写とアニメーションの融合は、初期ディズニー短篇映画でもすでに試みられていたが[13]、トークショー出演という点では、二次元キャラクターの三次元への流入による〝二・五次元空間〟（虚構と現実のハイブリッド・リアリティ空間）の創出がおこなわれていた。

②第二次アニメブーム期（一九七〇年代半ば—八〇年代半ば）

そうした『鉄腕アトム』を皮切りに続々とテレビアニメが放送された一九六〇年代半ばから七〇年代半ば（昭和四十年代）を第一次アニメブームとすると、第二次アニメブームは、テレビアニメおよび劇場版『宇宙戦艦ヤマト』、テレビアニメ『機動戦士ガンダム』（テレビ朝日系、一九七九—八〇年）からアニメ映画『風の谷のナウシカ』（監督：宮崎駿、一九八四年）までの七〇年代半ばから八〇年代半ば（昭和五十年代）である[14]。第二次アニメブームでは、大人のアニメファンも可視化され、例えばテレビアニメ『マジンガーZ』（フジテレビ系、一九七二—七四年）の超合金マジンガーZの玩具を大人が購入したり、劇場版『宇宙戦艦ヤマト』（一九七七年）を観にきたファンが映画館に徹夜で長蛇の列を作ったりする様子がマスコミに取り上げられた[15]。津堅信之は、第二次アニメブームは、「アニメファン」という用語が登場し、アニメ観客層に大人（若者）も入っていると認識された時期だと分析している。[16]

マンガをめぐる二十歳代から四十歳代の大人のファンの動向にも変化があった。「マンガ、アニメは子どもが見る低俗なもの」という概念が崩れ始めた一九六〇年代半ばから七〇年代[17]には、マンガ雑誌「週刊少年マガジン」（講談社）で連載された『あしたのジョー』（原作：高森朝雄、作画：ちばてつや、一九六八―七三年）が子どもだけでなく青少年の間でも人気だった。『あしたのジョー』は、孤児で貧しく不良の少年・矢吹丈が、少年院でボクシングと出会い、丹下段平コーチとともに選手として強者に立ち向かっていく物語である。最初の山場は、丈が少年院で出会い、のちに宿命のライバルとなった力石徹とのボクシングの試合に臨んだ因縁の対決後、勝者・力石に握手を求めた丈の前で、極端な減量をしていた力石が倒れ、亡くなってしまう回である。現在の二・五次元現象と類似しているのは、その回が掲載されたあと、力石徹の葬儀が実際に営まれたことである。一九七〇年三月二十五日付「読売新聞」の記事は、力石の死に抗議するファンの批判に対し、「週刊少年マガジン」の出版社である講談社が自社の講堂で葬儀をおこない、「四国や大阪から新幹線でかけつけた高校生をはじめ、香典持参の小、中学生、大学生まで詰めかけて、式の二時間前には満員札止め。本物の坊さんのお経、続いてエレキバンドやゴーゴー……[18]」というように当時の若者ファンの熱狂ぶりを伝えている。しかし、これは演出家・寺山修司が発案し、天井桟敷のメンバーらが演出した葬儀であり、七〇年四月一日からフジテレビで放映開始予定のアニメ版『あしたのジョー』の宣伝の目的があったようである。とはいえ、二次元キャラクターの死を実在人物として悼むファンの認識は「二・五次元的」であり、僧侶による読経が流れる空間は〝二・五次元的空間〟であっただろう。

さらに『あしたのジョー』は、東京・渋谷の東横劇場で舞台化された（一九七〇年六月三日―二十六日、主演は新国劇の研修生・石橋正次[19]）（図3）。この舞台は、ボクシングの試合シーンだけは、あらかじめ撮影した試合の実写映像が流れるという、舞台＋映像ステージであった。石橋の声が丈役の声優あおい輝彦の声に似ていたかについては記録が残っていないが、まだ色のついていない新人を主役の矢吹丈に起用したことで、キャラクターの前景化による「二・五次元感」はある程度実現されていたと推測される。舞台に映像を使用したのは、同じ原作者の作品である大ヒットマンガ『巨人の星』（作画：川崎のぼる、一九六六―七一年、アニメ：日本テレビ系、一九六八―七一年）が一九六九年に東宝によって東京芸術座で舞台化された際、野球の試合のシーンの再現に失敗したことが影響しているらしく、スポーツシーンの舞台での具現化の難しさが露呈している[20]。

図3　舞台『あしたのジョー』新聞広告

『あしたのジョー』は舞台と同じく石橋正次主演で実写映画化もされていて、一九七〇年代はテレビのヒット作の多種メディア展開（メディアミックス）が盛んだった。七〇年のＮＨＫの大河ドラマ『樅の木は残った』（原作：山本周五郎の同名小説、主演：平幹二朗）も松本幸四郎主演で帝国劇場で舞台化されている。そのなかで『あしたのジョー』と同じく、マンガ原作としての「二・五次元舞台」に近いのは、TBSドラマ『サインはV』（一九六九―七〇年）のメディアミックスだろう。ドラマ『サインはV』は、少女マンガ『サインはV！』（原作：神保史郎、作画：望月あきら、一九六八年）が原作で、実業団バレーボールに打ち込む少女たちのスポ根ドラマである。「東洋の魔女」と呼ばれた全日本女子バレーボールチームの六四年の東京オリンピックでの金メダル獲得によるバレーボールブームも手伝って、ドラマは大ヒットした。ドラマと同じキャストによって、大阪の歌舞伎座でミュージカルとして上演され[21]、映画化もされた。同じキャストでのテレビから舞台への翻案によって、キャラクターとして認識されていた浅丘ユミ（岡田可愛）や牧圭介コーチ（中山仁）、ジュン・サンダース（范文雀）という〝本物〟が現れたという二・五次元感を抱いたオーディエンスがいたことは想像に難くない。実際、キャラクターとしての彼女たちは、六九年のバレーボールワールドカップで銀メダルを獲得した全日本男子バレーボールチームの日本凱旋時に花束を渡すという、二・五次元的パフォーマンスをおこなっている[22]。

こうした、一九六〇年代から七〇年代に隆盛するマンガ、アニメ、テレビドラマ、舞台、実写映画というメディアミックス展開による二・五次元的な空間の創出は、現代の二・五次元舞台の源流ともいえるだろう。角川書店の小説の販売促進のためのメディアミックスとして、出版社主導の小説の映画化（角川春樹型メディアミックス）が始まるのも、七六年の映画『犬神家の一族』（監督：市川崑）からである。しかし、視覚情報が優先されるマンガ、アニメから始動したメディアミックスでの舞台化から二〇〇〇年代の二・五次元舞台への流れを通史的に考察すると、メディアミックスの一環として舞台の意味が大きかったことがみえてくる。そこで重要になってくるのが、オーディエンス／ファンの受容、消費、利用である。

一九八〇年代には、「アニメファン」は、特定の（主にネガティブな）イメージとともに語られる「オタク」として有徴化される。八三年に「漫画ブリッコ」（白夜書房）の『おたく』の研究」という連載記事で中森明夫が命名した「おたく」は、同人誌即売会コミックマーケットなどに集まり、社交性がないネクラなマニア少年を意味していた[23]。その後「オタク」として一般化されたこの用語は、主に男性アニメファンを暗に指すようになっていく。しかし、当然ながら女性の「オタク」も存在し、二・五次元舞台、コスプレ、応援上映、聖地巡礼などの二・五次元文化のアクターとしても非常に重要である。

③第三次アニメブーム期（一九九〇年代初頭―二〇〇〇年代半ば）

第三次アニメブームは、一九九〇年代初頭から二〇〇〇年代半ばにかけて到来した。『美少女戦士セーラームーン』（テレビ朝日系、一九九二―九七年。以下、『セラムン』と略記）、『新世紀エヴァンゲリオン』（テレビ東京系、一九九五―九六年。以下、『エヴァ』と略記）、『ポケットモンスター』（テレビ東京系、一九九七―九八年。以下、『ポケモン』と略記）など、日本だけでなく世界中でヒットする作品が続々と登場する。特にアニメ『セラムン』は、英語吹き替えによってアメリカ、ヨーロッパへと輸出され、その頃欧米で一大ムーブメントになっていた「ガール・パワー」（一九九〇年代初頭の若い女性たちのパンクバンドに代表される、少女たちによるフェミニストメッセージがエンパワメントとして表象された動き）もあって、大人気になる。[24]『ポケモン』の原作コンピューターカードゲームおよびトレーディングカードゲームも全米で大人気になり、この世代の子どもたちは『セラムン』と『ポケモン』で育っているといっても過言ではない。一方『エヴァ』は、謎解きの面白さ、思春期の不安というテーマ、クローンの美少女などが話題を呼び、社会現象にまでなった。こうした作品に出演した声優も人気となり、第三次声優ブームも起こる（詳細は後述）。女児を中心としたファミリー向けミュージカル『美少女戦士セーラームーン』（バンダイ版）が一九九〇年代前半に始まり、九〇年後半からは、『サクラ大戦歌謡ショウ』や『HUNTER×HUNTER』などの声優が持ち役を舞台で演じる（声優／キャラ舞台）という、声をかけ橋にした〝二・五次元〟舞台の黎明期が始まるのである。声の現前としての二・五次元的舞台を概観する前に、声優と特撮ヒーローの社会文化的状況を次に考察してみたい。

声優、特撮ヒーローなどの若手イケメン俳優

日本の演劇・舞台のオーディエンスは、欧米に比べて圧倒的に若い女性が多いといわれている。例えば、二〇一八―一九年度のブロードウェイ観客に関する調査によると、観客の六八％が女性で、平均年齢は四十二・三歳である。同じ公演かどうかは不明だが、一年に十五回以上通う熱心なファンは全体の五％で、四百十五万ドルのチケット総売り上げのうち二八％を占めている。また、カップルや友人、親子での鑑賞が多い。[25]一方、日本で専用劇場をもつ歌舞伎、宝塚歌劇団、劇団四季の

観客は、女性が多い傾向がある。歌舞伎の観客は、六十代女性が最も多く、どの年齢層でも女性が多い[26]。宝塚は、公認ファンクラブ「宝塚友の会」や、私設ファンクラブ会員＝定期的な観客に女性が多いことから[27]、女性がマジョリティであることがわかる。劇団四季（ストレートプレイ、オリジナル・海外・ファミリーミュージカルを上演）は、観客動員数年間約三百万人と発表しているが[28]、男女比は発表していない。しかし平日の午後にも鑑賞時間があるという点でも、女性のほうが相対的に多いと考えられるだろう。一九七〇年代からの小劇場ブームでは、小劇場の観客は男性が多かったが、ミュージカルや舞台を鑑賞するコア層には時間や金銭的に余裕がある女性が多いため、日本の舞台文化は主に女性オーディエンスによって支えられていることは特筆すべきだろう。日本の観客層の偏りを問題視する言説もあるが[29]、少なくとも女性オーディエンスが二・五次元舞台の隆盛に果たしている役割は大きい。この項では女性オーディエンス／ファンの受容、消費、利用を、マンガ、アニメ、ゲーム文化の周辺文化にも視野を広げて考えていく。

①声優、または〝中の人〟

二・五次元舞台のオーディエンス／ファンは、二次元キャラクターの三次元での忠実な具現化を期待すること以外に、演じているキャストにも目を向けている場合も多い。それは、声優や特撮ヒーローの若手イケメン俳優などに向ける視線と非常に類似していると思われる。

声優という職業が成立したのは、一九四一年にＮＨＫがラジオドラマのための俳優を育てる東京放送劇団を設立し、戦後は海外テレビ作品や映画の吹き替えをするための、民間放送劇団が設立されたことによるという。[30]声優が社会的に認知されたのは、テレビ局が放送していたアメリカのドラマ、カートゥーン、映画の吹き替えを担った新劇の俳優たちが最初で、特に声優個人にファンがついたのは、スパイ物のアメリカのドラマ『0011／ナポレオン・ソロ』（日本テレビ系、一九六五―七〇年）のイリヤ役（デヴィッド・マッカラム）や、映画『太陽がいっぱい』（監督：ルネ・クレマン、一九六〇年）などで有名なフランス人俳優アラン・ドロンの吹き替えをした野沢那智だったという。[31]いわゆる「イケボ」（イケメンボイス）の元祖ともいえる野沢は、白石冬美（女優・声優）と組んでTBSラジオ『パックインミュージック』（一九六七―八一年）の金曜日のパーソナリティーも務め、二人のコンビは「ナッチャコ」という愛称で親しまれた。この動きは第一次声優ブームと呼ばれる。[32]

一九七〇年代後半には第二次アニメブームが起こったが、それに伴って第二次声優ブームも起こった。特にアニメファンの間で富山敬（『宇宙戦艦ヤマト』〔読売テレビ、一九七四―七五年〕の古代進役ほか）、井上真樹夫（『宇宙海賊キャプテンハーロック』〔テレビ朝日系、一九七八―七九年〕のハーロック役ほか）、神谷明（『バビル2世』〔NET系、一九七三年〕の浩一〔バビル二世〕役ほか）は、（男性）声優御三家と呼ばれ、男性声優の女性固定ファンを可視化させた。二・五次元としての声優は、キャラクターのかっこよさとイケボが結び付いてアイドル化していくが、それに拍車をかけたのが七八年に創刊されたアニメ専門情報雑誌「アニメージュ」（徳間書店）であり、八〇年代に活発になる声優の歌手活動やドラマCDでの活躍である。「アニメージュ」では、作品、キャラクターだけでなく、声優のグラビアも掲載するというビジュアル重視の誌面作りがなされていた。[33]七九年からは読者投票による「アニメグランプリ」を開催していて、そのなかに「声優部門」があった。男性声優では第一回から第十三回までのうち、神谷明が十一回も一位を独占している。

　また、一九七九年には女性声優二人がパーソナリティーを務める「アニラジ」（アニメ関連のラジオ、インターネットラジオ番組）のプロトタイプともいわれるラジオ番組『アニメトピア』（制作：ラジオ大阪、一九七九―八六年）が始まり、第一期は『宇宙戦艦ヤマト』の森雪役・麻上洋子と、『魔女っ子メグちゃん』（NET系、一九七四―七五年）のメグ役・吉田理保子が担当した。アニメ情報の提供に加え、ゲストに声優だけでなく有名芸能人を招いてトークをするなど、この番組によってキャラクターから離れた（女性）声優の素の魅力がアニメファン以外のオーディエンスにも認知されることになる。

　一九八〇年代は声優養成所が増加し、養成所卒業から事務所所属、という声優の道が整備される。(34)それに伴って声優を目指す人口も増加するが、九〇年代には『セラムン』（一九九二―九七年）、『エヴァ』（一九九五年）の大ヒットによって、第三次アニメブームが到来する。同時に第三次声優ブームが起こるが、それを牽引したのは、女性声優（『セラムン』月野うさぎ役・三石琴乃、『エヴァ』綾波レイ役・林原めぐみなど）だった。『エヴァ』の碇シンジ役・緒方恵美は、『幽☆遊☆白書』（原作：富樫義博、一九九二―九五年）の人気キャラクター蔵馬を演じ、少年役のイケボ女性声優としてすでに人気を博していた。実際、九四年の「アニメージュ」主催アニメグランプリ声優部門で一位を獲得している（それ以外の一九九一―二〇〇一年までの一位は林原めぐみ）。マンガ、アニメのキャラクター人気と〝中の人〟である声優人気が相乗効果を起こし、声優自体もキャラクターを背負いながらも、タレントとしての個性が受け入れられていく。こうした流れのなかで、マルチタレント

／アイドルとしての声優が認知されていくのである。九四年には声優専門の雑誌「ボイスアニメージュ」（徳間書店）、「声優グランプリ」（主婦の友社）、二〇〇〇年代には「声優アニメディア」（イード、学研プラス）、「ボイスニュータイプ」（角川書店）など、声優に特化した雑誌が続々と刊行されている。こうしたマルチタレント／アイドルとしての声優は、『テニミュ』以前の二・五次元的舞台にも大きな役割を果たすのである。

②特撮ヒーローの若手俳優——『仮面ライダー』『スーパー戦隊』

また、アニメ以外に女性オーディエンスが熱狂した対象として、特撮ヒーローの若手俳優があげられる。特撮とは、「特殊撮影」の略で、「実写のカメラと実景、あるいは通常サイズの室内セットでは撮影不可能な映像を、様々な工夫の組み合わせによって実現可能とする総合的な「技術」[35]のことで、その特撮技術を使った作品群をも意味する。特撮作品のうち、「特撮ヒーロー」は長い歴史がある人気ジャンルである。「特撮ヒーロー」の代表的な作品は、一九七一年から始まる『仮面ライダー』シリーズ（途中中断あり）と七五年から始まる『スーパー戦隊』シリーズである。両方ともマンガ家・石ノ森章太郎原作・原案から始まった作品群だが、石ノ森亡きあとも現在まで続く東映制作の長寿シリーズになっている。『仮面ライダー』（NET系、一九七一—七三年）は、悪の組織ショッカーによって人造人間に改造された本郷猛（藤岡弘。現・藤岡弘、）が仮面ライダーに変身し、ショッカーと戦う物語である。以後、「仮面ライダー」の冠は継承するものの、設定や世界観を変えて作品が制作されていく（二〇二〇年現在、三十五作品目『仮面ライダーセイバー』〔テレビ朝日系、二〇二〇年―）放映。劇場版も毎年上映）。一方、『秘密戦隊ゴレンジャー』（一九七五―七七年）を嚆矢とする『スーパー戦隊』（テレビ朝日系）シリーズは、複数の男性と少数の女性で構成されたチームヒーローが敵と戦う物語であり、それぞれキーカラーがある。例えばゴレンジャーの構成は、アカレンジャー（赤）、アオレンジャー（青）、キレンジャー（黄）、ミドレンジャー（緑）、モモレンジャー（女性・ピンク）の五人である。二〇二〇年現在の「スーパー戦隊」である『魔進戦隊キラメイジャー』（テレビ朝日系、二〇二〇年―）も同様のキーカラーで、緑とピンクが女性戦士である（四十四作品目）。キーカラーをもつ男女混合チームヒーローというフォーマットと「〇〇戦隊〇〇ジャー」というタイトルはほぼ踏襲しているが、『仮面ライダー』と同様に設定や世界観はそれぞれの作品で異なる（劇場版も毎年上映）。

特に男児がメインターゲットだった『仮面ライダー』シリーズに大きな変化が起きたのは、二〇〇〇年から始まる「平成仮面ライダー」と呼ばれる作品群（二〇〇〇―一八年）からである。大人の鑑賞にも堪えるドラマ性をもった平成仮面ライダー第一作『仮面ライダークウガ』（テレビ朝日系、二〇〇〇年。以下、『クウガ』と略記）は、平均視聴率が九・六％、二作目『仮面ライダーアギト』（テレビ朝日系列、二〇〇一―〇二年。以下、『アギト』と略記）は一二％台を保持し、最高視聴率は一三％を超えた。(36) 同じく人気を博した三作目の『仮面ライダー龍騎』（テレビ朝日系、二〇〇二―〇三年。以下、『龍騎』と略記）では、十三人の仮面ライダーが登場し、演じる若手俳優が出演する仮面ライダーイベントに参加して、黄色い声援を送る二十代から四十代の女性ファンの姿がマスコミに報じられた。オーディションで選ばれた新人若手イケメン俳優を多数送り出している『仮面ライダー』シリーズと『スーパー戦隊』シリーズは、一年間放映が続くため、未完成な彼らが徐々に成長して演技がうまくなる様子をじっくりと観察、応援できることも成人女性たちには魅力だった。『スーパー戦隊』シリーズのほうが男児・小学校低学年向けだが、〇三年からは毎週日曜の朝に『仮面ライダー』と『スーパー戦隊』を同じ放送局（テレビ朝日）が続けて放映する「スーパーヒーロータイム」枠が設定され、未婚の女性ファンや子どもと一緒に観る母親は、二作品続けて作品に没頭することができた。

既婚、未婚を問わず女性がこの「子ども向け番組」に夢中になる理由について「朝日新聞」の記事は、「新人の俳優が多いので、見つけて育てる「楽しみ」」があり、善悪二元論にこだわらない物語が自己肯定につながる、[37]と解説している。興味深いのは、週刊誌「AERA」で大島真奈美が取材したある既婚女性のケースだ。ジャニーズなどの男性アイドルではなく特撮ヒーローを演じる俳優に彼女がハマるのは、「バーチャルな空間のヒーロー」なので、「「現実生活とはかけ離れた」感が魅力であり、「安心要素」だということである[38]」。タッキー（滝沢秀明）などの〝実在〟の男性アイドルは「「生々しく」抵抗がある」というこの女性の心理について、「「トキメキ」の対象が、生々しい現実を感じさせない「異次元の世界の人」ならば、そんな〔夫に対する：引用者注〕後ろめたさも多少は軽くなる。時々、抱いてしまう妄想も、それほどの罪にはならないはずだ[39]」と大島は分析する。

このほかにも、物語におけるヒーローたちのセクシュアリティも内包する関係性もハマる理由にあげられるだろう。『クウガ』では、冒険家の五代雄介／仮面ライダークウガ（オダギリジョー）と、人間を襲う謎の集団グロンギを追う刑事・一条薫（葛山信吾）は、当初対立しながらも闘いのなかでお互い信頼が芽生えるが、それがＢＬ（ボーイズラブ＝ファンタジー化された男性同士の恋愛関係）的な妄想を喚起させることは十分可能だった。『アギト』の記憶喪失の青年・津上翔一／仮面ライダーアギト（賀集利樹）は、料理や掃除、家庭菜園などをそつなくこなし（記憶を失う前は料理の専門学校生だったことがのちに判明する）、物語中、料理教室やバイト先のパン屋で主婦や成人女性から「カワイイ」と呼ばれるシーンがあり、現実の賀集の女性ファンを表象するようなメタナラティブになっている。津上（賀集）は、警察の未確認生命体対策班の警部補でＧ３システム（ＡＩ搭載のパワードスーツ）のＧ３―Ｘを装着して戦う氷川誠（要潤）とともにアンノウンと呼ばれる人間を襲う敵と戦う。物語途中まで氷川はアギトの正体を知らずに、アギトを「尊敬する人」だと津上の前で言ってしまい、アギトの正体が津上だとわかったあとに羞恥の表情をみせる。だが、正体を知ったあとにさらに信頼を深め二人が共闘する描写は、津上（賀集）と氷川（要）のＢＬ関係をも妄想させる。

『龍騎』では、複数のライダーによる多様なカップリングが可能になる。偶然仮面ライダー龍騎に変身してしまったジャーナリストの卵・城戸真司（須賀貴匡）は、ミラーワールドという異次元で繰り広げられる仮面ライダー同士のバトルロワイアルを止めようとする。ライダーの一人、秋山蓮／仮面ライダーナイト（松田悟志）と対立しながらも、信頼が芽生えて共闘する。強欲な弁護士・北岡秀一／仮面ライダーゾルダ（涼平。現・小田井涼平）など、クセがあるキャラクターたちも登場し、ファンはさまざまな関係性に萌えるのである。実際、『仮面ライダー』のＢＬ同人誌もファンによって多数出版されている。[40] もちろん、BL的な見方以外にも無数の多様な見方がある。

こうした虚構性が高いキャラクターと世界観において、「色」のついていない若手イケメン俳優たちのなかから自分の好みの俳優を見いだす「発見」、演技力の拙さなどの未完成な役者が成長する様子を愛で、応援する「育成」の楽しみ、「現実・実生活との距離感」などのファンの快楽、そして変身前の人間キャラクター／変身後のマスクヒーロー／俳優という単一の身体に課された多層性は、二・五次元舞台のファンの快楽やキャラクター／キャスト（俳優）という多層性による消費の仕方と通底する。また、特撮ヒーローは、若手俳優の登竜門として数々の俳優を輩出したが、[41] 後述する『テニミュ』を代表とする二・五次元舞台も、ショービジネス界で同じ役割を担ってきている。また、瀬戸康史、加藤和樹、相葉裕樹、井上正大、佐藤流司ら『テニミュ』出身俳優や〝二・五次元俳優〟（二・五次元舞台によくキャスティングされる俳優）も、特撮ヒーロー物にキャスティングされることが多く、クロスオーバーが起きている。[42] さらに、『仮面ライダー』や『スーパー戦隊』でかぶり物の役（モンスターなど）の声をアニメ声優が担当することも多く、[43] 欧米ではファンタジーテレビのジャンルに区分される特撮ヒーロー作品、ファンタジーであるアニメ、そしてファンタジーを原作・原案とする二・五次元舞台という三つのカテゴリー間の親和性を増幅している。

2 キャラクター／キャストの「虚構的身体性（virtual corporality）」

英語圏のマンガ、アニメ原作ミュージカル

このように声優、特撮ヒーロー俳優と二・五次元舞台の間の親和性、およびオーディエンス／ファンの受容、消費、利用での共通点が析出されるが、テキストでの二・五次元感、つまりオーディエンス／ファンが〝現実と虚構が混交する世界〟＝二・五次元空間と認識する感覚の生成基盤とは何だろうか。その二・五次元感を比較考察するため、まずは欧米のコミックス、アニメーション作品原作の舞台での身体性についてみてみよう。

欧米のアニメーション、コミックス作品の舞台化では、まずディズニー・シアトリカル・プロダクションズが手掛けるディズニーアニメーション映画原作のブロードウェイ・ミュージカル『美女と野獣（The Beauty and the Beast）』（一九九四年）、『ライオン・キング（The Lion King）』（一九九七年）、『ノートルダムの鐘（The Hunchback of Notre Dame）』（一九九九年）、『ターザン（Tarzan）』（二〇〇六年）、『リトルマーメイド（The Little Mermaid）』（二〇〇八年）、『アラジン（Aladdin）』（二〇一一年）、『アナと雪の女王（Frozen）』（二〇一八年）などがある。ディズニーアニメ映画はもともとミュージカル形式であり、「テーマパークで培ったテクニック」[44]が蓄積しているためにミュージカル化は自然な流れだった。映画でおなじみの曲もミュージカルナンバーとして使用されている。また、

『ピノキオ（Pinocchio）』は台詞劇としてロンドンで二〇一七年に舞台化されている。

また、ディズニー以外のミュージカルでは一コママンガ原作の『アダムス・ファミリー（The Adams Family）』（二〇一〇年）、アメリカンコミック（DC）「スーパーマン」原作の『鳥だ、飛行機だ、いやスーパーマンだ！（It's a Bird..It's a Plane..It's Superman!）』（一九六六年）、「スパイダーマン」（マーベル）原作の『スパイダーマン　ターン・オフ・ザ・ダーク（Spider-Man: Turn Off the Dark）』（二〇一〇年）、スヌーピーで有名な「ピーナッツ」が原作の『きみはいい人、チャーリー・ブラウン（You're a Good Man, Charlie Brown）[45]』（一九七一年）、『スヌーピー!!!（Snoopy!!!）』（一九七五年）、コミック原作『アニー（Annie）』（一九七六年）、テレビアニメ原案のミュージカル『スポンジ・ボブ（SpongeBob SquarePants）』（二〇一七年）など、人気コミックス、アニメーション作品の舞台化の歴史は長い。しかし、日比野啓によると欧米のミュージカルは、「物語がナンバーによってその進行を邪魔されることなく展開していく――多少なりとも「統合された」（integrated）――作品」という了解があり、日本のように歌入り芝居や「登場人物同士の会話とは別立てで音楽に載せて語る[46]」ようなものとは異なるという。さらに、「俳優たちはリアリズムの約束事を忠実に守り、作品の「外」に出ていくことはない[47]」という。つまり、登場人物が自身の心情について歌ったとしても、それは「台詞」であり、物語は歌という表現手段で進行していく。

一方、二・五次元ミュージカルを含む日本のミュージカルでは、歌や踊りの最中に物語が止まる傾向にある。逆にいえば、そのことでキャラクターにスポットが当たり、物語時間が凍結する空間のなかで、実在感をまとったキャラクターの身体が強調されるのである。藤原麻優子は、ディズニーアニメやアメコミのキャラクターたちが、キャラとして成立しているにもかかわらず、なぜ日本の二・五次元舞台と異なるのかを、①再現性、②物語構造、③ミュージカルナンバー（曲）の機能の三点から分析している。[48]

①「再現性」について藤原は、レーマン・エンゲル[49]を引用し、既存のミュージカルは原作に忠実か否かは問題ではなく、翻案者が自分の方法で表現することが大前提だと強調する。[50]これに対し二・五次元舞台は、二次元の世界観をそのまま再現することに重きを置いているという。[51]もちろん、藤原が指摘する二項対立図式がすべてのマンガ、アニメ、ゲーム原作・原案のミュージカルに当てはまるとはかぎらないが、二・五次元舞台ではビジュアル、原作の台詞、アニメ声優の声、世界観などの再現性が高い傾向にあることは確かだ。こうした言説で問題になるのは、視覚イメージの再現性だけではない。例えば、ディズニー映画原作のミュージカル化で、『ライオン・キング』はそもそも動物がキャラクターであるため忠実に再現するのは不可能だが、人間のキャラクターであれば、ディズニーランドでのアトラクションやショーですでに三次元での具現化がおこなわれている。セルを用いていた時代のディズニーのアニメーションは、もともと実際の俳優の演技を撮影したものをトレースして一秒間に二十四コマ使用するフルアニメーションの技法を用いているため、動きや造形が限りなく人間に近い。3DCGに完全移行したあとも、ディズニー／ピクサー作品では、例えば『アナと雪の女王』（監督：クリス・バック、二〇一三年。以下、『アナ雪』と略記）のエルサやアナは、顔に対して目の占有率が大きい点では誇張されたキャラクターだが、しぐさ、まばたき、リップシンク（口の動きと台詞を合わせること）などの動きはおおむねリアリズムに基づいている。[52]

アニメーションの世界とはいえ、限りなく三次元に近い造形や動きを映画のなかですでに実現しているのである（例えば、『アナ雪』の雪だるまのオラフなど非人間キャラクターもリップシンクし、人間の動きに近い）。

また、演じる俳優たちにも違いがある。ブロードウェイやウエストエンドでの劇場で、俳優たちの演技は常にチケットの料金に見合う高いクオリティーを保証していて、最低一年以上のロングラン（長期連続興行）を基本とする。原則週八回公演（二日間二回公演、四日間一回公演）を主役は演じるが、代役（アンダースタディ、スタンド・バイ）がいて、主役が休演した場合などには交代する。[53]だが、代役だからといって未完成な演技をすることはありえない。先述した特撮ヒーローで主役たちが成長していく様子を愛でる「育てる」楽しみ（いわゆる〝〔母〕親目線〟）は、あったとしても、未完成なたどたどしさから出発するような育成の楽しみなどはあまり期待できない。しかし岩下朋世が述べるように、二・五次元舞台では少年・少女の成長譚のナラティブが多いこともあり、役者の成長だけでなく、役者と物語内のキャラクターの成長がシンクロする過程を見守ることも、ファンの快楽の一つなのである。[54]

次に、藤原は②「物語構造」について、起承転結が日本の物語構造の典型であるのに対して西洋には「対立―衝突―解決」という文法があるが、二・五次元舞台には、〝連載上演〟という必ずしも一つの上演作品内で完結しないシリーズ化という特徴があることを指摘する。[55]欧米のミュージカルには、必ずドラマ（「〔一連の〕出来事を通して描かれる人物の視点の衝突や変容の起伏」[56]）があるが、二・五次元ミュージカルでは、「ドラマ」は前景にあまり出てこないと述べている。

このことは、③「ミュージカルナンバー（曲）の機能」と密接な関係がある。藤原によると西欧のミュージカルでは、「歌とダンスが物語に対して一定の機能を担い、作品のテーマを有機的に描き出していく[57]」ので、ミュージカルナンバーに物語の人物についての説明や心情をテーマに沿うように乗せる。それに対し、二・五次元ミュージカルには状況説明の曲が多いとされ、ブロードウェイ・ミュージカルを基準とすると限りなく〝非ミュージカル的〟だという。しかも二・五次元ミュージカルは、非ミュージカルだということを自分から告白するかのように、キャラクターが突然歌いだすというミュージカルをミュージカルたらしめている文法に対して、キャラクター自身がツッコミを入れたりちゃかしたりする「自己言及性[58]」が強いという（例として、藤原は『テニミュ』で菊丸英二が試合途中に歌いだし、試合に負けた原因を「なんで歌っちゃったんだろう」と言い、歌によってスタミナがなくなったと言及している点を指摘している）。確かに、原作ではキャラクターが物語中で歌っている場面はないので、ミュージカルナンバーが入ることは物語やキャラに合わないはずである。しかし、この自己言及性は、マンガ、アニメ、ゲームのファンにとって楽しさを見いだすポイントである「ネタ（ウケ狙い）とベタ（真面目）」の関係に類似している。詳細は後述するが、簡潔にいうと、英二が試合に負けたこと（ベタ＝首尾一貫した物語世界）を、ミュージカルだから歌ってしまったこと（ネタ＝本来は明かさない物語から逸脱した事実）のせいにしているおかしさをオーディエンスが楽しむのである。

ここで筆者が西洋で確立されたミュージカルの文法との相違を論じる研究者たちの指摘をあげたのは、それをもって二・五次元舞台の特殊性を強調しようとしているのではない。そうではなく、むしろコミックスやアニメーション原作の欧米のミュージカル様式からみる日本のミュージカルの〝違和感〟の根拠となるものこそに、二・五次元舞台を異化する効果があることを強調したいのである。それでは、その異化されたものとは何か。次に、「虚構的身体性」について考える。

虚構的身体性（virtual corporality）とメディアとしての身体

イングリッド・リチャードソンとカーリー・ハーパーは、インターネットの普及、VRなどの映像テクノロジーの発達の初期であった二〇〇一年の論文で、デジタル時代の身体と精神について、VRやネットによるサイバー空間への埋没によってもたらされた私たちの経験は、「精神、仮想性、情報が、身体、リアリティ、物質性と対抗する形で結び付いていたいままで当然視されていた関係性を解く連鎖を含んでいる[59]」と論じている。さらにリチャードソンらは、モーリス・メルロー＝ポンティが唱えた精神と身体の二元論の崩壊をベースにして、「空間の知覚に変化を与えるテクノロジーを使用する場合、私たちの身体化のモードも変化を受ける。逆もまた同様である。したがって、「空間」と「身体」との間には継続的な相互作用がある[60]」と述べている。二〇年代に生きる私たちにとって、サイバー空間、虚構空間への身体の拡張、そしてサイバー空間、虚構空間と「現実」空間の混交は、すでに不自然な経験ではないだろう。「Twitter」上で会話する匿名の相手を、物理的に隣にいるクラスメイトよりも「リアル」に感じる（身体性がある）ことや、「現実」にいる二・五次元舞台俳優や声優たちに実在感がない（異世界の存在と感じる）ことさえあるだろう（第4章で後述するように、筆者によるファンの質的調査でもそれは明らかである）。サイバー空間、虚構空間と現実空間が地続きの私たちの感覚、経験において、「脱身体的な主体としてバーチャルをとらえるのではなく、身体がどのようにバーチャルなものに織り込まれるか、またバーチャルなものがどのように私たちの身体化の一側面、つまり身体的虚構（a corporeal virtuality）となるのかを理解する方向へのシフトが必要[61]」なのである。リチャードソンらが呼称するこの corporeal virtuality（身体性を伴った虚構）を援用し、虚構性が高い（実在感がない／ないと思わせる）身体性を、筆者は「虚構的身体性（virtual corporality）」と呼称したい。虚構と肉体・身体の組み合わせはそれ自体矛盾していると指摘されるかもしれないが、サイバー空間に常時接続状態のユビキタスなハイブリッド・リアリティの世界に生きる私たちにとって、身体性を伴う感覚と虚構の境界はない（または、ほぼ感じられない）のである。

フィッシャー＝リヒテは、この点について興味深い指摘をしている。彼女は、パフォーマンス（上演）は、演者と観客の「身体（ライブ）の共在[62]」によって生成されるが、特に演劇（舞台）では、演出と上演は区別され、上演はその身体の共在のなかで生じるため、二度と同じ上演は存在しないと述べる。またその一回性ゆえの「束の間性」としての「物質性」を、「空間性」「身体性」「音響性」の観点から考察している[63]。

空間性について彼女は、「上演が行われる建築的・幾何学的空間」と「上演によってつくり出されて上演に作用を及ぼす上演空間[64]」を区別している。前者は建物としての空間性だが、後者は観客を含めた「常に雰囲気の空間[65]」、つまり、観客と俳優たちとの相互作用で生まれる〝空気〟と読み替えていいだろう。同じ演目であっても観客が異なれば、場の空気も異なるのは自明であり、それも「束の間性」である。しかし、劇場空間（建物の構造、照明、舞台のデザインなど）は上演空間に影響を与えていて、逆もまた可能であるため、両者はインタラクティブな関係だといえる。特に二・五次元舞台の場合、上演空間に大きな影響を与える「客席降り（ステージから客席にキャストが降りて演技したり、観客とハイタッチするなどのファンサービス）」など観客との相互作用を考慮すると、劇場空間によって、その演出の意味も変化することが考えられる。二〇二〇年は新型コロナウイルス感染拡大の影響で日本のライブエンターテインメント業界も大打撃を受けたが、演劇プロデューサー松田誠が発起人になり「ネット上に架空の劇場をつくる」ことを目的としたプロジェクト・シアターコンプレックスが、クラウドファンディングによって立ち上がった。約一・六億円の支援金で開設された「舞台専門プラットフォーム シアターコンプレックス」[66]（二〇二〇年七月サービス開始）では、劇場がサイバー空間に構築され、サイバー空間上に観客直接参加型で構築される新たな形の上演空間として、興味深い事例を提示している。

次に、身体性についてフィッシャー＝リヒテは、哲学者ヘルムート・プレスナーを援用して、俳優の身体を「記号的身体」と「現象的肉体」に区別して説明している。[67]「記号的身体」とは、俳優が登場人物を演じる際、俳優自身が透明または後景化することによって登場人物になりきるという、メディア（媒体）としての身体である。「現象的肉体」とは、俳優の刹那的に常に変化する生身の肉体（「肉体的世界内存在」[68]）のことである。十七世紀の演劇理論では、記号的身体と現象的肉体が同時に現れると観客に有害な効果をもたらすと考えられ、そのような二重性を発現させる演劇に対して否定的な考え方があったという。十八世紀になると、記号的身体と現象的肉体との間の緊張関係は、記号的身体を前面に出すことでその問題を解決しようとする動きがあった。もし現象的肉体に観客が関心を向けると、記号的身体は消滅し、幻想から引き戻されてしまうと考えられてきたのである。しかし、フィッシャー＝リヒテはそうした十八世紀の演技術の考え方を否定し、「記号的身体と現象的肉体は分離不可能」だと主張する。二十世紀には、精神と肉体の二元論を根本的に再検討した「身体化」の再概念化がなされるが、記号的身体と現象的肉体は分離不可能な緊張関係のうちにあり、しかも上演の際の観客との相互作用のうちに生成されると彼女は述べている。

身体化という概念が意味するのは、現象的肉体が繰り返し自らをそのつど特別な肉体として作り出し、それと同時に特殊な意味を産出する束の間の身体的諸過程なのである。このように俳優はその現象的肉体を、しばしば現前（prasenz）として経験される全く特殊な形で作り出し、同時に劇中人物――例えばハムレットやメディア――を作り出す。現前も劇中人物もこの特殊な身体化過程を越えたところに存在することはなく、この過程で俳優がそれらを上演の中で作り出すのである。(69)

現象的肉体を媒介物（メディア）として記号的身体は構築されるが、現象的肉体もまた記号的に構築されるのである。これは、二・五次元俳優が舞台外でも二次元キャラクターを影のようにまとうことを自ら意識したり、ファンにそれを期待されるという点で、〝拡張した〟現象的肉体および記号的身体という捉え方として応用できるだろう。

最後に、フィッシャー＝リヒテがあげる「音響性」とは、台詞だけでなく上演中の効果音、ＢＧＭ、観客の笑い声、拍手音など、あらゆる音楽、音声、ノイズ、リズムのことである。興味深いのは、音声と言語は緊張関係にあると述べている点である。

一方では、音声の中に、その音声を響かせるまさにその人の肉体的世界内存在が現れる。しかし、他方で、音声はそれが発せられるとき、記号として把握することができる。そしてこの記号には、話された言葉としてだけでなく、その年齢、性別、民族所属、感情などを指し示し得る特殊な物質的性質からして既に、多様な意味を付与することができる。(70)

現象的肉体によって発せられた音声（言語）は記号として観客に認識されるが、その発せられた音声には、現象的肉体によって多様な意味が生成されるということである。音響性もまた、一回性であり「束の間性」である。観客によって発せられる音声（歓声、笑い、ため息、拍手など）も、二度と同じものはないという点で、観客の参与が上演空間にとって重要な要素であることは、二・五次元舞台にも適用できる。

この理論を二・五次元文化、とりわけ二・五次元舞台に採用してみると、二・五次元舞台には、さらに視覚的記号（マンガ、アニメ、ゲームなどの二次元のキャラクターの身体）と聴覚的記号（アニメやゲームの声優の声）が加わり、しかもそれが「正解」として現前している。二・五次元舞台の演出家たちは、しばしばマンガ、アニメ、ゲームなどの原作を「答え／正解」と呼ぶ。(71)舞台『刀剣乱舞』の演出家・末満健一は「二・五次元舞台は、役作りにおいて参照すべき「原作という正解」があるわけですが、そこにどう自分を落とし込んでいくか、「正解」の幅をどれだけ広げられるのか、それが俳優や演出家の腕の見せ所[72]」だと述べ、ビジュアル面やキャラクター性を軸にした解釈の幅に言及している。ミュージカル『刀剣乱舞』の演出家・茅野イサムは、「キャラクターありき[73]」だけで終わらないように意識し、ハイパープロジェクション演劇『ハイキュー!!』の演出家・ウォーリー木下は、原作やアニメに引っ張られて「モノマネショー[74]」にならないように気をつけたと述べている。原作を翻案した演劇であれば、コスチュームの変化や時代設定の変更など、本来さまざまな演出が可能である。しかし、二・五次元舞台では、観客に期待されているキャラクターのビジュアルや内面から〝逸脱しない程度〟の再現性をベースにしたある種の「制約」のなかでの演出になる。

声に関しては、筆者がインタビューをおこなった演出家たち（上島雪夫、末満健一、ウォーリー木下[75]）は特に指示をしていないということだった（マンガを原作にする場合、二次創作であるアニメは参照しないという理由もある）。アニメの声に寄せることは、キャストたち自身の意識によるものが大きいようである。例えば、『テニミュ』ファーストシーズンの不二周助役・KIMERUは、アニメの青学キャラクターソングをキャスト全員に配り、声優の声を意識したという。[76]『テニミュ』セカンドシーズンで四天宝寺中学の財前光役・佐藤流司はアニメの声、しぐさまでもまねしようとしていたと述べ[77]、同じく、『テニミュ』サードシーズン八代目越前リョーマ役・古田一紀は、もともと原作ファンでアニメも観ていたという経験があり、アニメの声を大事にしたと証言している。[78]ハイパープロジェクション演劇『ハイキュー!!』の初代日向翔陽役・須賀健太は、周りがアニメの声に寄せているなか、自分は（アニメの声とは異なり）低い声なのでオーディションには受からないと思ったと告白している。[79]また、ミュージカル『少女革命ウテナ――深く綻ぶ黒薔薇の』（シアターGロッソ、二〇一九年）のアフタートークでは、御影草時役の徳山秀典と特別ゲストとしてアニメ版の御影役・緑川光が対談し、徳山の声や演技の再現度の高さを緑川が称賛したのに対し、何度もDVDを見て練習したと徳山が返答する場面もあった。このように二・五次元舞台での「記号的身体」にはキャラクターの視覚的・聴覚的な特徴が内包されるのである。

さらにキャラクターの「内面」が、記号的身体とともに現象的肉体にも付与される。それは、キャラクターになりきる、キャラクターとして生きるという俳優自身の現象的肉体を媒介にした記号的身体の生成、だけではない。俳優は舞台内だけでなく、舞台外でも記号的身体（演じたキャラクター）から完全に逃れることは困難である。そのことが析出されるのは、ファンの期待やイメージと齟齬が生じた瞬間である。例えば、『テニミュ』のセカンドシーズンで、人気キャラクターである氷帝学園中等部の跡部景吾役に決まっていた俳優が、交際相手との写真流失などの〝不祥事〟のために跡部ファンの不評を買い、降板になった（とされている）ことや、『テニミュ』サードシーズンの手塚国光役の俳優が、ファンとの交流バスツアー直前にSNSで交際相手との写真が流出して大炎上し、「Twitter」や有料メールマガジンで本人が謝罪するというスキャンダルがあった。二・五次元舞台俳優に限らず、若い芸能人（アイドル）の交際の発覚は、スキャンダルとしてファンに受け止められ批判されることが多いし、こうしたファンの反応は、例えばジャニーズ事務所のアイ

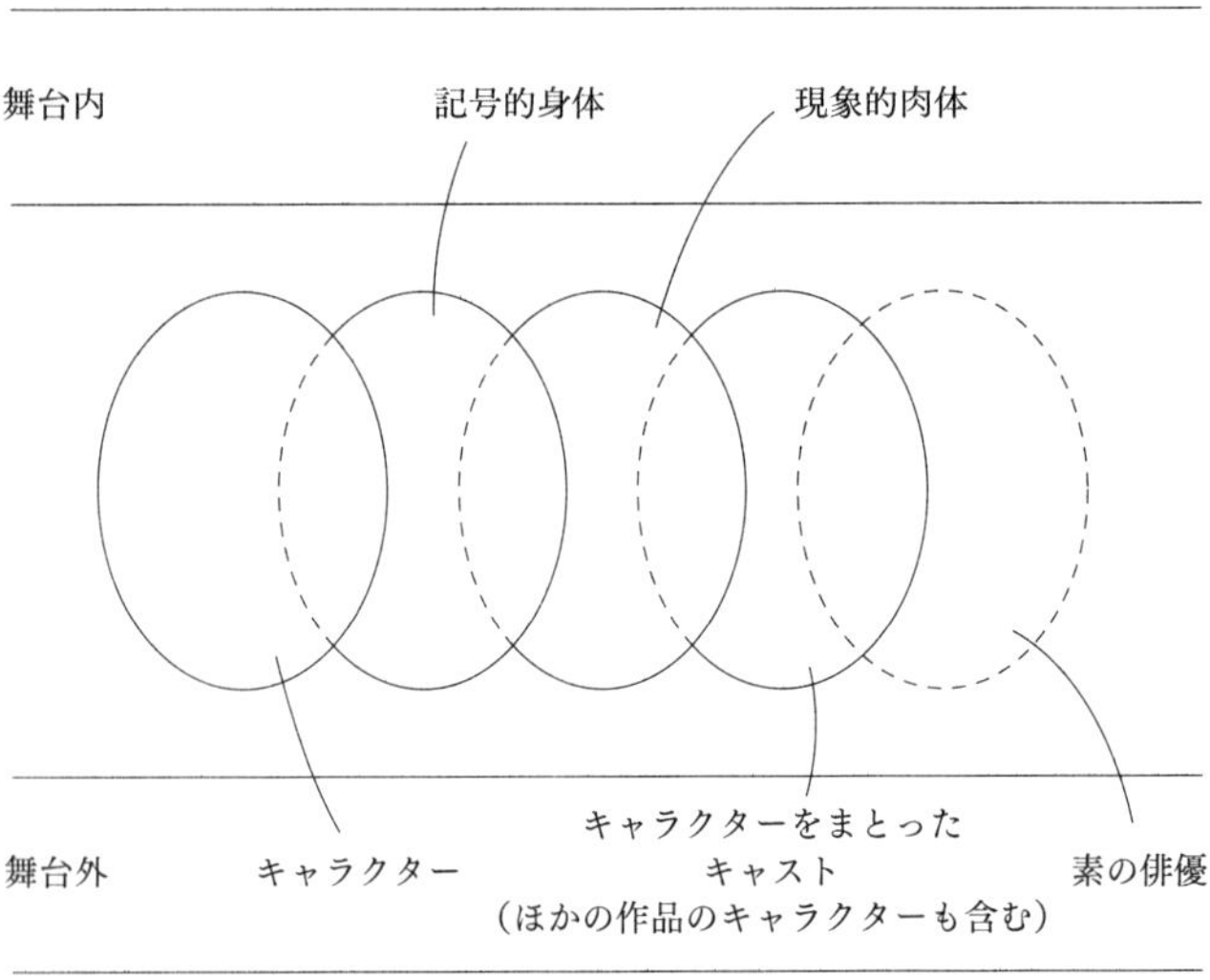

図4　相互参照的メディア横断ナラティブ

ドルやドラマの人気俳優でもありうることだ。しかし、彼らが演じたキャラクターには『テニスの王子様』の人気第一、二位を争う跡部、堅物で真面目な性格の手塚というそれぞれのキャラクターイメージがあり、俳優たちの行為がキャラクターのイメージからもかけ離れていたために失望が増大したことは否めない。ファンにとって、キャラクターのイメージと演じた俳優自身とを完全に切り離すのは困難な場合が多い。また、舞台外でもキャラクターとして振る舞うということも、俳優側の演出の一部として期待されていて、広報活動の一つでもある。

こうした認識のメカニズムは、ファンの間で使用される「キャライメージ」「キャラ補正」という用語にも表れている。現象的肉体と記号的身体によって再現される「キャライメージ」があるがゆえに、現象的肉体の所有者である俳優は無名であったとしても「キャライメージ」で認知され、そのキャラクターがポジティブなイメージであればあるほど、「キャラ補正」されて俳優自身も好意的にみられる。これが逆にはたらくと、前述した「炎上」のように、ファンの間に大きな失望を生み、記号的身体である「キャラクター」にも悪い影響を与えうるのである（俳優がキャラクター名で非難されることなど）。

　したがって、二・五次元文化、特に二・五次元舞台では、フィッシャー＝リヒテが主張する分離不可能な現象的肉体と記号的身体のほかに、二次元キャラクターの身体（キャライメージ）と上演を離れた俳優が演出するアイドル（＝素の自分）としての身体の五層（あるいは四・五層）を措定することができるだろう（図4）。しかしそれらは分離して存在するのではなく、前景化・後景化を繰り返し、常に緊張関係にある。この総体を、限りなく虚構に近い身体性＝「虚構的身体性」と捉えたい。マンガ、アニメ、ゲームのキャラクターは、髪色、髪形、目の色、顔（目の大きさ）、コスチュームなど現実離れしていることが多いが、それを再現するためのウィッグやカラーコンタクト、メイク、衣装などをまとうことは、現実感がないという意味で虚構性を増幅する。また、初期の『テニミュ』プロデューサー片岡義朗が指摘する若手俳優の「筋肉のついていない少年の体」で「危なっかしい体つき」[80]、そして俳優自身が証言する「美しい身体（＝すね毛のない足など）」[81]も、マンガ、アニメ、ゲーム原作・原案のキャラクターの身体とシンクロし、虚構性を増幅していると思われる。

3　相互参照的メディア横断ナラティブ（クロスレファレンシャル・トランスメディア・ナラティブ）と「虚構的身体性」

それでは、ファンの二・五次元舞台の見方にはどのようなメカニズムがあるのだろうか。本章で論じる二・五次元舞台ファンとは、二・五次元舞台に足しげく通う、DVD／BDや配信などで映像を何度も鑑賞する、俳優自身やそのファンダムのSNSアカウントをフォローする、ファンイベントに参加する、ほかのファンと交流する、グッズ購入、チケットやグッズのトレーディングをするなどのすべて、もしくは一部を活発におこなうファンを想定している。特定のマンガ、アニメ、ゲーム作品やキャラクターへの関心をきっかけに舞台ファンになった人もいれば、きっかけはマンガ、アニメ、ゲームだったとしても最終的に俳優のファンになった人もいる。マンガ、アニメ、ゲームファンとアイドルファンとの重複も珍しくなく、実際、ジャニーズや特撮ヒーローファンから二・五次元俳優ファンになったケースも多い。もちろんもともと小劇場、ミュージカルなどが好きで、きっかけは演出家、脚本家、振付師などのスタッフだというファンもいる。海外のファンが多いこと、マーチャンダイズが盛んであること、イベントなど「関連コンテンツ」が多いことも、ほかの舞台ジャンルとは異なる特徴である。二・五次元舞台ファンは、関心が虚構（マンガ、アニメ、ゲーム）へ向くファン（≒オタク）と現実の人間（俳優、声優、アイドル、特撮ヒーローファン、演劇ファンほか）のファンが混在する集団であり、多種多様なデモグラフィックを形成している。

二・五次元舞台ファンの見方・解釈を考察するために、まず演劇ジャンルのなかでよく比較される宝塚ファンについて考えてみる。東園子は、川崎賢子、松本理沙らの先行研究[82]を踏まえて、宝塚ファンは、舞台上の物語だけでなく演じるタカラジェンヌ自身の状況など周辺のコンテキストと重複させながら楽しむ「環境分析的な読解[83]」をしていると指摘している。「役名の存在（特定の役を演じている姿）」「芸名の存在（役者としての持ち味やイメージ）」「愛称の存在（ファンに見せるオフステージの姿）」「本名の存在（ファンに隠されているプライベートな姿）」の四層を通じて「相関図消費[84]」を楽しんでいて、二・五次元舞台のファンの見方もそれに類似しているという。東によると、「宝塚の男役は単に女性が男性の役を演じているのではなく、男役という宝塚の世界における男性を演じ、そのうえで個々の〔舞台上の：引用者注〕役を演じるという二重の演技[85]」をする（女役も性別は同じだが、同様のメカニズムをもつ）という。渡辺守章[86]を援用しながら東は、演技者の身体には、素の生活者としての役者と演じる登場人物の間に「虚構の身体[87]」があり、通常それを観客から隠すが、タカラジェンヌの「虚構の身体」とは芸名としての存在（役者のイメージ）であり、むしろそれを舞台の上でも全面化していると論じている。つまり、スターとしてのイメージが作品を横断して作り上げられるという。宝塚は当て書きが基本だということは、前述したとおりである。つまり、役者が前景化し、キャラクター（役）は後景化するのである。さらに、宝塚の月刊誌やCSテレビなどを通じて、ファンに対して「好ましいイメージに『セルフプロデュース』された姿[88]」、すなわち「愛称の存在」と、秘匿されていてファンが知らない「本名の存在」が舞台外にあり、二つの顔を使い分けて、ファンもその「お約束事」を守ったうえで楽しんでいるという。また宮本直美は、ファンは掲載写真の多さや順番からトップスターに誰がなるのかをゲームのように推測し、「多様な意味を読み込みながら宝塚歌劇の舞台を観ている」(89)とし、ファンにとっての別の快楽を指摘している。

そうした解読コード(「お約束事」)を前提とし、視覚的・聴覚的記号としてのキャラクターを共有する観客との相互作用について、星野太は、二・五次元は、二次元/三次元という次元の位相の差異ではなく、キャラクターと観客をベースとしたときに浮上すると述べている。「二次元/三次元の相克は、厳密にはそのメディウムの次元で生じているのではなく、むしろその「キャラクター」と「俳優の身体」のあいだで生じている」(90)のだ。マンガ、アニメ、ゲームなどの虚構の世界のキャラクターが、あたかも人格をもった存在として観客の認識にあり、目の前で展開されるキャラクターそっくりの俳優たちの身体に、観客はキャラクターを「幻視」し「二重写し」にする。その瞬間に二・五次元空間という位相が生じるという。(91)星野の議論は、二・五次元空間の成立にはオーディエンス/ファンのキャラクターに対する認識と劇場内での参加(物理的にも感覚的にも)が不可欠な要素であることの証左である。

宝塚ファンの相関図消費の快楽との相違は、二・五次元舞台では自律したキャラクターを具現化させるために俳優の身体(現象的肉体)が後景化するが、演じたキャラクターと限りなく同一化した身体(記号的身体)を舞台外でももつことを期待される部分と、「素」の日常を生きる俳優の部分の「ネタとベタ(楽屋ネタなどのウケ狙いでの演出部分と、シリアスな演技・行為)」を楽しむファン側の自由な解読コードとが存在し、舞台上でも舞台外でも虚構的身体性を維持していることである。

　具体的に事例をみてみよう。『テニミュ』では、キャストはオーディションで「キャラクターの〝本質〟」や「種」[92]をもつ新人若手俳優が選ばれるという。したがって、もともとキャラクターに近いイメージの俳優が選ばれ、俳優側も自身の振る舞いをそのキャラクターに寄せて、舞台外の演出部分や日常生活でもそのキャラクターをまとうことが期待されるし、自分でも意識するとされる。例えば、『テニミュ』サードシーズンでの氷帝学園の跡部景吾役・三浦宏規は、跡部の姿勢になるよう常に気にして街を歩き、日吉若役・内海啓貴は、自分と日吉の共通点の多さに驚き「日常にテニミュが入ってきている感覚で、もう生活の一部」だと述べている[93]。また、『テニミュ』には合宿と称される集中稽古があり、チームごとにおこなわれる。体力づくりのためのマラソンなど、実際の部活練習のような訓練も取り入れられている。原作の『テニスの王子様』自体が中学校のテニス部を描いたものであるため、練習を通して上達する様子が新人俳優たちの上達とシンクロし、チームとしての団結力も自然と生まれていく。その様子は「バックステージ」としてDVDに収録され、ファンは舞台裏を含め『テニミュ』ワールドを楽しむのである。同様に、スポーツ（高校生の自転車競技部）を描いた少年マンガ『弱虫ペダル』（原作：渡辺航、二〇一二年―）の舞台化作品である舞台『弱虫ペダル』（二〇一二年―）でも、物語で競技大会が開催される箱根を、キャストたちが実際に競技用自転車で走る映像がDVDに収録されている。スポーツ系以外では、舞台『刀剣乱舞――外伝此の夜らの小田原』（小田原城天守閣前特設野外ステージ、二〇一七年）のキャストによる小田原歴史散策の例がある。小田原城での一夜限りの野外公演である「外伝」のために集まったキャストたちが二手に分かれてゆかりの地を散策し、自分たちが演じるキャラクターの歴史背景を学び、交流を深めるという特典映像がＤＶＤに収められている。座長である山姥切国広役・荒牧慶彦が、新しく加わったキャストに対してリーダー（近侍）[94]のように話しかける様子や、キャスト同士がボケとツッコミで話す様子などには、刀剣男士たちの良好な関係を垣間見ることができる。

ミュージカル『刀剣乱舞』シリーズでは、舞台以外にも出演俳優がキャラクター名でユニット（例えば「刀剣男士 team 三条 with 加州清光」など）を組んでＣＤを出すという、〝キャラクターとしてのアイドル活動〟という点で特徴的なコンテンツも展開されている。そのなかで石切丸役の崎山つばさは、石切丸としてブログでメッセージを書いていた。[95] ファンがキャラクターになりきってＳＮＳで発信する「なりきりアカウント」というものも存在しているが、実際に演じている俳優がキャラクターとして発声することを、ファンは「ネタ」として理解しているものの、石切丸と一体化している崎山のことを「崎山丸」としてファンは好意的に受け入れ、現象的肉体と記号的身体が交互に前景化するような瞬間をファンは楽しむ。岩下朋世の用語を借りれば、石切丸という「キャラ人格」は、ゲームの声つきイラスト、アニメの動画（『刀剣乱舞――花丸』〔二〇一八年〕）、ミュージカル『刀剣乱舞』（舞台上）の記号的身体／現象的肉体、ユニット刀剣男士（舞台外）、崎山丸（崎山つばさ）という「キャラ造形」に現象しているのである。[96]

二・五次元舞台ファンは、作品中や作品外を横断して虚構的身体性を総合的に楽しんでもいる。例えば、マンガ、アニメ、ゲームでの物語中ではありえない登場人物たちの邂逅なども、二・五次元舞台俳優では可能になる。例えば、『テニミュ』には、ドリームライブ、チームライブというライブコンサートと寸劇を総合したステージや、運動会など学校行事に似せたイベントが開催されることがある。そこでは、原作『テニスの王子様』の物語では言葉を交わさないキャラクターたちが、演じるキャスト（俳優）たちの身体を通じて、「ありそうな」絡みをするのを見ることができる（しかも「大運動会」はほぼアドリブである）。いわば、「現象的肉体と記号的身体による生の二次創作」を見ることができるのである。また、あるキャストに、ファンが別の作品で演じているキャラクターを幻視して別の物語を創造することも可能なのだ（例えば『最遊記歌劇伝』シリーズの玄奘三蔵役・鈴木拡樹と孫悟空役・椎名鯛造が舞台『刀剣乱舞』シリーズでそれぞれ三日月宗近役、不動行光役を演じているのを、『刀剣乱舞』では三蔵が悟空によそよそしい、などという妄想をするなど）。こうした俳優の身体も含んでメディア横断的、作品横断的に参照しながら解読することを、相互参照的メディア横断ナラティブ（cross-referential transmedia narrative）と呼称したい。こうした相互参照的メディア横断ナラティブは、現実空間やサイバー空間（SNS）でのファン同士の会話のなかで醸成される。詳細なファンの言説分析は第4章でおこなうが、次章では、二・五次元舞台の隆盛に至る歴史を通史的に概観し、事例分析をおこなうことで二・五次元舞台を考察する。

注

（1）アニメーションとアニメの差異については、津堅信之『日本のアニメは何がすごいのか——世界が惹かれた理由』（〔祥伝社新書〕、祥伝社、二〇一四年）を参照。

（2）Cindy Sivilsky and Shin Kurokawa, "Anime Magnetism," *American Theater*, April 22, 2019. (https://www.americantheatre.org/2019/04/22/anime-magnetism/)［二〇二〇年三月二日アクセス］

（3）前掲『アニメ聖地巡礼の観光社会学』二五ページ

（4）前掲「日本発、世界標準ミュージカル。」二ページ

（5）当初『テニミュ』の総合プロデューサー松田誠は「卒業」させることに反対だったという（松田誠「演劇プロデューサー 松田誠」、門倉紫麻『2・5次元のトップランナーたち――松田誠、茅野イサム、和田俊輔、佐藤流司』所収、集英社、二〇一八年、一九ページ）。「卒業」の社会文化的意味に関しては、第3章で論じる。

（6）大塚英志『物語消費論改』（アスキー新書）、アスキー・メディアワークス、二〇一二年、三七ページ

（7）「生誕90周年を迎えた「正チャンの冒険」公式サイトがオープン！」「Animate Times」二〇一四年三月二十四日（https://www.animatetimes.com/news/details.php?id=1395646630）［二〇二〇年三月二日アクセス］

（8）渡辺諒／下川晶子「日本のミュージカル受容――海外ミュージカル／オリジナル作品／2・5次元ミュージカル」、岩崎徹／渡辺諒編、関根裕子／安冨順／中本千晶／下川晶子『世界のミュージカル・日本のミュージカル』（横浜市立大学新叢書）所収、横浜市立大学学術研究会、二〇一七年、二三八―二三九ページ

（9）脚本、演出もラサール石井。二〇一六年には十年ぶりに新作を上演。主役は同じくラサール石井。

（10）木村智哉「キャラクタービジネス」、前掲『アニメーション文化55のキーワード』所収、二〇一ページ

(11) 古田尚輝『『鉄腕アトム』の時代——映像産業の攻防』世界思想社、二〇〇九年、iiページ、前掲『なぜ日本は〈メディアミックスする国〉なのか』七九ページ
(12)『スター千一夜』(一九五九—八一年)はフジテレビのトーク番組。
(13) 例えば、短篇 *Alice's Wonderland* シリーズ(一九二三—二七年)は実写のアリスとアニメーションの融合作品である。
(14) 津堅信之『新版 アニメーション学入門』(平凡社新書)、平凡社、二〇一七年、八四—八五ページ
(15) 中川右介『サブカル勃興史——すべては1970年代に始まった』(角川新書)、KADOKAWA、二〇一八年、二三五ページ
(16) 前掲『新版 アニメーション学入門』八四ページ
(17)「こどもマンガ 大学生に大もて どこでも奪い合い〝立ち読みお断り、騒ぎ〟」「朝日新聞」一九六五年十月七日付、十四面
(18)「いずみ」「読売新聞」一九七〇年三月二十五日付、十五面
(19)「あしたのジョー」広告、「読売新聞」一九七〇年五月十四日付夕刊、十二面
(20)「『あしたのジョー』を上演 路線転換を図る新国劇」「朝日新聞」一九七〇年六月二日付、九面。主人公・星飛雄馬を志垣太郎(当時は河村稔)、父・一徹を二代目中村吉右衛門が演じた。
(21)「テレビ街 テレビの人気番組 続々と舞台、映画に」「読売新聞」一九七〇年五月二十日付、十八面
(22)「本もの選手団に花束「サインはV」の岡田ら」「読売新聞」一九六九年十月二十六日付、十八面
(23) 前掲『おたくの起源』一七三ページ
(24) 須川亜紀子『少女と魔法——ガールヒーローはいかに受容されたのか』NTT出版、二〇一三年、一三九ページ

(25) The Broadway League, "The Broadway League Reveals "The Demographics Of The Broadway Audience" for 2018-2019 Season," Jan 13, 2020. (https://www.broadwayleague.com/press/press-releases/the-broadway-league-reveals-the-demographics-of-the-broadway-audience-for-2018-2019-season/)［二〇二〇年三月三十日アクセス］

(26) ネットリサーチディムズドライブ「ネットリサーチのDIMSDRIVE『歌舞伎』に関するアンケート」(http://www.dims.ne.jp/timelyresearch/2005/051208/index.html)［二〇二〇年三月二十日アクセス］

(27) 宮本直美『宝塚ファンの社会学――スターは劇場の外で作られる』（青弓社ライブラリー）、青弓社、二〇一一年、一六ページ

(28) 劇団四季ウェブサイト「劇団四季とは」(https://www.shiki.jp/group/company/about.html)［二〇二〇年三月三十日アクセス］

(29) ジョン・ケアード「インタビュー」二〇一四年 (http://rmcompany/conversation/?no=112)。現在リンクは削除されている。

(30) 前掲「声優論」九三ページ

(31) 同論文九四ページ

(32) 同論文九四ページ

(33) 前掲『おたくの起源』一二二ページ

(34) 前掲「声優論」九六ページ

(35) 氷川竜介「特撮の定義」、森ビル『日本特撮に関する調査――平成24年度メディア芸術情報拠点・コンソーシアム構築事業』所収、森ビル、二〇一三年、四ページ (https://mediag.bunka.go.jp/

projects/project/images/tokusatsu-2013.pdf）［二〇二〇年四月一日アクセス］

（36）「ママも熱中、新ライダー 仮面ライダーアギト、12％超の視聴率」「朝日新聞」二〇〇一年七月二十六日付夕刊、十六面

（37）「子ども向け番組 大人引きつける独特の魅力（観覧車）」「朝日新聞」二〇〇二年一月十一日付夕刊、十二面

（38）大島真奈美「主婦がはまる異次元アイドル 別世界の人だから、ウットリできる」「AERA」二〇〇二年十月七日号、朝日新聞出版、四七ページ

（39）同記事四七ページ

（40）例えば、ファンが書き込める「ピクシブ百科事典」では、「腐向けライダー」（BLファン〔腐女子、腐男子など〕向けの仮面ライダー同人誌）という歴代ライダーごとのまとめがある（「腐向けライダー」「ピクシブ百科事典」〔https://dic.pixiv.net/a/%E8%85%90%E5%90%91%E3%81%91%E3%83%A9%E3%82%A4%E3%83%80%E3%83%BC〕［二〇二〇年四月一日アクセス］）。

（41）本文で言及した俳優のほかに、例えば、『仮面ライダー響鬼』（テレビ朝日系、二〇〇五年）の細川茂樹、『仮面ライダーカブト』（テレビ朝日系、二〇〇六年）の水嶋ヒロ、『仮面ライダー電王』（テレビ朝日系、二〇〇七—〇八年）の佐藤健、『仮面ライダーW』（テレビ朝日系、二〇〇九年）の菅田将暉、『侍戦隊シンケンジャー』（テレビ朝日系、二〇〇九年）の松坂桃李、『仮面ライダーフォーゼ』（テレビ朝日系、二〇一一年）の福士蒼汰、吉沢亮、『烈車戦隊トッキュウジャー』（テレビ朝日系、二〇一四年）の横浜流星や志尊淳など。

（42）配役のリストは、東映「Kamen Rider Web」（〔https://www.kamen-rider-official.com/〕［二〇二〇年四月二日アクセス］）参照。

(43) 例えば、大人気になった『仮面ライダー電王』(主演：佐藤健)のイマジンというかぶり物キャラクターたちは関俊彦、遊佐浩二、鈴村健一など人気声優が声を担当した。
(44) 岩崎徹「英語圏のミュージカル ミュージカル誕生――サヴォイ・オペラ」、前掲『世界のミュージカル・日本のミュージカル』所収、二四ページ
(45) 日本人キャストでも二〇一七年四月にシアタークリエほかで上演された(訳詞・演出：小林香)。スヌーピーを演じたのは中川晃教。
(46) 日比野啓「戦後ミュージカルの展開」、日比野啓編『戦後ミュージカルの展開』(「近代日本演劇の記憶と文化」第六巻)所収、森話社、二〇一七年、八―九ページ
(47) 同論文九ページ
(48) 藤原麻優子「なんで歌っちゃったんだろう?――二・五次元ミュージカルとミュージカルの境界」(「総特集 2・5次元――2次元から立ちあがる新たなエンターテインメント」「ユリイカ」二〇一五年四月臨時増刊号、青土社)、および同「Does it Work?――2・5次元ミュージカルとアダプテーション」発表原稿(第二回「2・5次元文化に関する公開シンポジウム――声、キャラ、ダンス」横浜国立大学、二〇一六年二月六日)。
(49) Lehman Engel, *The Making of a Musical: Creating Songs for the Stage*, Lomelight, 1986, p. 98.
(50) 前掲「なんで歌っちゃったんだろう?」、前掲「Does it Work?」
(51) 前掲「Does it Work?」
(52) アメリカのアニメーションでのリップシンクについては、細馬宏通『ミッキーはなぜ口笛を吹くのか――アニメーションの表現史』(「新潮選書」)、新潮社、二〇一三年)を参照。
(53) 石原隆司『ミュージカル入門』(一冊でわかるポケット教養シリーズ)、ヤマハミュージックメディ

ア、二〇一三年、四六ページ
(54) 前掲『キャラがリアルになるとき』一三三ページ
(55) 前掲「Does it Work?」
(56) 前掲「なんで歌っちゃったんだろう?」六九ページ
(57) 同論文七〇ページ
(58) 同論文七〇ページ
(59) Ingrid Richardson and Carly Harper, "Corporeal Virtuality: The Impossibility of a Fleshless Ontology," *Body, Space, and Technology*, 2(2), 2001. (http://people.brunel.ac.uk/bst/vol0202/ingridrichardson.html.) (n.d.)［二〇二〇年四月二日アクセス］。日本語訳は拙訳。
(60) Ibid.
(61) Ibid.
(62) 前掲『パフォーマンスの美学』四四ページ
(63) 前掲『演劇学へのいざない』三八、四六―四七ページ。ただし、「身体（ライブ）の共在」はここでは「肉体の共在」と訳されている。
(64) 同書四七ページ
(65) 同書五〇ページ
(66) 松田誠「発起人メッセージ」「架空の劇場　舞台専門プラットフォーム　シアターコンプレックス　舞台を救え」(https://fanbeats.jp/collaboration/theater-complex)［二〇二〇年四月三十日アクセス］
(67) 前掲『演劇学へのいざない』五二―五三ページ
(68) 同書五四ページ

(69) 同書六三ページ
(70) 同書六八ページ
(71) 須川亜紀子「コラム 2・5次元舞台」、大橋崇行/山中智省編著『小説の生存戦略――ライトノベル・メディア・ジェンダー』所収、青弓社、二〇二〇年、二一五ページ
(72) 末満健一「2・5次元という表現の場で『刀剣乱舞』の物語をつむぐ」、「特集 2・5次元文化 キャラクターのいる場所――2・5次元 舞台/ミュージカル」「美術手帖」二〇一六年七月号、美術出版社、六三―六四ページ
(73) 茅野イサム「クリエイター・インタビュー 茅野イサム ミュージカル『刀剣乱舞』――阿津賀志山異聞」、「漫画・アニメ・ゲーム×舞台――2・5次元舞台と、その源流」上、Omoshii mag 編集部編「Omoshii mag」第四号、アンファン、二〇一六年、四〇―四一ページ
(74) ウォーリー木下「ウォーリー木下 ハイパープロジェクション演劇『ハイキュー!!』〝頂の景色〟」、同誌四二―四三ページ
(75) 上島氏、末満氏へのインタビューは前掲「美術手帖」二〇一六年七月号を参照。木下氏へのインタビューは、須川亜紀子「第3回 事例2 作り手とファンの交差する視線の先――2・5次元舞台へ/からの欲望」(「WEB青い弓」二〇一六年〔http://yomimono.seikyusha.co.jp/2016/06?cat=2〕〔二〇二〇年三月三十日アクセス〕)を参照。
(76) 「不二会」、許斐剛『テニプリパーティ――テニスの王子様20周年アニバーサリーブック』(愛蔵版コミックス)所収、集英社、二〇一九年、七六ページ
(77) 佐藤流司「俳優佐藤流司」、前掲『2・5次元のトップランナーたち』所収、一七二ページ
(78) 古田一紀「古田一紀 ミュージカル『テニスの王子様』3rdシーズン青学vs.氷帝 越前リョーマ

役」、「漫画・アニメ・ゲーム×舞台——2・5次元舞台と、その源流」下、Omoshii mag編集部編「Omoshii mag」第六号、アンファン、二〇一六年、四〇ページ

(79) 須賀健太「須賀健太 ハイパープロジェクション演劇『ハイキュー!!——頂の景色』——日向翔陽役」、前掲「Omoshii mag」第四号、一三ページ

(80) 前掲「アニメミュージカル」七〇—七一ページ

(81) 高橋健介／鳥越裕貴／ゆうたろう「新！2・5次元俳優あるあるをやってみた【声優さんに……?】」「ぼくたちのあそびば」二〇一九年七月二十六日配信（https://www.youtube.com/watch?v=RH5Rf97jt4k）［二〇二〇年五月六日アクセス］

(82) 川崎賢子『宝塚——消費社会のスペクタクル』（講談社選書メチエ）、講談社、一九九九年、松本理沙「〝娘〟をめぐる欲望——宝塚の娘役についての一考察」、荻野美穂編著『〈性〉の分割線——近・現代日本のジェンダーと身体』（「日本学叢書」第二巻）所収、青弓社、二〇〇九年

(83) 東園子『宝塚・やおい、愛の読み替え——女性とポピュラーカルチャーの社会学』新曜社、二〇一五年、八五ページ

(84) 同書九六ページ、東園子「2・5次元ファンの舞台の見方——宝塚ファンとの比較から」、前掲「美術手帖」二〇一六年七月号

(85) 前掲『宝塚・やおい、愛の読み替え』八七ページ

(86) 渡辺守章『虚構の身体——演劇における神話と反神話』中央公論社、一九七八年

(87) 前掲『宝塚・やおい、愛の読み替え』八八ページ

(88) 同書九四ページ

(89) 前掲『宝塚ファンの社会学』三五ページ

(90) 星野太「キャラクターの召喚――二・五次元というカーニヴァル」、前掲「ユリイカ」二〇一五年四月臨時増刊号、六二ページ
(91) 同論文六五ページ
(92) 前掲「演劇プロデューサー 松田誠」二四―二五ページ
(93) 三浦宏規／内海啓貴「新生・氷帝学園！役づくりへの一歩」、前掲「美術手帖」二〇一六年七月号、四〇ページ
(94) 近侍は『刀剣乱舞』の設定では、本丸の主（審神者）の側近であり部隊の隊長の役割をもつ。
(95) 輝馬／崎山つばさ「輝馬×崎山つばさ」、前掲「Omoshii mag」第四号、三四ページ
(96) 前掲『少女マンガの表現機構』、前掲『キャラがリアルになるとき』

第3章　二・五次元舞台の成立と展開

はじめに

前章では、二・五次元舞台の本書での定義を提示し、「①マンガ、アニメ、ゲームを原作、原案にもつ舞台作品（台詞劇、音楽劇、その他）」のなかでも、「②特にキャスト自身よりも、二次元キャラクターのビジュアル・内面・世界観の、三次元での再現性が前景化している」要素を、欧米のマンガや映画原作のミュージカルと宝塚歌劇団との相違を解説しながら考察した。日本で海外のミュージカル作品は、劇団四季、東宝、宝塚歌劇団、東急シアターオーブで観ることができる。劇団四季と東宝（帝国劇場、シアタークリエ）は日本語の「翻訳ミュージカル」、宝塚は「翻案ミュージカル」、オーブは言語そのままの「原語ミュージカル」という差異[1]はあるが、比較観劇すると、二・五次元ミュージカルとの差異を体験できるだろう。この点で、マンガ『Death Note』(原作：大場つぐみ、作画：小畑健、「週刊少年ジャンプ」〔集英社〕、二〇〇三―〇六年)原作のミュージカル『デスノート THE MUSICAL』(二〇一五年、一七年再演、二〇年再々演)は興味深い。ブロードウェイミュージカルと同じ手法で、海外市場に音楽、脚本、演出方法も含む上演権を売り、海外での「翻訳ミュージカル」上演を企図して作られたのである。音楽はブロードウェイの有名作曲家フランク・ワイルドホーン、音楽スーパーバイザーにジェイソン・ハウランド、そして著名な舞台演出家・栗山民也が演出を手掛けている。初演／再演の主演・八神月《やがみらいと》役に浦井健治と柿沢勇人のダブルキャスト、L役に小池徹平、初代リューク役に吉田鋼太郎、八神総一郎役に鹿賀丈史という豪華なキャストで上演された。ホリプロ制作のこの作品は韓国で現地キャスト(人気ミュージカル俳優ホン・グァンホ、元東方神起のキム・ジュンスら)によって上演された際にも、改変がない「翻訳ミュージカル」として上演された。こうした「コピー上演」[2]は海外から日本への輸入作品に多いが、日本発の本格的ブロードウェイ式マンガ原作ミュージカルが海外で成功した事例として注目されている。しかし、キャラクターよりもキャストが前景化していて、マーチャンダイズ(グッズ)もほかの舞台と比べて少なかった点が、残念ながら本書の「二・五次元舞台」定義から外れるため、これ以上はふれない。

また前章では、②のキャラクターの前景化を考察するうえで、フィッシャー＝リヒテの現象的肉体と記号的身体の概念を援用し、フィジカルな肉体をもつ俳優が二次元キャラクターを前景化する(あるいはキャラクターの幻視を可能にする)ことによって虚構性をまとう、「虚構的身体性」という用語で分析を試みた。さらに、「③俳優たちが、俳優業以外にアイドル活動に類似する活動やSNS発信を活発におこなっている」ことに関して、前章では彼らがキャラクターとして発するSNSメッセージに注目したが、それ以外に上演前や上演中に写真付きで発信するメッセージも、ファンのさまざまな「相互参照的メディア横断ナラティブ」の増産を誘引している。こうした舞台上と舞台外で、キャラクター／キャストたちとオーディエンス／ファンが、虚構世界、サイバー世界、現実世界の間を循環する仕組みを二・五次元舞台はもっている。

本章では、一大ジャンルを形成するに至るまでの二・五次元舞台の歴史を社会文化的にたどり、具体例を参照することで「二・五次元舞台」のさらなる考察を試みる。

1　アニメミュージカル――〝二・五次元的舞台〟から二・五次元舞台へ

演劇プロデューサー松田誠が指摘するように「演劇業界にとっても、二・五次元ミュージカルにとっても（略）すべてのターニングポイントは『テニミュ』[3]』だろう。『テニミュ』によって、スター俳優からキャラクターと世界観の再現性へと舞台の主軸が移ったこと、またそれまでもともと声優を意味していた「二・五次元」が、俳優の三次元の身体による二次元の具現化というファン主導の用語として定着したのも『テニミュ』に起因するといっていいだろう。演劇作品にもかかわらず、アニメイベントのようにマーチャンダイジング（キャラクターに扮するキャストのブロマイドなど）

でも成功することも『テニミュ』は示した。アニメ原作のミュージカルを手掛けた片岡義朗は、『テニミュ』のようなミュージカルの新しいジャンルを二〇〇八年時点ではまだ「アニメミュージカル」と呼称している。(4)その後、ファンの間で使用されていた〝二・五次元〟をマスメディア・制作者側が遅れて認知しはじめ、積極的にこのキャッチーな用語を使うことで、このジャンルの呼称は「二・五次元ミュージカル、舞台」として定着していくのである。『テニミュ』を分水嶺として、『テニミュ』以前の舞台をアニメミュージカル（または、ゲーム原案も含む二・五次元的舞台）と呼称し、考察していきたい。

ミュージカル『聖闘士星矢《セイントセイヤ》』（一九九一年）と少女マンガ原作ミュージカル

後年の『テニミュ』との連続性をもつマンガ・アニメ原作の舞台化としては、まず青山劇場で上演されたバンダイスーパーミュージカル『聖闘士星矢』（演出：菅野こうめい、脚本：三ツ矢雄二、青山劇場、一九九一年。以下、『星矢』と略記）がある。車田正美の同名マンガが原作のこの作品は、数度のアニメ化（一九八六―八九年、東映動画ほか）がおこなわれ、海外のファンも多い。ギリシャ神話をモチーフにし、女神アテナを守る聖闘士《セイント》と呼ばれる若き戦士たちの物語で、デコラティブな鎧（聖衣《クロス》）や体内エネルギー（小宇宙《コスモ》）、派手な格闘、決めポーズなども話題だった。プロデューサーの片岡義朗によると、当時CDデビューしたばかりのSMAP（当時は六人）は『星矢』の舞台化の話がくるやいなや、すぐに自分たちで五人の聖闘士の配役を決めたという（残った木村拓哉は悪役ポセイドン役）。(5)第一部は五人の聖闘士と敵ポセイドンの物語、第二部はSMAPのミニライブで構成されていた。

『星矢』は八月十五日から九月一日まで、子どもたちの夏休みの期間に上演された。このことからもわかるように、アニメミュージカルは、名作童話や創作人形劇などと同じ「児童演劇」の一つとして認知されていた。アイドル主演のミュージカルもトレンドになっていて、同年に長山洋子主演『トラップ一家物語』(アイスパレス劇場、七月二十日―九月一日)、早見優主演『オズの魔法使い』(新宿コマ劇場、八月二日―二十九日)(6)が上演されている。SMAPの『星矢』も「アイドル主演の児童演劇」だったが、子どもに交じって早くも若者のSMAPファンや『星矢』ファンも観にくるなど(7)、ターゲット層(親子)以外にも広く届く作品になっていた。(8)若手イケメンたちのアニメ原作ミュージカルへの起用と、想定ターゲット以外への拡大という点では、のちの『テニミュ』の成功への里程標だといえるだろう。

少女マンガ・アニメ原作のミュージカルの流れもある。バンダイミュージカル『美少女戦士セーラームーン』(原作：武内直子、演出：野伏翔、脚本：富田祐弘、一九九三―二〇〇五年。以下、バンダイ版『セラミュ』と略記)は、アニメ(一九九二―九七年、東映動画)のヒットを受けたファミリー向けミュージカルとして上演された。このシリーズは、子どもがセーラームーンのコスプレをして観劇するなど、親子で楽しめる舞台だった。下川晶子は、主役キャストを交代しながら、バンダイ版『セラミュ』が再演・ライブを含め二十三作品を十二年間上演した点を「画期的スタイル」だった(9)と指摘している。のちに広く舞台制作やアニメ作品のキャスティングなどをおこなう会社ネルケプランニングによって連載二十周年記念として制作されたミュージカル『美少女戦士セーラームーン』(二〇一三―一七年。以下、ネルケ版『セラミュ』と略記)は、元宝塚スター大和悠河を地場衛/タキシード仮面に迎えた〝チーム女子〟(全キャストが女性)のカンパニーで上演される。しかし、バンダイ版『セラミュ』では、男性役は男性俳優(望月祐多、浦井健治、城田優など)が地場衛/タキシード仮面を演じた。アニメ版自体が女児だけでなく、幅広いジェンダー、年齢層に受容されていたので、ミュージカルの観客層も多様だった。

ほかにも、博品館劇場でいずれもミュージカルの『姫ちゃんのリボン』(原作:水沢めぐみ、演出・振付:謝珠栄、一九九三年)、『赤ずきんチャチャ』(原作:彩花みん、演出:三ツ矢雄二、脚本:織田ゆり子、一九九四年)、『ナースエンジェルりりかSOS』(原作:秋元康/池野恋、演出:青井陽治、原作脚色:三ツ矢雄二、脚本:織田ゆり子、一九九五年)、『水色時代』(原作:やぶうち優、演出:三ツ矢雄二、脚本:武上純希、一九九七年)などが、アニメ化を受けてのメディアミックス作品として上演された。『姫ちゃんのリボン』は、魔法を使える少女・野々原姫子が主人公の学園物語である。アニメのオープニングソング「笑顔のゲンキ」とエンディングソング三曲をSMAPが歌っていて、アニメ本作中にもSMAPが本人役としてゲスト登場している。ミュージカル版では、学園の人気者・小林大地役を草彅剛が演じていて、アニメで草彅が声を当てた支倉浩一役はTOKIOの長瀬智也が演じた(長瀬の初舞台。ダブルキャストに佐野瑞樹)。

『赤ずきんチャチャ』は、見習い魔法使いチャチャを主人公にした学園ギャグドラマである。アニメのオープニングソング「君色思い」をSMAPが歌っていて、チャチャの幼なじみリーヤ役の声を香取慎吾が当てている。だが、ミュージカル版にはSMAPは登場していない。すでにSMAP

は、当時高視聴率だったフジテレビのバラエティー番組『夢がＭＯＲＩ ＭＯＲＩ』（ＭＣ：森脇健児／森口博子、一九九三―九五年）にコントができるアイドルとしてレギュラー出演していて、アニメミュージカルからは遠ざかっていた。

このように、博品館劇場のアニメミュージカルからジャニーズアイドル色が消えていったが、アニメ『赤ずきんチャチャ』（テレビ東京系、一九九四―九五年）のマリン役の桜井智が同じ役でミュージカルにも出演しているなど、声優がアニメで演じた同じ役で舞台出演することもあった。しかし、多くは歌・ダンスを得意とする俳優や元宝塚女優などをキャストしていて、声をかけ橋とした〝二・五次元空間〟の生成はあまり見られなかった。

『サクラ大戦』歌謡ショウシリーズ（一九九七―二〇〇六年）

吉岡史朗が指摘しているように、『テニミュ』以前のアニメミュージカル（二・五次元的舞台）のなかで『サクラ大戦』歌謡ショウシリーズは、その後の二・五次元舞台、声優／キャラライブコンサートなどのジャンル形成や、声を媒介とした虚構的身体性の成立といった、二・五次元領域の成立について論じる際に非常に重要な作品である。(10)『サクラ大戦』（以下、『サクラ』と略記）とは、セガ・エンタープライゼスのアドベンチャーゲーム（一九九六―二〇〇七年）で、歌謡ショウ（一九九七―二〇〇六年）、ＯＶＡ（一九九七―二〇〇七年）、テレビアニメ（ＴＢＳほか、二〇〇〇年）、劇版アニメ映画（監督：本郷みつる、二〇〇一年）、ドラマＣＤ、ノベライズ、コミカライズなど、広範囲のメディアミックスが展開されている息の長い人気コンテンツである。二〇一九年には『サクラ』から十年後の世界を新キャラクターで描くゲーム『新サクラ大戦』（セガゲームズ。以下、『新サクラ』と略記）が発売、二〇年に同名のテレビアニメも放映され、同年三月に舞台『新サクラ大戦』も予定されていた（舞台は新型コロナウイルス感染拡大の影響で同年十一月に延期された）。

『サクラ』とは、「太正時代」の「帝都東京」（大正時代の東京がモデル）で、「霊力」（超能力）をもった真宮寺さくら少女たちが、表向きは帝国歌劇団花組として大帝国劇場で舞台を披露するが、有事には霊子甲冑・光武というロボットを操縦し、「降魔」と呼ばれる怪物から帝都を守る帝国華撃団として活躍する物語である（世界各国に歌劇団／華撃団は存在し、OVAではパリやニューヨークも舞台となっているが、ここではテレビアニメ版に関する花組の物語を中心に論じる）。花組は国籍、出自、スキルもさまざまで、真宮寺さくら（日本・宮城県出身、〝破蛇の血〞の継承者、剣の達人、十七歳）、神崎すみれ（日本・帝都東京出身、大財閥神崎家の令嬢、十六歳）、桐島カンナ（日本・沖縄県出身、琉球空手桐島流継承者、身長二メートル、十九歳）、李紅蘭（中国人、発明家、エンジニア、十七歳）、マリア・タチバナ（日系ロシア人、射撃の名手、十九歳）、アイリス（フランス人、伯爵令嬢、瞬間移動などの能力者、九歳）、ソレッタ・織姫（日系イタリア人、イタリア名家の令嬢、十七歳）、レニ・ミルヒシュトラーセ（ドイツ人、一人称はボク、十五歳）の面々を、同じく霊力をもつ隊長・大神一郎（帝国海軍将校、二十歳）がまとめている。

原作者の広井王子は、一九八九年に『天外魔境ZIRIA』（ハドソン）というPCエンジン、CD―ROM2のRPGゲームで、アニメーションやボイス、坂本龍一による音楽などを導入し、ゲーム界に革命をもたらしたプロデューサーである。ゲームのなかでミュージカルを表現したいという意図で臨んだゲーム『サクラ大戦』（セガ）の開発で、広井は歌劇団による歌と戦闘を盛り込み、多様なバックグラウンドをもつキャラクター中心の物語を作った。[11] さらにゲーム構想中からミュージカル化の企図があり、『サクラ大戦』は地上波アニメの放映前に「歌謡ショウ」として舞台化されたのである。

広井は、松竹歌劇団（SKD）に在籍していた叔母の影響で子どもの頃から浅草の国際劇場（SKDの本拠地）でグランドレビューや踊り、芝居をよく観劇していたことから、『サクラ』の歌劇団のモチーフを考えたという。[12] ゲームの舞台化にあたり、国際劇場のように歌と踊りを中心にし、少し芝居を入れ、どこから見ても楽しめるような構成にしたと明かしている。[13] 八カ月かけて候補者の舞台や歌、声優としての声の演技を聞いて、ゲーム『サクラ大戦』キャストを広井自ら選んだ。[14] ミュージカル『聖闘士星矢』のプロデューサー片岡は、ミュージカル『姫ちゃんのリボン』や『赤ずきんチャチャ』を広井が足しげく観にきていたと語っており、[15] 広井がアニメミュージカルの勉強に余念がなかったことがうかがえる。しかし、そこでそれらのアニメミュージカルではアニメの声と舞台での声が非連続になっていることに気づき、「歌謡ショウ」には舞台もできる声優を最初からキャストしたことで、[16] 舞台での声による虚構と現実の橋渡しを意図的に試みた初めてのケースだといえる。

一九九七年に東京厚生年金会館で初舞台化された『サクラ大戦歌謡ショウ 帝国歌劇団・花組特別公演「愛ゆえに」』は三日間おこなわれ、ゲーム（のちにアニメ）でキャラクターの声を演じた声優たちが同じ役を演じた。厳密にはアニメ化の前に舞台化されたので、アニメ化を経由した前述のミュージカル作品群とは少し異なるが、いわゆる〝アニメミュージカル〟のなかでも〝声〟という キャラクターのアイデンティティを重視した「声優／キャラ舞台」と呼ぶべき分野を開拓した。東京厚生年金会館にはオーケストラピット（オケピ）があり、それが活用され、ゲームやアニメでも音楽を担当した田中公平が指揮をとった本格的な生演奏の歌謡ショウだった。ゲームから直接の舞台化でOVA発売前のため、観客の大半はゲームユーザーとおぼしき男性だった。(17)「歌謡ショウ」は、テーマソング「檄！帝国華撃団」で幕が開き、キャラクターの戦闘コスチューム・髪形に扮した声優・横山智佐（真宮寺さくら役）、富沢美智恵（神崎すみれ役）、高乃麗（マリア・タチバナ役）、渕崎ゆり子（李紅蘭役）、西原久美子（アイリス役）、田中真弓（桐島カンナ役）が熱唱する様子は、ゲーム『サクラ』ファンにとってまさに〝二・五次元空間〟だっただろう（『サクラ大戦歌謡ショウ帝国歌劇団・第二回花組特別公演「つばさ」』〔東京厚生年金会館ウェルシティ東京、一九九八年〕からOVAに登場する岡本麻弥〔ソレッタ・織姫役〕と伊倉一恵〔レニ・ミルヒシュトラーセ役〕も加わる）。ただし、戦闘コスチュームはテーマソング歌唱時に着るだけで、戦闘シーンはなく、霊子甲冑・光武も登場しない。(18)

広井の企図どおり、歌と踊りが中心のショウで、ゲームで描かれたキャラクターの日常が再現され、劇中劇の稽古中の苦悩や心情を表現したナンバーも各キャラクターが歌い上げた。キャストたちは芝居の部分は胸につけたピンマイクを使い、歌の部分は舞台セットに隠されているハンドマイクを取り出して歌うという、芝居と歌謡の区分が視覚的にわかる作りだった。(19)現象的肉体と記号的身体は声を通じて一致していたが、身長二メートルで色黒の十九歳カンナ役は、小柄で当時四十代の田中真弓が演じていて、視覚的な違和感はぬぐえなかった。しかしその視覚的再現性の欠如を逆手に取り、「ネタ」として昇華する瞬間がある。街中でチンピラたちのけんかに巻き込まれ、止めに入ったカンナに男が言い放つ。

男「なんだ、このチビ！」
カンナ（田中）「チビだと！おばはんだと！」
男たち「（おばはんとは）言ってねえ、言ってねえ。」
カンナ（田中）「おめえらもイマジネーションのねえ野郎たちだぜ。本当のあたいはな、いいかよく聞けよ、十九歳で、しかも二メートルあるんだよ！」
男たち「嘘つけ〜！見えねえよ！」
カンナ（田中）「心のきれいな人には、あたいは二メートルに見えるの〜。」[20]

声を媒介にした記号的身体よりも現象的肉体を前景化し、オーディエンスが抱えていた違和感を「ネタ」＝笑いとして自己言及的メタフィクションに変換している。オーディエンスもその「ネタ」がわかって大爆笑し、大きな拍手が生まれた。シリーズを通じて田中は、「ベタ」＝「首尾一貫した物語世界」から逸脱する自身の相違を「ネタ」として披露し、笑いを生じさせている。一方、金髪碧眼の少女アイリス役も高身長の西原であるため、キャラクターの視覚的再現度は低い（そもそもアイリスは九歳である）。アイリス（西原）も劇中「どうせアイリスは子どもですよーだ！でかいけど」と、現象的肉体を前景化させる「ネタ」で笑わせている。すでにアニメファンが「オタク」として有徴化された一九八〇年代に、「物語構造自体に自己言及するようなパロディ」や、ほかの作品やジャンルのパロディーが盛り込まれるなどの「オタク文化のキャラクター表現[21]」が完成されていて、声優による舞台は自己言及的パロディーが演じる声優の身体にまで拡張した場だったといえる。こうした自己言及的「ネタ・ベタ」の挿入は、のちの『テニミュ』や『刀剣乱舞』ほかに導入されるキャラクターとしてのアドリブ「日替わり（ネタ）」、キャラクターネタを含む俳優たちのトーク（『テニミュ』のバラエティーDVD『バラエティ・スマッシュ』、ほかのコンテンツのインターネットラジオなど）での現象的肉体と記号的身体の前景化／後景化のスイッチングでも同じ機能をみることができる。

この第一回「歌謡ショウ」はキャストのスケジュールが合わず、稽古期間を一週間しか確保できなかった[22]が、仕事が終わってから夜中に一人で振付師のところで練習した声優もいたと、脚本・演出の永島直樹が証言している[23]。実際、演劇というよりもアニメイベントに近かった「歌謡ショウ」は、『第2回「つばさ」』（一九九八年）から元劇団四季の園岡新太郎を招いたことと、声優たちの熱意も手伝って舞台として充実した作品になる[24]。園岡は、歌謡ショウオリジナルキャラクターであるダンディ団のリーダーのダンディ・団耕助として加わり、「歌謡ショウ」シリーズが二〇〇六年に終了したのちも、男性キャストだけの「サクラ大戦歌謡ショウより」シリーズ（二〇一七年―）を続けている（ダンディ商会主催）。また、世界観を一部共有した南青山少女歌劇団がミュージカル『サクラ大戦――花咲く乙女』を第一回歌謡ショウの翌年（一九九八年）に東京と大阪で上演している。サクラ役の横山智佐はそのままだが、主役の乙女組（帝国歌劇団養成所）・野々村春香役を千葉紗子が、春香の妹つぼみ役を当時の大人気チャイドル野村佑香が演じた。元宝塚女優の寿ひずるも出演し、声優ではなく俳優を起用した舞台だったが、共通した楽曲もあり『サクラ』の世界観の一端をなしている。

吉岡史朗が述べるように、声優・キャラクター・歌という組み合わせは、オーディションで選ばれた新人女性声優が自分の演じたキャラクターとして歌と芝居、踊りを披露する〝声優／キャラライブコンサート〟の「ラブライブ！school idol project」のμ's（ミューズ）やAqours（アクア）、「アイドルマスターシンデレラガールズ」[25]、そして人気男性声優が同じく自分の演じたキャラクターとしてライブをおこなった『うたの☆プリンスさまっ♪』、ひいてはキャラクターCGによるライブ『あんさんぶるスターズ！Dream Live』などの原型ともいえる。特に、『歌謡ショウ』でゲームやアニメとほぼ同じ服装を身に着け、カーテンコールでも「キャラクターとして」挨拶する手法は、素の演者のネタも使いながらも〝あくまで記号的身体として存在する〟というお約束事を維持しており、のちの声優／キャラ舞台やライブコンサートでもそのスタイルは継承されていくことになる。[26]観客がキャラクター名で掛け声をかけるなど、演者と観客の相互作用で二・五次元的空間は立ち上がる（ただし、声優本人の名前で掛け声をかける観客も増加したようで、「新宝島」〔二〇〇三年〕から〝新帝国劇場の掃除人広井〟という役で前説に登場したプロデューサー広井は、「掛け声をかけるときは役名でお願いします」と注意喚起している）。

『サクラ』は、年一回だった「歌謡ショウ」が二〇〇一年の第五回「海神別荘」で一旦終了したあと、あまりの反響の大きさのために再開され、二〇〇二年から正月は「新春歌謡ショウ」、夏休みには「スーパー歌謡ショウ」として年二回、二〇〇六年まで通算十年間継続された。「スーパー歌謡ショウ」は、ゲスト（東中軒雲国斎役に浪曲師の国本武春など）を迎えながら洗練され、一部は花組の日常、二部は花組の本舞台（劇中劇）という二部構成で定着する。正月と夏休みの間には、ライブコンサートも開催されている。「スーパー歌謡ショウ」終了後、二〇一七年からはダンディ商会の「サクラ大戦歌謡ショウより」に女性キャストが継続してゲスト出演している。

このように大人気だった『サクラ』の「歌謡ショウ」だが、興行日数は少ないものの毎年続くコンテンツであるため、同じ声優が同じ役を演じ続けるという現象的肉体と記号的身体を限りなく一体化したゆえの問題が生じた。『サクラ大戦歌謡ショウ　海神別荘』（東京厚生年金会館、二〇〇一年）終了後、神崎すみれ役の富沢美智恵が「歌謡ショウ」の降板を申し出たのである。富沢が降板するにあたり別の声優・俳優をすみれ役に起用することはせず、二〇〇二年に「新春歌謡ショウ　神崎すみれ引退記念公演　春恋紫花夢惜別」と銘打ち、実際の物語でも歌劇団からすみれを引退させることになる。ＯＶＡ『サクラ大戦　神崎すみれ引退記念す・み・れ』（二〇〇二年）で、すみれは子どもの頃から酷使した霊力が枯渇し、光武を起動できなくなる。つまりアニメの物語上で、戦力にならなくなったので現役を引退し、家業の神崎重工の跡を継ぐという筋書きを富沢のために作り、現実と虚構のつじつまを合わせる形をとった（ただし、二〇〇五年「新・青い鳥」から神崎重工の重役という立場で富沢〔すみれ〕は復活する）。一九年発売のゲーム『新サクラ大戦』（セガゲームス）、そのアニメ化『新サクラ大戦 the Animation』（ＴＯＫＹＯ ＭＸほか、二〇二〇年）では、すみれ（富沢）は新生帝国歌劇団／華撃団・花組の総司令／大帝国劇場支配人として再登場していて、現役引退後のすみれの動向がわかるような展開になっている。

　こうした長期人気コンテンツの場合、声優がアニメで演じた役を舞台でも演じるシステム「声優／キャラ舞台」の問題点が浮き彫りになった。この問題について、「歌謡ショウ」初期の頃の担当で当時セガに在籍していた中山晴喜（元マーベラス代表取締役会長兼社長CEO）が、役者を固定すると問題が生じることに気づき、のちに『テニミュ』では「卒業」方式を採用したという。[27] 結果的に『サクラ』の「歌謡ショウ」は、『テニミュ』が代表する二・五次元舞台の、声優ではなく、若手新人俳優が代替わりで演じていく新しいスタイルを誕生させた一因となったといえるだろう。また、一大ムーブメントを起こしたミュージカル『刀剣乱舞』（二〇一五年―）の演出家・茅野イサムは、二〇〇三年（「新宝島」）から〇六年（「新・愛ゆえに」）まで『サクラ』の「スーパー歌謡ショウ」の演出を手掛けている。茅野自身も『サクラ』でミュージカル作りの技術と観客との共鳴の大切さを学んだ[28]と証言している。『サクラ』はのちの二・五次元舞台の礎を作ったといっても過言ではない。

『HUNTER×HUNTER』シリーズ（二〇〇〇―〇四年）

『サクラ』の「歌謡ショウ」のほかに声優を起用したアニメミュージカル（二・五次元的舞台）、つまり「声優／キャラ舞台」で成功したのが、ミュージカル『HUNTER×HUNTER』（演出：平本琢也、脚本：田原弘毅、二〇〇〇―〇一年。以下、『ハンター1』と略記）と、第二作ミュージカル

『HUNTER×HUNTER ナイトメア・オブ・ゾルディック』（演出：平本琢也、脚本：奥村直義、二〇〇二年。以下、『ハンター2』と略記）である。第三作リアルステージ『HUNTER×HUNTER A Longing for Phalcnothdk 蜘蛛の記憶』（演出・脚本松村武、二〇〇四年。以下、『ハンター3』と略記）だけはストレートプレイである。原作『HUNTER×HUNTER』（一九九八年―。以下、『ハンター』と略記）は、「週刊少年ジャンプ」（集英社）連載の冨樫義博の大ヒットマンガで、テレビアニメ（制作：日本アニメーション、一九九九―二〇〇〇年）、OVA（二〇〇二―〇四年）、ラジオ『HUNTER×HUNTER R』（ラジオ大阪／文化放送、二〇〇〇―〇五年）など、メディアミックス展開がなされた（二〇一一年にもアニメ化。制作：マッドハウス）。『ハンター』は、「念能力」という体内エネルギーを駆使した技を使える人間がいる世界で、「プロハンター」の父を探すために自らもプロのハンターになり、仲間とともに悪人と戦う主人公ゴンを中心とした少年たちの成長物語である。少年マンガではあるが読者層・ファンには女性も多く、アニメ版（フジテレビ、土曜日夕方放映）の平均視聴率は九％とかなりの高い値を記録し、ミュージカルにも女性観客が多く足を運んだ。[29]

新宿スペースゼロで上演された『ハンター1』は原作にはないオリジナルストーリーのミュージカルで、ハンター試験後、エルライス王国に誘拐された女優たちの救出を依頼されて王国にやってきたゴンたちが、呪われた復讐劇に巻き込まれるという物語だ。公式発表によると、十四回公演のチケットは即完売、約六千五百人の観客を動員し、[30]同年に再演になった人気作品である。[31]アニメ版『ハンター』（フジテレビほか、一九九九―二〇〇一年）の声優である竹内順子（ゴン役、釣り竿を持ち緑のジャケットと半ズボン着用の十二歳少年）、三橋加奈子（キルア＝ゾルディック役、殺し屋の息子で銀髪の十二歳少年）、甲斐田ゆき（クラピカ役、絶滅したクルタ族の生き残りで金髪・碧眼の十七歳少年）、郷田ほづみ（レオリオ役、青いスーツ、丸型サングラスで医者志望の十九歳青年）、高橋広樹（ヒソカ役、ピエロのようなメイクと格好をした謎の奇術師）が、自ら声を当てたキャラクターを演じた。キルア役の三橋の高身長（クラピカ役の甲斐田とほぼ同じ高さ）を除けば、ほぼキャラクター設定と同じ背格好であり、声を媒介にした〝二・五次元空間〟が成立していた。特に高橋は、ヒソカに背格好もそっくりだったことから、ファンの間では「ヒソキ」（ヒソカ＋広樹）と呼ばれていた。キャラクターと俳優の一体化が言語化された初期の事例である（当時はSNSがまだ普及していないので、高橋がヒソカとしてSNS発信することはなかったが、関連ラジオ番組でヒソカの声で発言することはあった）。

『ハンター1』で特徴的なのは、各声優を当て書きして作ったオリジナルキャラクターである、誘拐された女優たち――レディ・ジャンゴ（竹内）、ミス・ミツコ（三橋）、ミセス・ユカイータ（甲斐田）、ミスター・ゴズミ（郷田）――を主要キャラクターを演じる声優たちがそれぞれ一人二役で演じ、オリジナルキャラクターのジェンダーは演じる声優のジェンダーと一致する、という複雑な構造である。そのため、劇中ではキャスト（声優）とキャラクターの相違が、ネタとして披露される場面がある。誘拐された女優たちの写真がスクリーンに映写される際、レオリオ（郷田）が、ミス・ミツコ（三橋）は「若くてかわいい」（当時三橋は二十代前半）と言うと、キルア（三橋）が「えへへ」と照れて、レオリオに「なんでお前が照れてんだ！」とツッコミを入れられる。クラピカ（甲斐田）は、ミセス・ユカイータを推し、すかさずレオリオがけなす（当時甲斐田は三十代）とクラピカが怒りだすなど、ネタ（声優自身のこと）とベタ（劇中のキャラクター）がめまぐるしく前景

／後景化し、笑いが起きる。ゴン（竹内）が、レディ・ジャンゴをどう思うか聞くと、キルア、レオリオ、クラピカが口をそろえて「性格がキツそう！」と言うと、ゴン（竹内）が「マジな話がある！」と三人に詰め寄る場面もある。

前述したように、小林翔はアニメ表現での声の機能の考察で、「身体的・図像的イメージによる「キャラクターのアイデンティティ」＝表現メディアや表現者によらない、キャラクターの固有名の再認識可能性を担う表現要素の構築とは異なるレベルで、キャラクターの声とそれを演じる声優の音声イメージの重なりあいによって生成される再認識可能性」を「ボイス・アイデンティティ」[32]と定義している。アニメ作品内で、声の同一性を担保として、身体造形が異なる表現でもアイデンティティの構築が可能になるという主張である。これを「声優／キャラ舞台」に当てはめてみると、声優の身体（特にゴン、キルア、クラピカから女性声優の現象的肉体）によるキャラクターの身体（少年の記号的身体）を認識させる重要な要素として、衣装や体格などの視覚的イメージ以外に、「ボイス・アイデンティティ」が存在している。また、それをより強度が高いものにしているのは、観客にとってカメラのズームアップもなく、恣意的な見方ができ、さらに観客が個々にイマジネーションを発動しやすい、〝舞台〟という上演空間である。また小林は、キャラクターと声優が演じる声の一対一の関係性に「ノイズのように介入する（略）その声優が演じた他のキャラクターイメージ[33]」に関して「アイデンティティを混交させる」ものだと述べている。小林は、ほかのアニメ作品で同じ声優が演じているキャラクターのイメージについてここで言及しているが、舞台では、現象的肉体（声優）と記号的身体（キャラクター）とのズレ（素としての声優）こそが、ファンが介入・

参与する「余地」であり、笑い／萌えなどの快楽を生む契機だといえるだろう。
　この現象的肉体と記号的身体の緊張関係とズレは、『ハンター2』でもみられる。全労済ホール／スペースゼロ（東京）とサンケイホール（大阪）で上演された『ハンター2』は、ハンター試験で失格となり故郷ククルーマウンテンの実家に戻ったキルアをゴンたちが連れ戻そうとするが、狩猟犬、執事見習い、執事らの攻撃、兄や母親の反対、キルア自身の葛藤があって困難を極めるという物語である。主要人物五人は『ハンター1』と同じ声優が同じ配役で出演したが、ゾルディック家の人物はアニメ版の声優ではなく、『ハンター2』だけにキャストされた俳優である。特にキルアの兄イルミ役は、元SKDの風間水希が演じ、踊りの場面で友人のヒソカ（高橋）に「なぜそんなに踊りがうまいの？」とつっこまれる場面がある。原作ではイルミは感情がない人物として描かれているので、踊ること自体キャラクターから逸脱しているが、その高度すぎる風間の踊りに対するネタが、劇中のヒソカからのベタなコメントであるところに笑いが起きる。「ネタとベタ」の笑いは、レオリオ（郷田）とクラピカ（甲斐田）が、ゾルディック家の敷地内にある温泉に行く場面でも披露される。

レオリオ（郷田）「裸で語り合おうぜ！」
クラピカ（甲斐田）「それは遠慮する。」
レオリオ（郷田）「いーじゃねーか、入ろうぜ、温泉！」

クラピカはキャラクター設定としても孤高を好む性格があるのだが、クラピカ役の甲斐田は女性なので、当然温泉に入る＝裸になること自体現実的ではない。しかし、実はアニメ版『ハンター』（一九九九年）にもこの二人の関係性が描かれる場面があり、アニメを知るファンは二重に楽しめるネタになっている。第十八話「お宝×思い出×ホテルの小部屋」でハンター試験の最終日前に足止めされた島のホテルでクラピカとレオリオは同室になるが、夜シャワーを浴びて素っ裸で出てきたレオリオに、クラピカがパンチを食らわせる。次のカットで顔面が腫れたレオリオが「男同士なんだからいいじゃねーかよ。勘違いしてるお前のほうが危ないっての、まったく。しまいにゃ、本当に襲うぞ」と自分のベッドのなかでブツブツ言うシーンがあるのだ。したがって、BLをにおわす関係性がアニメで描かれ、レオリオがクラピカに言い寄る体《てい》の文脈と、女性が演じているクラピカの身体（甲斐田）をネタにしている文脈のダブルミーニングがあり、上演中前記のシーンでは一部の観客は「キャー」と黄色い声を上げていた。甲斐田はこのクラピカ役の「イケボ」で一躍人気声優になり、二〇〇一年から始まるテレビアニメ『テニスの王子様』（テレビ東京系、―二〇〇五年）では、人気キャラクター不二周助も演じている。『ハンター1』『ハンター2』では登場時に劇場で歓声が上がるほど、女性ファンから人気があった。したがって、甲斐田とクラピカの緊張関係とズレは、ファンの注目の的だった。

『ハンター』は、ラジオ『HUNTER×HUNTER R』のメディアミックス展開もあった。パーソナリティーは竹内順子と三橋加奈子で、一部のコーナーに郷田（レオリオ）と甲斐田（クラピカ）が担当するコーナー「レオ・クラジオ」があった。ヒソカ役の高橋広樹などもゲスト出演し、そこで繰り広げられる声優たち同士の会話から、五人が非常に仲がいい様子がリスナーに伝わっていた。また、レオリオとクラピカのネタはラジオでも展開されていた。そうした背景も知るファンであれば、『ハンター2』に挿入されたBLネタや、『ハンター1』でレオリオ（郷田）がミセス・ユカイーダ（甲斐田）の容姿をけなす場面も、実際の声優同士の親密性ゆえのネタとして解釈できるのである。またクラピカ（甲斐田）は、『ハンター1』のカーテンコールでは、ヒソカ（高橋）と手をつないで退場したり、『ハンター2』のカーテンコールではキルアの二番目の兄ミルキ（北野康広）と手をつないで登場したりと、原作では実現しないキャラクター同士の絡みを実際におこなっていて、観客の一部がいわば、「生の二次創作」を目の当たりにし、盛り上がっていた。

声を媒介にした現象的肉体と記号的身体の緊張関係とズレが、ネタとベタという回路で笑いを誘い、萌えやファンの解釈・妄想を助長する効果が再認識されるのは、それが機能不全になるときである。ストレートプレイの『ハンター3』は、ヨークシンシティで自身の出自であるクルタ族を滅ぼした幻影旅団（劇中では蜘蛛の旅団）に対するクラピカの復讐劇が中心である。ゴン（竹内）とキルア（三橋）以外の主要キャラクターは、アニメ版『ハンター』で演じていた声優ではないうえ、原作ではこのシーンに重要な役割で登場するレオリオとヒソカは、舞台に登場しない。またクラピカ役は、アニメ版でゴンの叔母ミト役だった声優・木村亜希子に交代した。木村は当時三十代前半で、身長や容貌はクラピカに似ていて、声も甲斐田が演じる低いクラピカの声に寄せている。しかし、物語は幻影旅団のパクノダ（池田有希子）を中心に展開され、キャラクター設定や解釈に多くの齟齬があったため、この舞台で〝二・五次元空間〟の構築が成功したとはいえない。

視覚的・聴覚的にもイメージに近かった木村のクラピカによる〝二・五次元空間〟の生成が不十分だったのは、観客が介入・参与する余地を作る、キャラクターや演者の「関係性」表現が欠如していたことに起因していると思われる。『ハンター1』と『ハンター2』で、声を媒介にした声優の身体とキャラクターの一体化とそのズレの効果の成立には、視覚・聴覚的な記号だけでなく、キャラクターとキャスト同士の関係性が起因していた。レオリオとクラピカ、ヒソカとゴン、声優同士の関係性などをクロスレファレンス（相互参照）することによって、観客はベタ（キャラクターを声優の身体に幻視する、物語に没入する）とネタ（演者のネタをキャラクターとのギャップで楽しむ）の混合を快楽として消費する、つまり観客の参与が可能になるのである。『ハンター3』では、原作の幻影旅団員たちや、クラピカと旅団の団長クロロの関係性が大幅に変更されていて、記号的身体と二次元キャラクター自身のギャップが違和感として表出した。『ハンター3』での関係性の欠如によって照射されたのは、〝二・五次元空間〟の構築には、視覚・聴覚的情報だけでなく、関係性（キャラクター同士、キャスト同士、キャラクターとキャスト、ときにはそのほかの要素も参照）の相互参照的メディア横断ナラティブを創出するファンの参画が重要だということである。

2 〝二・五次元〟舞台の誕生へ

声優／キャラ舞台である『サクラ大戦』シリーズと『HUNTER×HUNTER』シリーズでは、声を媒介にした現象的肉体と記号的身体の緊張関係とズレが二・五次元的な空間を構築していた。しかし同時に、『サクラ大戦』では、メインキャラクターの舞台からの降板による物語への影響、『ハンター』では女性声優が演じる少年キャラクターというジェンダー・年齢差異の問題が析出された。

このような声優／キャラ舞台の系譜には、①声優全員出演型：舞台『けものフレンズ』（脚本・演出：村上大樹、品川プリンスホテルクラブeX、二〇一八年）、②主役単独出演型：舞台『黒子のバスケ』シリーズ[34]（演出・脚本：中屋敷法仁、サンシャイン劇場ほか、二〇一六―一九年）、『家庭教師ヒットマンREBORN! The Stage』シリーズ（演出・脚本：丸尾丸一郎〔劇団鹿殺し〕、天王洲銀河劇場ほか、二〇一八―二〇年）、③俳優起用型（舞台化を企図して俳優をアニメ声優にキャスティング）：『王室教師ハイネ――The Musical』[35]（演出：吉谷光太郎、Zeppブルーシアター六本木／森ノ宮ピロティホール、二〇一七年）、舞台『どろろ』[36]（脚本・演出：西田大輔、梅田芸術劇場シアター・ドラマシティ／サンシャイン劇場／ももちパレス／三重県文化会館大ホール、二〇一九年）、などがある。また④舞台先導型（舞台でその役を演じていた俳優がアニメ化時に声優を務める）：ミュージカル『少女☆歌劇レヴュースタァライト』（演出：児玉明子、脚本：三浦香、AiiA 2.5 Theater Tokyoほか、二〇一七年―）という、舞台からアニメ／ゲームへという声を媒介にした流れも生まれている。

そして声優／キャラライブコンサートの系譜には、『アイドルマスター』ライブ（二〇〇六年―）、『うたの☆プリンスさまっ♪マジLove 1000%』stage（二〇一二年―）、『ラブライブ』シリーズのライブ（二〇一二年―）、『Tokyo 7th シスターズ』のアニバーサリーライブ（二〇一五年―）、リアルな身体をトレースしたCGによる『あんさんぶるスターズ！Dream Live』など、アイドル育成ゲーム発祥の二・五次元コンサートがある。声優／キャラライブコンサートのなかでも、ゲーム『幕末Rock』（二〇一四年―）原案のアニメ版（二〇一四年）の主要声優が出演する物語中のライブ（「雷舞」）のナンバーを集めたコンサート『幕末Rock超絶頂《エクスタシー》★雷舞《ライブ》』（二〇一四、一五年）は特徴的である。キャラクターの視覚的再現はおこなわないが、ときおりキャラクターの決まり文句をキャラクターボイスで演じ、それ以外は素としての声優のトークがはさまる。背後にはアニメ画がスクリーンに大写しにされ、曲にあわせて、アニメのキャラクターを幻視できる仕組みが備わっている。しかも、二〇一四年のファーストコンサートでは、舞台版『超歌劇 幕末Rock』（二〇一四年）のキャスト三人がゲストとして歌とトークを披露し、同じキャラクターを演じる声優と俳優が時間・空間を共有する演出が導入された（ただし、二〇一五年は声優だけのコンサートになった）。

長期公演、全国ツアーの興行になると人気声優のスケジュール確保は困難になるため、声優／キャラ舞台は、『サクラ』や『ハンター』のような、季節（夏休み、春休みなど）限定で数日間の短期公演での興行（ライブ、イベント形式）として継続していく。かわって長期公演舞台では、俳優による現象的肉体と記号的身体の緊張と融合関係が強調され、ＳＮＳの発達に伴うオーディエンス／ファン参加型が主流になっていく。

ミュージカル『テニスの王子様』シリーズ――二・五次元舞台ブームへ

『テニミュ』はアニメ化（二〇〇一―〇五年）もされた大ヒットマンガ『テニスの王子様』（原作：許斐剛、「週刊少年ジャンプ」〔集英社〕、一九九九―二〇〇八年。以下、『テニプリ』と略記）が原作で、二〇〇三年から始まった。二・五次元舞台（業界では「二・五次元ミュージカル」）ジャンルの形成に多大な貢献をした作品である。『テニミュ』は、原作の三百七十九話をもとに対戦校別に一つの舞台として上演し、マンガやアニメと同じ「連載」のような形式をとっている。この〝連載上演〟形式が、それまでのアニメミュージカル（二・五次元的舞台）との大きな相違の一つである。『テニミュ』は、アメリカのテニスジュニア王者の帰国子女である主人公・越前リョーマの青春学園中等部男子テニス部入部から全国大会優勝までを一シーズンとし、二〇二〇年現在サードシーズンまで続いている（単なる再演ではなく、シーズンごとに楽曲、演出、振り付けなどに変化がある）。ミュージカルナンバーと寸劇で構成されるコンサート「ドリームライブ」、ほぼアドリブでおこなわれる「秋の大運動会」、サードシーズンからは学校別のコンサート「チームライブ」など本公演以外の関連コンテンツや、キャストによるトークバラエティー『バラエティ・スマッシュ』（二〇一六年―）、ドキュメンタリー映像『ROAD』（二〇一六年―）などのDVD／BDも発売されている巨大コンテンツである。本項では特に『テニミュ』の特徴である、ⓐ「脳内補完」演出、ⓑキャラクターの前景化と親密性の構築、ⓒ戦略的「チーム男子」、ⓓ「卒業」システム、ⓔファンサービスとマーチャンダイズ、を論じる。

ⓐ「脳内補完」演出

前述した、一九七〇年代の舞台『巨人の星』の野球シーンの失敗や、舞台『あしたのジョー』でボクシングの試合だけ映像を使用した例からわかるように、スポーツマンガの舞台化は困難とされてきた。しかし、そのミュージカル化を成功させたプロデューサー片岡は、読者がコマとコマの間を補完するマンガと、観客の想像力に依存する演劇との類似性を指摘し、[37]同じくプロデューサー松田誠もコマとコマの間を補完するように、舞台でも「脳内補完」しながら楽しめる、という実に妙を得た用語で「想像による空白の補完」について指摘している。[38]舞台上ではテニスラケットしか使用せず、ピンスポットの光でボールを表現し、その光と打撃音だけでテニスの試合を演出したのも画期的だった。オーディエンスは、見えないボールを「脳内補完」して、キャラクターたちの試合を幻視し、それぞれの得意技を妄想するのである。例えば、青学部長《せいがく》・手塚国光の技「手塚ゾーン」で、回転をかけたボールを打つことで相手の打撃が自分に戻ってくる様子は、照明光の回転で表現される。見えないがゆえに観客が心の眼で〝視《み》る〟という積極的行為を起こすことが可能になったのは、あらかじめマンガやアニメでプロットを知るファンがメインの観客層であることも大きい（ただし、現在では原作を知らない観客層も増えている）。

こうした〝見せないことでオーディエンスに視せる〟「脳内補完」演出は、高校の自転車競技部を描いたマンガ『弱虫ペダル』原作の舞台『弱虫ペダル』シリーズ（演出：西田シャトナー、二〇一二年―。以下、『ペダステ』と略記）で、競技自転車のハンドルだけを使用し、キャストが足踏みすることで走行を表現する成功例にも通じる。松田誠も、自転車本体を捨てたかわりに最も重要な「熱量」を残したとして、演出家・西田シャトナーの演出方法を絶賛している。[39]また、高校のバレーボール部を描いたマンガ『ハイキュー!!』（原作：古舘春一、二〇一二年―）原作の舞台であるハイパープロジェクション演劇『ハイキュー!!』（二〇一五年―）では、スパイクやブロック、サーブのジェスチャーだけによる身体表現に加え、実際のボールを使うシーンが混交し、見せる／見せないの両方の演出を巧妙に織り交ぜ、異種類の意味生成をしている。そして、高校のバスケットボール部を描く舞台『黒子のバスケ』でも、実際のボールを使用する場面と、パスなどのジェスチャーだけで演出する場面を混交させている。ボールを使用しないことで「見えないパス（ミスディレクションという黒子の技）」の表現をするが、バスケットに入るシュート音によって、オーディエンスは黒子のパスからのシュート成功を「脳内補完」して視るのである。その作業は、オーディエンスの積極的関与を必然化させる。

ⓑキャラクターの前景化と親密性の構築

『テニミュ』では、集客力がある有名俳優をキャストするのではなく、キャラクターの「種」をもつ新人俳優を起用し、ビジュアルと魂（内面）でのキャラクターの再現性を最優先させた。このことも、アニメミュージカルにみられた声優／キャラ舞台と一線を画す点である。「まるで二次元から抜け出たみたい」という認識感覚〝二・五次元〟がここに結実する。『テニミュ』のオーディションでは、活字台本ではなくマンガ（原作）が渡され、候補者は役にチャレンジする。[40] 初期の頃は、手塚役やリョーマ役をスカウトすることもあったそうだが、[41] 原作マンガやアニメで育った世代（両親も第二次アニメブーム世代）がオーディションを受けにくるため、キャラクターはすでに彼らにとって身近な存在であり、ロールモデルでもあった。前述した古田一紀（青学八代目の越前リョーマ役）や三浦宏規（サードシーズン跡部啓吾役）は、もともと原作のキャラクターへの憧憬をもち、影響を受けていたファンだった。また、稽古場には、原作コミックス、ファンブックが常時置いてあり、キャストがいつでも参照できるようになっている[42]。

演出・振付担当の上島雪夫によると、実際にはオーディションで受けた役とは異なる役に配役するほうが多いという[43]。顔が似ているというよりも「本質」が似ている役者をキャストするため、自然とキャラクターを演じるというより、キャラクターとして生きることにつながる。上島は、「少年ものだから完成されているはずがない、未完成で幼稚だからこそ、それを克服しようとして少年たちが必死に成長していくその過程が魅力[44]」と述べ、演じる俳優たちが役のキャラクターとともに成長するメタナラティブの構造に言及している。決められた髪形や眉の形に整え、メイクも自分でおこなうキャストたちは、マンガ／アニメの造形と同じくすね毛などのムダ毛や髭などを剃った、現実感がない「虚構的身体性」を作り上げる。二・五次元舞台によく出演する俳優たちは、若者向けマンガ／アニメのキャラクターの理想化された〝美しい〟身体の再現のため、美肌の維持に尽力しているという[45]。

『テニミュ』では、現象的肉体を限りなく後景化し忠実に再現された記号的身体を前景化することで、〝二・五次元空間〟が創出される。それを補強するのが、キャラクターとオーディエンスの間の親密性の構築である。フィッシャー＝リヒテが主張するように、演者と観客の身体的共在によってパフォーマンスは成立するが[46]、オーディエンスが俳優の現象的肉体にキャラクターを幻視することによって、オーディエンスも二次元の虚構世界に導かれる。また、『テニミュ』には「客席降り」という俳優が客席に降りて演技をする演出がある。さらに『テニミュ』の場合、本編が終了したあと、カーテンコールとして観客を巻き込んでのミニコンサートがあり、アンコール曲は、観客とのコール&レスポンスを想定して作られている[47]。その際も、キャラクターとして俳優たちが客席降りし、ハイタッチなどをしながら歌うのである。実際に物理的接触をしなくとも、キャラクターが通った「風」を感じたり、視線を受けたり、という身体性を伴った体験は、親密性を高めるのに効果的である。

キャラクターの身体が前景化する一方で、俳優の身体や個々の技量は後景化したままではない。フィッシャー゠リヒテは、観客が認識して意味生成する過程には、現存の秩序（the order of presence）と再現の秩序（the order of representation）の二種類があると説く。「俳優の物理的な存在性を、その肉体的世界内存在で感受することが、現存の秩序の基礎」を作り、「それを劇人物や他の象徴的秩序のための記号として感受することが、再現の秩序を確立する」[48]のである。彼女は、舞台『トレインスポッティング』（一九九六年）の舞台上の俳優（ヘンドリック役のアルンスト）の演技で再現の秩序が構築されるが、その俳優が客席に話しかける際に、現存の秩序、つまりアルンスト自身の身体が前景化してしまい、断絶、不連続、不安定の発生によって観客の認識に混乱が生じると同時に、その移行を受け取り、観客は自らを意味生成の主体として経験すると説明している[49]。これは、『テニミュ』のメカニズムにも援用できる。オーディエンス／ファンは、俳優の現象的肉体にキャラクターの記号的身体が現出するのを楽しむと同時に、俳優自身の独自性（解釈）が顔を出す瞬間も楽しむのである。これを下川晶子は、「ビジュアルの模倣という二次元的要素と、役者という「別人」が演じるからこそ生まれる揺らぎという三次元要素[50]」の混合によって、二・五次元が生まれ、知らなかった物語がみえてくる、と述べる。岩下朋世も、「キャラクターの多面性を立ち上げる契機」として「役と役者のズレ」(51)について言及している。そこに、オーディエンス／ファンの積極的な関与があることを忘れてはならない。

ⓒ戦略的「チーム男子」

しばしば指摘されるとおり、『テニミュ』では青学《せいがく》の竜崎スミレ監督とリョーマに好意を寄せる監督の孫で同級生の竜崎桜乃など主要女性キャラクターを排除し（ただし、男性キャストが桜乃をコミカルに演じることや、音声だけの監督出演はある）、「チーム男子」の世界を構築したことも大きな特徴である。「チーム男子」とは、文字どおり男性だけの団体のことで、一九八〇年代に流行した萌え属性の一つである。そこには「チーム男子」から排除され外部から眺めて彼らを見つめ、愛でる〝女子〟の視点が措定されている。(52)八〇年代、『キャプテン翼』（マンガ：一九八一―八九年、アニメ第一期：テレビ東京系、一九八三―八六年。以下、『キャプ翼』と略記）や『聖闘士星矢』などマンガ原作アニメの「チーム男子」のやおいを描くパロディー「アニパロ」が同人誌で、主に女性によってしばしば描かれた。(53)藤本由香里によると、やおいとは、「やまなし、いみなし、おちなし」の頭文字をとって呼称され始めた同人誌作家たちの創作物を指す言葉だったが、八〇年代に『キャプ翼』キャラクターの少年同士の恋愛のアニパロが人気になってから、やおい＝男性同士の恋愛関係、という意味に変容したという。(54)特に男性のスポーツマンガには主要人物以外にも対戦相手に男性キャラクターが多いため、多様なカップリング（カップルにすること）の二次創作が大量に生産された。

『キャプ翼』『ハンター』『テニプリ』などの女性に人気があるチーム男子ものは、「週刊少年ジャンプ」連載が多いが、少年向けとされているこの雑誌に女性読者が増加したのは、ボクシングマンガ『リングにかけろ』（原作：車田正美、一九七七―八一年）からだった。[55]「少年ジャンプ」の女性読者の存在が顕在化したのは『キャプ翼』のアニメ化後にアニパロややおい同人誌が増加したからだが、ミュージカル『聖闘士星矢』、ミュージカル『HUNTER×HUNTER』の主要観客層が女性だったことは、アニメミュージカルの成功にとって非常に重要だったと片岡は証言している。二〇一七年の「「ホール・劇場等に係る調査・分析」報告書」でも、よく行くジャンルで「演劇、ミュージカル」の平均男女比は約四対六で女性のほうが多い。[56]実際、『テニミュ』で女性キャストを起用しなかった理由に関して、片岡はキャラクターのファンである女性観客が、舞台上に女性がいることをいやがる懸念と、男性同士のカンパニーがスポーツ物では特に有効だったことをあげている。[57]原作のマンガ、アニメ、ゲームに若いキャラクターが多いので、二・五次元舞台のカンパニーも同世代になり、稽古、本番、地方公演を含め長時間をともに過ごすことで、キャストには親密性や連帯感が生まれやすい。ファーストシーズンの石田鉄役・宮野真守は、現場のノリが部活のようで、キャスト同士仲が良かったと証言している。[58]『テニミュ』以外の二・五次元舞台でも「チーム男子」の構造がみられるが、若い男性キャストだけの効用として、「仲良くなる」し「楽につきあえる」と語る俳優のゆうたろうの証言に代表されるように、男性だけのカンパニーについて同意見をもつ二・五次元舞台出演俳優は多い。[59]

このような「チーム男子」物の作品のなかで、舞台化にあたり女性キャストを意図的に排除し、男性キャラクターを眺め、愛でる役割をオーディエンスに与えた効果は大きい。この機能を〝戦略的「チーム男子」〟と呼称したい。『テニミュ』では、成人男性キャラクターも限定的である。リョーマの父親で伝説の元プロテニスプレイヤー越前南次郎、四天宝寺中学の渡邊オサム監督以外、顧問やコーチの成人男性は声やシルエットだけで表現している。女性キャラクターと同様に、成人男性キャラクターは若い男子学生の周縁にいて、ノイズになってしまう。こうして、戦略的に「チーム男子」にしたことによって、キャスト側にとっては部活のようなキャスト同士の連帯や、切磋琢磨を通じてキャラクターの人生を追体験することが、キャラクターに「なる」ための有効な手段となる。オーディエンス側にとっては、舞台上の女性の視線にじゃまされることなく、桜乃のようなチーム男子に入れない〝女子〟の位置に立ち、好きなキャラクター／キャストを自分の彼氏として推す（応援する）〝夢女子〟目線、竜崎監督の位置に立ち、好きなキャラクター／キャストの成長を見守る〝夢母〟もしくは〝母親〟目線や、チーム全員を応援する〝ハコ推し〟目線、物語の周縁に立ち、キャラクター／キャスト同士のBL的な関係性を楽しむ〝腐女子〟目線など、多様な見方、楽しみ方を獲得できる[60]（詳細は第4章「二・五次元舞台ファンと「嗜好の共同体」としてのファンダム」）。この戦略的「チーム男子」は、原作で登場する女性キャラクターを男性キャストがコミカルに演じる『ペダステ』や、ゲームのプレイヤー（審神者＝主）の視点をオーディエンスの視線と一致させた舞台『刀剣乱舞』シリーズ[61]（二〇一六年―）とミュージカル『刀剣乱舞』シリーズ（二〇一五年―）などにもみられる。

ⓓ「卒業」システム

上島雪夫は、戦略的「チーム男子」とともに、「卒業」システムによって女性観客がマネージャーのような立場で、キャラクターと同じ中学時代の時間を共有し、成長を見守るような場の設定の効果が生まれると指摘している。(62)「卒業」システムとは、キャストが交代することである。チーム全体、または個人キャストの代替わりで、「○代目青学《せいがく》」「○代目リョーマ」と呼ばれ親しまれていて、ドリームライブでは過去のキャストがゲスト出演し、〝卒業した先輩が遊びにくる〟体《てい》の演出がある。プロデューサーの松田は、ファーストシーズンを終えて人気が定着したキャストの交代に当初は反対だったという。(63)しかし結果的に、「卒業」システムの導入は中学生の成長譚ストーリーと同調し、はかないゆえの若さの尊さを強調すると同時に、常に新しい若手俳優が挑戦し成長していくメタナラティブを増産する原動力になった。(64)

アイドルグループからの離脱時に「卒業」という用語が使われて儀式がおこなわれたのは、フジテレビ系列のバラエティー番組『夕焼けニャンニャン』（一九八五—八九年）で誕生したアイドルグループおニャン子クラブが嚆矢とされる。(65)オーディションで選ばれた少女たちによるおニャン子クラブは、工藤静香や国生さゆりらを輩出して人気を集めたが、番組終了と同時に解散した。グループを辞めて芸能界を引退した中島美春、独立した河合その子に「卒業式」をおこない、「卒業」という言葉を意識的に使用した。おニャン子クラブはもともと女子高生の放課後部活をモチーフとしていた『夕焼けニャンニャン』から誕生したものであり、会員番号制度が学籍番号を思わせる「学校システム」だったため、ネガティブな意味合いを含む離脱や引退よりも、「卒業」に成長を伴う円満な終わりや区切りというメタファーを込めていた。西兼志が主張するように、「卒業」と「オーディション」はソフトウエアの更新と同じく、「「終わること」と「終わらないこと」」を両立させることで、ヴァージョンアップや更新(66)」を可能にさせている。そのためにブランドのサステナビリティが生成されるのである。

『テニミュ』では、物語のなかでも三年生キャラクターは中学を卒業するが、キャストの「ものがたり」もはかないからこそ尊い〝若さ〟を、「学校」という時間制限がある場として表象し、そこからの離脱を〝成長や巣立ち〟というポジティブなイメージの「卒業」という儀式で表現した。それは現象的肉体の記号的身体からの離脱の儀礼化でもあり、ファンの快楽の一つである「成長を見守る」という気持ちの区切りの儀式化としても機能した。興行的にも長く続くコンテンツだからこそ、キャラクターの年齢（十二―十五歳）を大幅に上回る俳優を継続して配役することで生じるキャラクターとの齟齬の解消の手段としても、「卒業」システムは機能的である。しかし、いったん技術的にも向上し、人気を獲得したキャストを降板させ、未完成な新人俳優を新たにキャスティングする「卒業」システムには大きなリスクがある。初期のプロデューサー片岡が、二代目青学で音程が取れずに歌うキャストを笑う観客たちがいたことに言及しているように(67)、「卒業」のリスクは深刻だった。

けれども、その未完成性、未熟さこそが、オーディエンス／ファンが関与する「余地」を拡大させることになる。折しも二〇〇七年には「YouTube」の日本語対応が開始され、「YouTube」動画とのリンク機能を備え、ユーザーのコメント機能がある「ニコニコ動画」の「空耳字幕」が流行しはじめる。「空耳字幕」とは、歌の歌詞や台詞が「空耳のように別の言葉に聞こえる」ため、脈略がない言葉や性的な意味を込めた字幕を当てて笑わせる字幕のことである。『テニミュ』DVD映像の一部を使用し、滑舌が未熟な新人キャストの台詞や歌の歌詞に「空耳字幕」を貼り付けて編集したものを、「ニコニコ動画」に違法にアップロードするユーザーによる二次創作が増産された。それを見た別のユーザーが別のシーンの空耳字幕付きの映像クリップ（空耳クリップ）を作り、多数のユーザーがコメントすることで、匿名のユーザー同士のコミュニケーションが生じた。制作者側には迷惑な行為だったが、この空耳クリップによって未観劇の全国のユーザーに『テニミュ』が知れ渡り、逆に「本物」を観に劇場に足を運ぶ動機になるという宣伝効果が生じたのである。特にアニメ／マンガファンは学生や若者が多いため、ＤＶＤ購入やチケット代、交通費、宿泊代まで出す金銭的な余裕がない人が多いが、そんな二・五次元舞台のターゲット観客層にもアピールした(68)。後述するように、国内だけでなく、海外のファンが空耳クリップをきっかけに「本物」を観に日本に来るという、インバウンドツーリズムにもつながった。しかし、キャストの技術が向上するにつれて「空耳クリップ」は減少していき、現在ではかわって制作者側が、公式映像の無料限定配信、または有料配信をするようになってきている(69)。

二〇〇八年には、「Twitter」と「Facebook」の日本語版サービスが開始された。それまでの電話、メール、フォーラム、ブログなどによる特定の相手への口コミが、「Twitter」による不特定多数への即時性をもつメッセージに徐々に移行していく。それに伴い、幕間でのオーディエンス／ファンの「Twitter」による口コミに提供される「ネタ」や感想が、新たなファンの開拓へとつながっていく。ときおりキャストが台詞をかむことがあるが、その貴重なハプニングの日を「カムヒ（＝かむ日）」、日替わりでキャストがアドリブを言うコーナーを「日替わり（ネタ）」、上演前後にキャストが地声で場内アナウンス（注意喚起）をしたあとにおこなうキャラクターとしての短いメッセージを「影ナレ」（舞台裏〔影〕からのナレーションの意）など、ファン主導の専門用語（ジャーゴン）が生まれた。こうしたネタは、ＳＮＳでの発信を促進し、毎日何かしらの変化やネタを期待してすべての公演に通う「全通」も誘引した。このようにオーディエンス／ファンの動画サイトやＳＮＳによる関与の増殖も、『テニミュ』人気の支柱になったのである。[70]

ⓔファンサービスとマーチャンダイズ

舞台の基本売り上げは客席数×チケット代で決まるが、物販（マーチャンダイズ）はビジネスとして成功させるため非常に重要であり、ほかの演劇と二・五次元舞台とを区分する一つの指針でもある。二・五次元舞台のコア観客層である二十代から三十代の女性は、物販にお金を費やす傾向が高く、[71]制作者側にとっても公演グッズは大きな収入源でもある。プロデューサーの松田も、『テニミュ』がビジネスとして成立する理由の一つに、ＤＶＤなどの映像パッケージ、キャラクター／キャストのブロマイドなどの公式グッズ物販が好調であることをあげている。[72]宝塚歌劇団や歌舞伎などの専用劇場では、ブロマイドやグッズ、パンフレット、おみやげ品などの販売店、カフェやレストランも常設している。しかし、専用劇場をもたない二・五次元舞台は、会場である劇場の構造や、物販担当会社の方針によって物販の方法が異なる。入場者だけが購入できる会場内物販スタイルもあれば、チケットがなくてもグッズが購入できる会場外販売スタイルもある。『テニミュ』の場合、舞台上演のグッズは会場内だが、ドリームライブなどのコンサートでは、会場外に販売所を設けることがある。特に二・五次元舞台に特徴的な売り方は、「ランダムグッズ」と呼ばれる、中身がわからないように包装されたブロマイド（トレーディングブロマイド、略してトレブロ）や缶バッジなどのセット売りである。(73) お目当ての「推し」（応援するキャラクター／キャスト）のグッズが当たるまで買い続ける、または全種類集めるコレクター欲を掻き立てる仕組みになっている。会場限定グッズなど個数制限があるグッズも多く、初日完売となるケースもあるため、開場直後に物販にはしばしば長い列ができる。『テニミュ』セカンドシーズンからオフィシャル応援団テニミュサポーターズクラブが発足し、会員限定の特典グッズの提供もあり、『テニミュ』ファンの維持、新規ファンの開拓を促進していて、コンテンツの持続性の一助になっている。

初期の頃は、上演後のファンサービスも充実していた。おそらく『テニミュ』が発祥だと思われる、キャストがコスチュームのまま出口へ通じる廊下でオーディエンスを見送る「お見送り」は、キャスト／キャラクターと間近で出会える空間であり、ファンが直接声をかけることもでき、親密性の構築の一助になっていた。この「お見送り」はほかの二・五次元舞台でも導入されたが、人気の高まりや、二〇一〇年代に女性アイドルがファンに襲われるトラブルが多発したことによる近すぎる距離のリスク回避の流れもあってか、現在ではほぼみられない。また、出口付近でシールやブロマイドなどの入場者プレゼントが配布されることもあった（現在ではあまりおこなわれていない）。

図5　プラスチックケースにグッズを入れて訪れる人を待つ。SNS 上のやりとりがあり、交換は短時間でおこなわれる場合が多い（筆者撮影）

何回も会場に通う熱心なファンになると、ランダムグッズや無料配布グッズなどで必要がない余剰品が出る。それらを交換する「トレーディング」がしばしばおこなわれる（図5）。トレーディングには、余剰チケットの転売も含まれるが、圧倒的に多いのが物々交換である。「〇〇譲ります」「〇〇求めます」などの看板やプラスチックの書類ケースをもったファンが会場外で立っていてその場で交渉したり、「Twitter」などで事前に連絡を取り合ったりして、グッズのトレーディングがおこなわれている。[74]自然発生的活動なので、公式には認められていない場合が多いが、多くは黙認されている。ファン主導のトレーディングを禁止する公演がある一方、ルールを定めたうえで場所を提供しコントロールしている公演もある（図6）。こうしたトレーディングは、ファン同士の出会いやコミュニケーションの場を提供し、トレーディングを契機に匿名の他者（インティメイト・ストレンジャー）と友達・観劇仲間になったケースも多い（詳細は第4章）。劇場はキャラクター／キャストに会えるだけでなく、ファン仲間に会う場所としても機能していく。

最後に、SNSを積極的に利用したファンサービスについて論じる。前述したように、「Twitter」日本語版の開始は二〇〇八年だが、『テニミュ』キャストもSNSを利用し、積極的に情報を発信している。一九年に嵐がSNSを全面解禁したことで大きな話題を呼んだが、男性アイドルの大御所であるジャニーズ事務所がSNS利用に相対的に消極的であることに比較して、二・五次元俳優はSNSを利用してバックステージ（舞台裏）の情報も積極的に開示している。この情報を通じて、物語上で出会うことがないキャラクターたちが、そのキャラクターを演じるキャストたちの日常生活では、実は仲がいい、などのギャップも楽しめる。例えば、サードシーズンの山吹中学の阿久津仁を演じる川上将大の「Twitter」をみてみよう。川上演じる阿久津は、テニスのセンスは抜群だが不良学生で「俺に指図するな！」が口癖の暴れ者である。上演中やドリームライブ、大運動会ではキャラクターとして振る舞うが、川上自身は非常にフレンドリーで、山吹中学チームのキャストとの記念写真を掲載して感謝の言葉を述べたり、阿久津の誕生日四月二日にケーキの写真とと

図6　銀河劇場のトレーディングエリア。その有無は公演タイトルごとに異なる（筆者撮影）

図7　SNS を積極的に利用したファンサービスの一例

もに阿久津へのお祝いメッセージを発信したりと、積極的に「Twitter」を利用している（図7）。一見、記号的身体との乖離が露呈して失望を与えそうな行為だが、ファンはそのギャップ「阿久津（川上）がチームメートと仲良くしている」などを妄想し、楽しむこともできる。こうした相互参照的メディア横断ナラティブを含むファンとキャストの遊びを「二・五次元遊戯」と呼称したい。また公演では常に阿久津として存在した川上が、阿久津の誕生日を祝うという記号的身体からの脱皮でさえも、阿久津が川上と同じ次元に存在することを確信できる瞬間でもある。こうした発信は公演の広報の役割でもあるが、ファンとの親密性を高め、ファンにとっては「ネタとベタ」の混交した情報で「二・五次元遊戯」をともに遊べる手段にもなっている。

このようにキャラクターの「種」をもつ新人俳優を起用し、未熟、未完成であるゆえの伸びしろや成長を戦略的に利用した『テニミュ』は、『仮面ライダー』や「スーパー戦隊」シリーズなどの特撮ヒーロー物と並び、若手男性俳優の登竜門になっていく。キャラクターとキャスト、キャストとファン、キャラクターとファンとの間の関係性を楽しむ「二・五次元遊戯」は、本公演以外に関連コンテンツであるドリームライブ、チームライブ、秋の大運動会などでも補強される。さらに、原作者の許斐剛が開催する「許斐剛パーフェクト一人ライブテニプリフェスタ」（二〇一六年―）には、アニメ『テニスの王子様』（アニプリ）の声優たちや『テニミュ』の俳優たちがゲスト出演するなど、『テニプリ』の二・五次元化は原作者も巻き込んで拡大しつづけている。連載二十周年を記念した『テニプリパーティー――テニスの王子様20周年アニバーサリーブック』では、『テニミュ』で不二周助役を演じた初代から青学十代目のキャストたち九人と、アニメで不二を担当した声優・甲斐田ゆきによる「不二会」という集まりにおけるトークが収録されている。[75] 二次元の存在である不二周助に対し、彼を演じた声優と現象的肉体たちが語り合うという構図は、融合された現象的肉体／記号的身体からのキャラクターの身体へのはたらきかけという点で興味深い。不二というキャラクターは、マンガの図像と内面＋声優の声によって、『テニミュ』キャストのなかで身体化、つまり存在感をもってイメージされているはずである。その声優（甲斐田）を含め、不二を演じたキャストがマンガ／アニメの不二を客体化しながら、それぞれのキャストが演じた不二と自分の不二も客体化している。例えば青学五代目のときの不二役橋本汰斗は「〔二、三代目の〕相葉〔裕樹〕くんの不二は、白い薔薇を持っていそう、〔四代目の古川〕雄大くんは黒い薔薇を持っていそう」（〔 〕は引用者注）と評している。また相葉裕樹は甲斐田がイベントで不二のセリフを言っているのを聞いて「「うわ！　生不二だ！」って感動しました」と、不二が目の前に声で現前したことを語っている。(76) 客体化しながら、さらに不二のさまざまな内面がキャストの肉体を通じて析出され、新たな不二像が生成されていく。こうした「増殖・拡大」も、ファンたちが加わることでさらに加速するのである。

ミュージカル『美少女戦士セーラームーン』——戦略的「チーム女子」

戦略的「チーム男子」で成功した『テニミュ』に対して、戦略的「チーム女子」を用いた二・五次元舞台に、ミュージカル『美少女戦士セーラームーン』がある。ほかにもキャストが女性だけの舞台という意味では、声優／キャラ舞台でもある舞台『けものフレンズ』（二〇一七―一八年）や『少女☆歌劇レヴュースタァライト』（二〇一七―一九年）などもあるが、これらはもともと主要男性キャラクターが不在である。主要男性キャラクターを意図的に排除、もしくは男性キャラクターを女性キャストが演じる戦略的「チーム女子」の例として、ネルケ版『セラミュ』（二〇一三―一七年）と『乃木坂46版ミュージカル美少女戦士セーラームーン』（演出：ウォーリー木下、二〇一八―一九年。以下、乃木坂版『セラミュ』と略記）がある。バンダイ版『セラミュ』では、男性キャラクターは男性俳優が演じていたが、ネルケ版『セラミュ』と乃木坂版『セラミュ』は、女性キャストだ

け の戦略的「チーム女子」の形態をとっている。戦略的「チーム男子」では、女性キャラクターは排除、もしくはコミックリリーフとして男性キャストが一時的に演じていた。しかし、両『セラミュ』では主要男性キャラクターを女性キャストが演じており、この違いがその機能を考察する際の重要な論点になる。ネルケ版『セラミュ』は、バンダイ版『セラミュ』の数作品で演出・脚本を担当していた平光琢也（ミュージカル『HUNTER×HUNTER』も担当）が再び担当しているが、異なる演出方法をとっている。一方、乃木坂版『セラミュ』は、人気女性アイドルグループを起用しての舞台だが、同じコンテンツで同じ戦略的「チーム女子」の構造をとりながら、ネルケ版とはオーディエンス／ファンに対して異なるベクトルの演出をおこなっている。

竹内直子原作の少女マンガ『美少女戦士セーラームーン』（一九九二―九七年）は、東映動画の同タイトルアニメ版（一九九二―九七年）の放映によって世界中で大ヒットした。しかし、原作と同時進行のメディアミックス展開であり、アニメ版は女児を主要ターゲットにしたこともあり、アニメとマンガではキャラクター設定や物語展開に齟齬がある。特に火野レイ／セーラーマーズの設定や、恋愛要素の取り上げ方が大きく異なっている。ミュージカル版は、アニメ声優の声のイメージ（特に月野うさぎ／セーラームーン役の三石琴乃の高音）が踏襲されていて、テーマソング「ムーンライト伝説」（作詞：小田佳奈子、作曲：小諸哲也）も使用しているが、基本的に原作マンガに忠実な内容になっている。

ネルケ版『セラミュ』は、マンガ『美少女戦士セーラームーン』連載開始から二十周年を記念した「セーラームーン20周年記念プロジェクト」の一環として、ネルケプランニングとドワンゴが制作し、五回で完結する連載上演の形態がとられた。フランス・パリ郊外のアニメジャパンのイベントに参加したり、第二作「Petite Etrangere」（二〇一四年）は翌年に中国・上海公演をおこなったりしている。二〇一七年にはアメリカ・テキサス州ヒューストン市のAnime Matsuri 2017に参加し、短期間だがアメリカ初の二・五次元舞台上演を果たしている。

セーラー戦士にはオーディションで若い新人女優を起用し、男性主要キャラクター地場衛／タキシード仮面や敵の男性キャラクターに元宝塚歌劇団の女優らを配役した。セーラー戦士たちは代替わりしているが、シリーズを通じて地場衛／タキシード仮面役を演じた大和悠河は、宙組の男役トップスターだったためにファンも多く、多くの宝塚ファンを二・五次元舞台へ流入させる役割も果たした。元宝塚女優を男性キャラクターに配役させた戦略的「チーム女子」のこの舞台では、『テニミュ』方式と宝塚スタイルが混在した演出とその効果がみられる。『テニミュ』方式としては、キャラクターの「種」をもった新人女優がセーラー戦士に起用された。実際、初代・月野うさぎ／セーラームーン役・大久保聡美は、オーディション時の振る舞いでうさぎの「種」を見いだされた逸材[77]で、舞台上でもアニメ版うさぎと同じく高音で話し、ドジで明るい振る舞いはうさぎそのものだった。また『テニミュ』のキャストと同じく、若い女性キャストたちはアニメ／マンガで育った世代であり、二代目・水野亜美／セーラーマーキュリー役・小山百代は、熱烈な『セーラームーン』とバンダイ版『セラミュ』ファンだったことを語っている。[78]ロールモデルとしても親近感があるキャラクターを表現するにあたり、「演じる」というよりもキャラクターに「なる」ことで、現象的肉体と記号的身体のシンクロ・融合が生成される。また、未完成ゆえの伸びしろがあるため、セーラー戦士の「チーム女子」を外部から眺め、愛でる、または成長を見守るなど、成人オーディエンス／ファンの積極的参与が促された。

加えて、アイドルの参加もあった。原作に忠実なリメイクアニメ『美少女戦士セーラームーンCristal』（二〇一四―一五年）がウェブで公開され、その後地上波で放映されたが、その主題歌「MOON PRIDE」（作詞・作曲 Revo）はアイドルグループももいろクローバーZ（以下、ももクロと略記）が担当した。ももクロは、『セラミュ』第一作「La Reconquista」で乙女ゲーム「恋愛お悩み解決アプリ」のなかのキャラクター役で映像出演している。サプライズゲストとしてカーテンコール時に舞台に登場し、主題歌を披露した公演回もあった。ももクロファンを二・五次元舞台に動員した効果もさることながら、ももクロの参加は『セラミュ』の演出にも意味をもたせた。つまり、ももクロの各メンバーにはイメージカラーがあり[79]、ライブイベントでスーパー戦隊をモチーフにした演出をすることも多く[80]、アイドル界でのももクロのこれまでの歩み自体が戦う美少女であるセーラー戦士を彷彿とさせるメタナラティブになっているのである。路上や地方の家電量販店を回ってのライブとCD販売などを経て、メジャーデビューまで約二年間「戦い」、デビュー後も常に戦う努力を惜しまないももクロは、美しさとパワーを兼ね備えたアイドル界のセーラー戦士といえるだろう。

「宝塚スタイル」の導入については、男性主要キャラクター役を女性が演じ、キャラクターのイメージは踏襲しながらも大和のスター性を封じない「芸名の存在」[81]が生かされている。例えば、『セラミュ』第一作「La Reconquista」（二〇一三年）で、大和は地場の造形と同じくスリムで長身、短髪で、ズボンを身に着け、タキシード仮面のコスチュームも着るが、アニメ版の声優・古谷徹の声に寄せることはなく、あくまで大和による地場／タキシード仮面が前景化される。また、敵であるダークキングダムの四天王（実は地場衛の前世であるプリンスエンデュミオンの部下）のゾイサイト役・彩夏涼も元宝塚の男役である。現象的肉体が記号的身体に対して後景化することはほぼないが、筋肉の薄い女性の身体で表現する男性キャラクターは、華奢で線の細い少女マンガの美男子（地場やゾイサイト）の身体に近い。このように女性の身体が「理想の男性」の身体を表現するという点で、女性の現象的肉体の記号的身体生成への寄与は、高い虚構的身体性を強調する効果を生み出す。一九九二年のアニメ版ではゾイサイトは女性的で、同じ四天王クンツァイトとの同性愛関係をにおわす設定だったが、原作に忠実なネルケ版『セラミュ』では異性愛男性として設定され、ゾイサイトは水野亜美／セーラーマーキュリーの前世での恋人であることが判明する。つまり、「La Reconquista」ではうさぎと地場、亜美とゾイサイト間に恋愛が描かれるのである。

『テニミュ』の戦略的「チーム男子」では、同世代の少女や成人女性を不可視にし、舞台上に女性キャスト不在のホモジニアスな空間を生成することで、オーディエンス／ファンは作品自体を楽しむことに加え、ホモジニアスな空間に入れない「他者」の立場に配置されることで、外部から成長を見守る、仲の良さに癒やされる（夢母・母親的視点）、推しメンに注目する（夢女子的視点）、BL関係を妄想する（腐女子的視点）などの快楽を獲得することができる。オーディエンス／ファンのそれらの視点による快楽は、舞台外バックステージや関連コンテンツ（ドリームライブなど）のキャスト／キャラクターの関係性にまで拡大する。それに対し『セラミュ』では恋愛を描くため、男性キャラクターを排除することは困難である。しかし、男性役を女性が演じる宝塚のコードを採用することで、その問題を巧みに解決していて、また戦略的「チーム女子」としての効果も産出している。

それはどのような効果なのだろうか。一つは、異性愛男性的視点を前提とした見方、つまり推しのセーラー戦士／女性キャストを所有・支配したい、恋人にしたいという「夢男子」的見方に対する効果である。実際「夢男子」という用語は一般的ではないが、ここでは「夢男子」を二次元女性キャラクター／キャストと、自分もしくは自分を投影したアバターとの恋愛物語を嗜好する行為、または行為体と定義する（ここでいう「男子」は行為体のジェンダーと一致する必要はない）。うさぎと地場、亜美とゾイサイトは、抱擁や手を取り合うなどの接触をするため、本来男性キャラクターは「夢男子」的視点からはじゃまな存在である。だが、相手である男性キャラクター役が女性であることでオーディエンス／ファンの嫉妬や羨望が向かう対象があいまいになり、「夢男子」的視点はかろうじて確保される。

もう一つは、女性同士の恋愛関係を夢想する百合的な見方に対する効果である。ここでいう「百合」とは、「(理想化された）女性同士の恋愛関係」と定義する。先略的「チーム女子」では男性キャストは排除されていて、女性が男性キャラクターを演じているとはいえ、物語上の異性愛恋愛の表現を女性の同性愛恋愛と見立てたり、恋愛関係が描かれない場合でもセーラー戦士同士の連帯を恋愛に置き換えて「百合」的な関係性を夢想したりする快楽もありうる。実際、マンガ／アニメ『セーラームーン』の同人誌には、セーラー戦士同士の百合関係が描かれるものもある（例えば、アニメではいつも言い争いしているうさぎとレイなど)。また、原作マンガ/アニメでは、天王はるか/セーラーウラヌスと海王みちる/セーラーネプチューンが、同性愛関係にあるかのように描かれる。原作では、短髪でスポーティーなはるかは、無限学園高等部の学生で、男性の服装のときは一人称に「オレ」を、女性の服装のときは「あたし」を使い、うさぎに好意を寄せるそぶりもみせる。みちると常に行動をともにし、学園の女子学生からも慕われている。二人は第三作ミュージカル『美少女戦士セーラームーン Un Nouveau Voyage』(AiiA 2.5 Theater Tokyo /サンケイホールブリーゼ、二〇一五年)から最終作『美少女戦士セーラームーン Le Mouvement Final』(AiiA 2.5 Theater Tokyo /アイプラザ豊橋/梅田芸術劇場 シアター・ドラマシティ、二〇一七年)まで登場するが、はるか役は元宝塚歌劇団男役の汐月しゅう、みちる役は同じく元宝塚の娘役・藤岡沙也香(宝塚時は月野姫花)が演じている。はるか(汐月)とみちる(藤岡)の関係は、宝塚のコードによって男女の恋愛にも解釈できるし、原作やアニメの百合のコードによって舞台上の「百合」関係を夢想することも可能である。

最後に、恋愛表現のほかの関係性への読み替えの快楽である。東園子は、宝塚作品の恋愛について「恋愛を描いているからといって、その愛好者が(略)恋愛に対する欲求を満たそうとしているとは限らない」(82)と述べる。女性が男女の恋愛を演じる宝塚スタイルでは、女性観客は自分を娘役に投影し男役にときめくという疑似恋愛体験以外に、タカラジェンヌがおかれた状況(例えば、退団が近いなど)を読み取りながら解釈する「環境分析的な読解」(83)をして楽しむこともあるという。『セラミュ』の舞台では、宝塚での現役時代では組や世代が異なるために共演がなかった元タカラジェンヌたちが共演していて、そのキャストがもつ宝塚現役時代の物語や退団後の物語を読み取りながら、舞台上の役を解釈することもあるだろう。もちろん、そこに『セーラームーン』の物語におけるそのキャストの立ち位置も解釈の枠組みに入る、相互参照的メディア横断ナラティブが可能である。

乃木坂版『セラミュ』でも同じような戦略的「チーム女子」による効果が析出できる。乃木坂46は、おニャン子クラブも手掛けた秋元康のプロデュースによって、二〇一一年に誕生した人気アイドルグループである。一八年の乃木坂版『セラミュ』は、二チーム（Team MOON, Team STAR）の日替わり交代制で、セーラー戦士は乃木坂46のメンバーが演じた。「ダーク・キングダム編」を原作とし、地場衛／タキシード仮面を石井美絵子、クインベリルや四天王はベテラン女優が演じた。人気アイドルが主演ということで、会場の入り口（天王洲銀河劇場）では通常の二・五次元舞台ではおこなわれない、ボディー・荷物チェックがあった。一八年初演では、観客は乃木坂ファンの男性ほか、『セーラームーン』ファンの男女が半々ほどで、男性観客がマジョリティだった。本書で定義した「二・五次元舞台」の要素ではキャラクターの前景化があるが、人気アイドル乃木坂46ファンにとっては、キャラクターよりも現象的肉体（俳優）のほうが前景化していると思われる。脚本、音楽ともに卓越した作品だが、二・五次元舞台というよりも戦略的チーム女子のアイドル主演舞台として分析したほうが有効性があると思われるので、本項では指摘だけにとどめておく。

舞台／ミュージカル『刀剣乱舞』シリーズ――歴史ブームとゲーム原案コンテンツ

派手で奇抜なコスチュームや、現実にはありえないカラフルなヘアスタイルや瞳の色、殺陣やアクションなど、舞台映えするコンテンツは、二・五次元舞台でも人気である。もともとマンガやアニメには、ファンタジーや戦闘アクション作品が多く、キャラクターの差別化のために現実とはかけ離れたカラフルな髪、瞳、アクセサリ（メガネ、武器など含む）などの記号性の強調、ステレオタイプな性質・属性が誇張されることがある。第2章で『スーパー戦隊』シリーズでも言及したが、チームが中心になる物語では、色分けや属性分け（真面目系、クール系、頭脳系、癒やし系、ツンデレ系など）がしばしば用いられる。

歴史（実在の人物）をベースにした時代劇に、ファンタジー要素が加わった作品も増加傾向である。特徴的なのは、二〇〇〇年代初頭から特に日本の戦国時代や幕末に活躍した歴史上の人物をイケメンや奇抜なキャラクターとして登場させたゲームが人気を博し、アニメ、マンガ、映画、舞台、コンサートなどメディアミックス展開がなされていることである。ゲーム原案の舞台の例をあげると、戦国時代を描いたものでは舞台『戦国ＢＡＳＡＲＡ』（原案：カプコン『戦国ＢＡＳＡＲＡ』シリーズ〔二〇〇五年―〕、二〇〇九年―）、舞台『戦国無双』（原案：コーエーテクモゲームス『戦国無双』シリーズ〔二〇〇四年―〕、二〇一五―一六年）、幕末の時代を描いたものでは、舞台『薄桜鬼 新選組炎舞録』（演出：キタムラトシヒロ、脚本：毛利亘宏、天王洲銀河劇場、二〇一〇年）とミュージカル『薄桜鬼』シリーズ（原案：アイデアファクトリー『薄桜鬼』シリーズ〔二〇〇八年―〕、二〇一二年―）、

『超歌劇幕末Rock』シリーズ（原案：マーベラスＡＱＬ〔二〇一四年〕、二〇一四―一六年）、ＤＭＭゲームス、ニトロプラスのゲーム『刀剣乱舞―ONLINE―』を原案とする戦国・幕末両方の時代を描く舞台『刀剣乱舞』（二〇一六年―。以下、『刀ステ』と略記）とあらゆる時代を描くミュージカル『刀剣乱舞』（二〇一五年トライアル公演、二〇一六年―。以下、『刀ミュ』と略記）などがある。二〇〇〇年代、「歴女」ブームやゲームコンソールの簡易化もあって、それまで男性プレイヤー中心だったゲーム市場に女性プレイヤーが増加していった。二〇〇八年にiPhoneが日本で発売開始されるとスマートフォンが急速に普及し、ゲーム機やパソコンがなくても気軽にアプリでゲームを楽しめるようになった。またそれらのゲームのアニメ化によってゲームプレイヤー以外にもコンテンツが広く知られるようになり、キャラクターのベースになった歴史上の人物にゆかりの場所への聖地巡礼（コンテンツツーリズム）も盛んにおこなわれた。[84]

また、あまり知られていない歴史上の人物をベースにした奇抜なキャラクターがゲームに登場することで、関連地域や歴史遺産保存に変化がもたらされた事例もある。テレビアニメ『戦国ＢＡＳＡＲＡ』関連では、主人公の一人・伊達政宗の忠臣・片倉小十郎の人気が高まると、二〇〇九年頃から彼の城があった宮城県白石市にファンが殺到し、[85]〇七年には白石市で「鬼小十郎まつり」が開始。地元特産品とのコラボグッズも販売された。また、敗者・悪役のイメージが強かった石田三成も『戦国ＢＡＳＡＲＡ』でイケメンに設定されたこともあって、特に若い女性が滋賀県長浜市石田町の三成の墓や石田会館（生家跡）を訪れた。[86]『刀剣乱舞』関連では、日本刀の展覧会に多くの女性が殺到する様子が「刀剣女子」や「日本刀女子」などとマスメディアに命名されるほどだった。[87]

また、ファンのはたらきかけで、キャラクターのもとになった日本刀・蛍丸や燭台切光忠の復活や発見に至るといった歴史遺産への貢献も報告されている(88)。

歴史を扱った二・五次元舞台作品のなかでも、舞台／ミュージカル『刀剣乱舞』シリーズは、登録者数二百十万人以上(89)のPCブラウザーゲーム『刀剣乱舞―ONLINE―』(二〇一五年開始)とダウンロード五百万件以上のスマホアプリ版『刀剣乱舞―ONLINE Pocket―』(二〇一六年開始)を原案に、ストレートプレイ(舞台)とミュージカルという二種類の舞台化が同時進行する初めてのケースである。『刀剣乱舞―ONLINE―』は、ゲームプレイヤーがモノの心を励起する力をもち、日本刀を付喪神として顕現する「審神者《さにわ》」として設定され、自身が顕現する日本刀(擬人化キャラクター)＝「刀剣男士」を「本丸」という自分の本拠地に所属させて育成するシミュレーションゲームである。刀剣男士のキャラクターデザインが、複数の異なる絵師の手によっておこなわれていることも話題を呼んだ。ゲームの世界観は、刀剣男士たちが歴史改変をもくろむ歴史修正主義者率いる歴史遡行軍と戦い、歴史を守るため過去にタイムスリップするというものである。アニメや舞台では、刀剣男士が自分の所有者(物語上では「前の主《あるじ》」)と会い、史実どおりに死を迎えさせるために戦うといった悲劇性に富んだ物語を展開している。

『刀剣乱舞―ONLINE―』はこうした世界観を共有しながら、同じキャラクターを異なる俳優が演じる形でストレートプレイとミュージカルで舞台化された。そして舞台化後にテレビアニメ化されている。それが加州清光と大和守安定(ともに沖田総司の刀)を中心に刀剣男士の日常生活を描くテレビアニメ『刀剣乱舞――花丸』(TOKYO MXほか、二〇一六、一八年。以下、『花丸』と略記)

と、和泉守兼定と堀川国広（ともに土方歳三の刀）を中心に主に幕末に派遣された刀剣男士たちの戦いを描くテレビアニメ『活撃！刀剣乱舞』（TOKYO MXほか、二〇一七年。以下、『活撃』と略記）である。二作品のトーンは異なるが、キャラクターを担当する声優はゲームとほぼ共通である。興味深いことに、『花丸』のキャラクターデザインは谷口淳一郎が一人でおこなっているが、『活撃』は主要キャラクターごとに異なるデザイナー（兼定は内村瞳子、国広は石塚みゆきなど）が担当している。造形が微妙に異なりながらも、ゲーム、ストレートプレイ、ミュージカル、アニメと、ジャンルを横断するキャラクターと世界観は、俳優、声優に加え、ファンの解釈や二次創作も加わり、まるでパズルを完成させるようにそれぞれのメディアで表現されることで少しずつ全貌が明らかになり、一大「刀剣乱舞」ワールドが成立している。コンテンツとしての『刀剣乱舞』へのアプローチは多様だが、本項では歴史ジャンル作品の流れのなかで舞台『刀剣乱舞』を中心に、歴史上の人物、キャラクター、舞台上の身体、俳優の身体について考察する。

まずは、歴史コンテンツのなかでも人気が高い〝戦国・幕末物〟について概観する。歴史上の人物を描いた作品は、ラジオドラマ、小説、実写映画・ドラマ、マンガ雑誌、アニメーション映画・テレビアニメなどさまざまなメディアプラットフォームで古くから多く作られ続けてきた。戦後、テレビドラマでは歴史小説などを原作として、日本の歴史上の人物を約一年間（一年未満も数作ある）で描くNHK大河ドラマが一九六三年から始まり、ゆかりの地が観光地として活性化することも多い。一方、中国の歴史書『三国志』とそれをもとにした長篇小説『三国志演義』も日本では人気があり、吉川英治の小説『三国志』（一九三九―四三年）や横山光輝のマンガ『三国志』（一九七一

—八七年）は女性にもアピールし、江森備のＢＬ小説『私説三国志天の華・地の風』（一九八六年）とともに歴史好きな女性が『三国志』キャラクターを使って、二次創作をおこなっている。九〇年代、歴史上の人物たちを素材として使ったフィクションとその女性ファンの存在が可視化されたきっかけは、コバルト文庫（集英社）の少女向けレーベルで発売された、戦国時代の武将たちが怨霊となってよみがえり、現代日本社会で現代人の身体を借りて戦うサイキック歴史アクション作品『炎の蜃気楼《ミラージュ》』シリーズ（桑原水菜、本篇：一九九〇―二〇〇四年。以下、『ミラージュ』と略記）である。現在でいう「ライトノベル」にあたる『ミラージュ』の単行本は、キャラクターの画が入った表紙や挿絵をマンガ家の東城和美と浜田翔子が担当し、発行部数シリーズ累計六百三十万部以上の大ヒット作品になった。(90) 主人公は上杉景虎（上杉謙信の第一養子）や直江信綱（妻の再婚相手が直江兼続）など歴史上の敗者たちだが、好敵手として織田信長、養父・上杉謙信、武田信玄、伊達政宗などの有名な人物も現代人の身体に憑依（作中では〝換生《かんしょう》〟）して多数登場する。ドラマＣＤ、アニメ、マンガなどメディアミックスされた『ミラージュ』の若い女性ファンは「ミラジェンヌ」と呼ばれ、小説の舞台やモデルになった歴史上の人物ゆかりの地で墓地、神社、祭りなどを訪ねる「ミラージュツアー」が盛んにおこなわれた。(91)『ミラージュ』本篇のスピンオフである『炎の蜃気楼　昭和編』は、二〇一四年から一八年に舞台化（演出：伊勢直弘など、脚本：西永貴文、主演：富田翔）もされている。

戦国武将をキャラクターとして使用したゲームは、一九八三年に発売された歴史シミュレーションゲーム『信長の野望』（光栄マイコンシステムズ〔現コーエーテクモゲームス〕）が嚆矢とされる。パソコンゲームとして始まった『信長の野望』シリーズは、最新作『信長の野望・大志』(コーエーテクモゲームス、二〇一七年)まで続く長期シリーズになる。キャラクターの造形は、映像技術が洗練されるにつれて写実的なキャラクターデザインになっている。しかし、大胆に翻案され、一種の「ばかばかしさ」や「遊び心」がある戦国武将キャラクター設定で大ヒットしたのが二〇〇九年から発売されたアクションゲーム『戦国BASARA』である。写実的描写ではない「アニメ・マンガ的」キャラクターとして、英語を使うヤンキー系・伊達政宗、熱血系・真田幸村、忠臣下僕系・片倉小十郎と石田三成、魔王・織田信長、女性的な上杉謙信などが登場し、その誇張した造形や解釈、非現実的な必殺技などで話題を呼び、若者ユーザーをコスプレやコンテンツツーリズムに駆り立てた。テレビアニメ化(二〇〇九、一〇年)、劇場アニメ映画化(監督:野村和也、二〇一一年)もされている。折しもその頃は、『三国志演義』の赤壁の戦いを描く香港の実写映画『レッドクリフ』(監督:呉宇森、二〇〇八年、〇九年)の日本公開時キャンペーンで歴史好きを標榜する女性タレント美甘子が起用され、ほかにも杏、小日向えりなど歴史好きな女性芸能人が「歴ドル」(歴史アイドル)と呼ばれるようになっていた。そこから派生して「歴女」(歴史好きな女性)という言葉が〇九年に登場する。[92]『戦国BASARA』や『薄桜鬼』などゲームやアニメの影響を受けて「歴女」になった女性も多く、それまで中年男性の趣味と思われていた日本の歴史に女性が注目する一つの契機になった。

二〇一〇年からは、戦国時代の人物をキャラクターとしてさまざまに解釈、表現したバラエティー番組『戦国鍋TV——なんとなく歴史が学べる映像』(二〇一〇—一二年。以下、『戦国鍋』と略記）が地方の独立局（テレビ神奈川〔TVK〕、千葉テレビ放送〔チバテレ〕、テレビ埼玉〔テレ玉〕、サンテレビジョン〔SUN―TV〕）共同で制作・放映された。全国十二局で放映され、DVD、CDが大ヒットするなど独立ローカル局の番組としては突出していた。(93) この三十分番組『戦国鍋』は数種類のミニコーナーで構成されていて、川中島の合戦を学園ドラマにした「戦国ヤンキー川中島学園」や、織田信長や伊達政宗がゲイバーのママになる「うつけバーNOBU」など、戦国時代の史実をベースにして歴史上の人物や出来事を現代社会に置き換えたパロディーで話題を集める。二〇一一年八月から新シリーズ『戦国炒飯TV』（TOKYO MXほか）が開始された。

なかでも音楽番組をパロディー化したコーナー「ミュージックトゥナイト」は、歴史上の人物たちをアイドルグループに見立てたユニットが、歴史上の人物として会話をしたり、史実に基づいて作った歌を歌い、ついにはイベントとしてコンサートをおこなうなど異例の人気を誇った。『テニミュ』などの二・五次元舞台や特撮番組に出演していた俳優も『戦国鍋』に多く出演している。例えば、一五八三年に豊臣秀吉と柴田勝家が戦った賤ケ岳の戦で功績をあげた俗称「賤ケ岳の七本槍」（福島正則、加藤清正ら）をベースに、秀吉プロデュースの〝SHICHIHON槍〟（光GENJIのパロディー）というアイドルユニットが作られている。『テニミュ』ファーストシーズンの不二周助役・相葉裕樹（当時は弘樹）が福島正則（ふくくん）、同じく『テニミュ』ファーストシーズンの宍戸亮役や、『仮面ライダーディケイド』（テレビ朝日系、二〇〇九年）に出演していた村井良大が、加藤嘉明（かーくん）を演じている。村井は、織田信長と森蘭丸をベースにしたデュオ〝信長と蘭丸〟（修二と彰、Kinki Kidsのパロディー）の織田信長も演じていて、蘭丸役には舞台『最遊記歌劇伝』シリーズ（二〇〇八年―）で主役・玄奘三蔵を演じた鈴木拡樹が配されている。オーディエンスは、歴史上の人物をキャラクターとして「データベース化」したうえで、その人物や出来事を「ネタ」とするパロディーを楽しむのである。東浩紀が主張するように、「作品の核は設定のデータベース」にあり、「二次創作がいくら作品としての原作（シミュラークルの水準）を侵害したところで、情報としての原作（データベースの水準）のオリジナリティは守られているし、尊重されている」のである。[94]東はマンガやアニメの原作と、「オタク」たちの二次創作について述べているが、この理論を援用し、歴史上の人物とその人物に付随する出来事（出自、生い立ち、活動など）をデータベースとみなせば、『戦国鍋』で作られた歴史上の人物を使った二次創作を楽しめるし、『戦国鍋』で取り上げられたことで歴史上の人物への理解を深め、好意を寄せることも可能になるのである。[95]

こうして、歴史（特に戦国時代、幕末）上の人物をデータベースとして二次創作（パロディー）でキャラクター化する回路は、俳優の身体を媒介とする舞台での二次元キャラクターの具現化（二・五次元化）でも機能する。前述したとおり、『刀ステ』と『刀ミュ』シリーズは、オンラインゲーム『刀剣乱舞―ONLINE―』を原案とした二・五次元舞台である。このゲームを配信しているDMM.comは、第二次世界大戦に関係する戦艦を少女に擬人化したブラウザーゲーム『艦隊これくしょん――艦これ』（二〇一三年―）のメディアミックス展開で成功していて、プレイヤー／ファンは、二次創作、コスプレ、コンテンツツーリズム、イベント参加などを楽しんでいた。こうした非生物の擬人化はマンガやアニメ作品にはおなじみのものだが、大量のキャラクターのデータベースを必要とするゲームには、歴史上の人物や歴史的遺物の擬人化キャラクターは、その数の多さからまさにうってつけだった。日本刀の擬人化キャラクターを使ったゲーム『刀剣乱舞』は、二〇〇〇年前半からの歴史ブームと、ゲームでの非生物の擬人化のブームを背景に大ヒットし、声優と台詞は日本語のまま、中国語の字幕翻訳つきで、一六年に中国でも配信が開始された。また、舞台は海外でもファンを魅了しつづけ、一七年には「刀剣乱舞」が新語・流行語大賞にノミネートされるほど話題になった。

『刀ステ』は、三日月宗近《みかづきむねちか》（鈴木拡樹）と山姥切国広《やまんばぎりくにひろ》（荒牧慶彦）を中心に展開される物語である。二〇二〇年現在、再演（「虚伝」）、一日限りの特別公演（「外伝」）も含めて九作品上演されている。[96]ここでは、『虚伝 燃ゆる本能寺』（二〇一六年初演、再演。以下、「虚伝」と略記）と『悲伝 結いの目の不如帰《ほととぎす》』（二〇一八年。以下、「悲伝」と略記）を取り上げる。この二作に注目するのは、主である審神者から近侍《きんじ》（第一部隊隊長で主の側近）に指名された〝新人〟の山姥切をベテランの三日月が導き、別れるまでの一連の物語の出会いと決別を描いているからである。刀・三日月宗近は、平安時代の刀工・三条宗近作の太刀で、「天下五剣」の一つにあげられる名刀である。ゲームのキャラクターの三日月は、エリートであり、平安時代の貴族を思わせる着物やいでたちで、ゆっくりとした口調で話す設定である（CVは鳥海浩輔）。舞台では、三日月（鈴木）は、気品がある所作のなかに荘厳な存在感を醸し出しているが、本丸での日常ではお茶と菓子を食する場面が多く、自らを「じじい」「年寄り」と呼んで謙遜する。それに対して、刀・山姥切国広は、安土桃山時代の刀工・堀川国広の傑作とされる打刀で、南北朝時代の刀工・長義作の本作長義の写しとして打たれた。ゲームのキャラクター山姥切は、白い布で頭から身体を覆い、顔を隠し、「写し」＝偽物というコンプレックスを抱える設定になっている（「俺は偽物なんかじゃない」が口癖の一つ）。舞台では、山姥切（荒牧）は、実直だが、鬱屈とした思いを抱えながらアイデンティティ危機に悩む青年である。三日月に対しては「クソじじい」と呼ぶ一方で、絶大な信頼を寄せている。

脚本・演出を担当した末満健一は、『刀ステ』と山姥切について、舞台『刀剣乱舞』はある意味で山姥切国広の成長ストーリーであり、演者の荒牧慶彦もともに成長していると話し、「彼の成長に感動させてもらっているところがある」[97]と証言している。実際、映像、舞台のキャリアも長く、二・五次元舞台『最遊記歌劇伝』シリーズ（二〇〇八年―）で座長も経験している鈴木に対し、『テニミュ』セカンドシーズン甲斐裕次郎役（二〇一二年）で舞台デビューしてから三年目の荒牧はまだ発展途上であり、鈴木と荒牧の現実の関係性は、舞台物語中の三日月と山姥切の関係性と類似している。荒牧自身もインタビューで、堀川国広の最高傑作だが、「写し」である山姥切国広を最初は理解しづらかったが、演じていくにつれてキャラクター像がつかめてきた[98]と話し、山姥切とともに成長したことを荒牧本人が自覚していることがわかる。

このような現象的肉体と記号的身体の緊張と融合、さらに三日月／鈴木と山姥切／荒牧の関係性の緊張と融合は、具体的にどのような表現に現れているのだろうか。まず構造上、ゲームプレイヤー審神者は舞台上に登場せず、オーディエンス／ファンにその視点が配置される。舞台上、山姥切が主（審神者）に報告をする場面では、山姥切は客席のほうに視線を向け、言葉を発しない審神者と対話しているような一人芝居をする（終幕「強くあれ前に進め[99]」）。ゲーム自体に女性キャラクターが存在しないので〝戦略的〟とまではいえないものの、オーディエンス／ファンをこの本丸の審神者として措定することで、「チーム男子」を外部からながめる視点（夢女子、夢母、母親、腐女子、ハコ推し視点など）が機能する。作品に内包されている審神者の位置に配置されたオーディエンス／ファンが、舞台の外からそれぞれの視点で複合的に舞台上の記号的身体を見るのだが、同時に現象的肉体が前景化してくる瞬間も目撃するのである。

「虚伝」は、一五八二年の本能寺の変で死んだとされる織田信長を救い、歴史改変を企てる時間遡行軍を阻止する命を受け、本能寺の変が起こる前にタイムリープして生前の信長を目の当たりにし、信長（前の主）への思いと使命との間で葛藤する信長ゆかりの刀たち（不動行光、宗三左文字、へし切り長谷部、薬研藤四郎）と、不動の加入によって輪が乱れた本丸（＝刀剣男士の本拠地）を制御できず、近侍として自信喪失する山姥切とそれを見守る三日月を中心とする物語である。信長は終盤でシルエットとして背を向けた立ち姿だけで現れ、台詞は一切発しない。末満健一は、サミュエル・ベケットの戯曲『ゴドーを待ちながら』（一九五二年）の構造を引用し、信長に好意を抱く不動行光、愁いを感じている宗三左文字、恨みをもつへし切り長谷部、記憶のあいまいな薬研藤四郎らそれぞれに信長という人物を語らせることで、信長の人間としての多面性を描きたかったと述べている。[100] 第六幕「衝突不動」で、不動行光（舞台上では刀の姿）を下賜された森蘭丸と、本能寺の変を起こす明智光秀との邂逅の場でも、「信長の存在」は表現される。「虚伝」の初演では、信長から愛刀を拝領して喜ぶ蘭丸が偶然出くわした光秀に不動を見せ、光秀が不動を手に取ろうとする瞬間、蘭丸が不動をかばうように引っ込めるという演出がなされている。再演では、信長が愛刀を自分に与えた行為が、形見のつもりかもしれないと戸惑う蘭丸が不動を光秀に見せるが、光秀はその短刀を手に取るのを躊躇する（ト書きでは、「我に返り、手を収める光秀」[101]とある）というように、初演とは異なる演出になっている。この動作によって、初演では、不動に手を出そうとするしぐさで、信長の愛刀を手に入れたいという野心や信長への執着が表出し、蘭丸が警戒感をもったことがわかる。その描写によって、同じ忠臣でありながら愛刀を拝領できなかった悔しさも強調される。再演では光秀が信長に対する暗殺計画に後ろめたさを感じていることがわかる。初演では無邪気に愛刀を拝領したことを喜び、スキップして去る蘭丸に対し、再演では拝領したことに悪い予感を覚える蘭丸が描かれることで、不動に「貴重な宝」と「不吉な前兆」両方の意味合いが込められることになる。この場面では、不動はそうした多義的な「信長」の表象であり、「信長」を所有できた（信長に愛された）蘭丸とできなかった光秀との差を可視化する装置として機能する。

さらに、「信長」は、信長ゆかりの刀たちの父親像でもある。「父信長」に鑑賞用とされた宗三、家臣でもない者に下げ渡されたへし切りが抱く、「父信長」に愛された不動への嫉妬や違和感は、「父（＝堀川国広）」に愛されなかった（写しとして作られた）山姥切の負の感情を喚起する役割を果たしている。第三幕「本丸案内」で山姥切が「お前を見てると俺は……[102]」と、愛されているのに自分をダメ刀と呼ぶ不動の自尊心のなさに山姥切が苛立つのがその証左である。第十一幕「邂逅」で、不動は、宗三に向かって「宗三って綺麗だな[103]」と言うが、それは「信長」の代弁であり[104]、宗三はその言葉で「信長」の思いを理解するのである。

興味深いことに、初演と再演では、鏡合わせのように、舞台全体の配置が左右逆になり、上手下手の登場やはける方向も逆になっている。こうした演出によって、同じモノ（例えば信長）をみても、見方を逆にすると全く異なった世界を垣間見ることができる。このように、信長に対するそれぞれの思いと葛藤を乗り越える刀たちと光秀が描かれることで、その様子を第三者の立場から見る近侍・山姥切が、自分の葛藤を重ね合わせ、乗り越えていくこととパラレルに物語が進行するのである。前近侍である三日月は、コンプレックスがある山姥切を一人前に育てようと本丸の紅白戦で戦いを挑む一方で、自信をもてない彼を励ます。こうした一連の物語は、「信長」の表象を通じての刀たちの成長と、それに伴う山姥切の成長の二重構造となっている。そしてオーディエンス／ファンは、そこに現象的肉体である俳優を重ね合わせ、俳優の成長をも幻視する。

現象的肉体が記号的身体に融合する瞬間は、日替わりネタやアドリブが入る作戦会議を描く第四幕「軍議」に顕著である。軍議では、燭台切光忠が用意するお茶請けが、ラーメン、ポップコーン、ずんだ餅、おはぎなどになるという「日替わりネタ」があり、アドリブが多用される場である。軍議を真面目に続けようとする山姥切／荒牧をからかうようにほかのキャラクター／キャストが振舞い、思わず山姥切／荒牧が笑ってしまうことがよくある。また山姥切／荒牧が台詞を言い間違えることもあり、それに三日月／鈴木たちがツッコミを入れ、山姥切／荒牧にも観客席にも笑いが起きる。オーディエンス／ファンは、荒牧（現象的肉体）が前景化する瞬間を目撃する一方で、山姥切という生真面目なキャラクターが、仲間たちに心を許す瞬間をも目撃するのである。つまり、「ネタ」として荒牧のことをからかうキャストと「ベタ」として山姥切をからかうキャラクター、という二つのフィルターを通じてこの場面を楽しむことができるのである。山姥切／荒牧も、日を追うごとに場慣れし、ほかのキャラクターたちをうまくなだめる術を身に付けて成長していく。『刀ステ』シリーズのなかでは、三日月／鈴木は「虚伝」のあと、「ジョ伝 三つら星刀語り」（二〇一七年）、「外伝 此の夜らの小田原」（二〇一七年）に出演せず、「悲伝 結いの目の不如帰」（二〇一八年）で再び登場し、〝最期〟を迎える。その間、荒牧がずっと座長を務め、舞台上で三日月／鈴木が不在の間、山姥切／荒牧が近侍／役者として一層成長する構図になっている。実際、末満や荒牧自身がいうように、[105]荒牧は「虚伝」のときよりも山姥切というキャラクターを理解し、自信と矜持を獲得しているようにみえる。特に、シリーズ全体の物語を通じて違和感を伴うものとして描写されていた時間遡行の歪みの原因が、実は三日月本人であり、三日月が歴史の特異点「結いの目」として時間の円環に閉じ込められているという事実がわかり、審神者を統括する〝時の政府〟から、三日月刀解（刀を溶かして鉄くずにする）[106]の命が下ったあとの三日月と山姥切の対峙に山姥切／荒牧の成長が析出される。身体が弱り、消えゆく覚悟をした三日月／鈴木が、山姥切／荒牧に戦い（刀を交わす対話）をしむける場面が、三日月／鈴木と山姥切／荒牧の関係性を象徴的に表している。「悲伝」の第十六幕「約束」の終盤の場面をみてみよう。

三日月「思い出すな。あれは紅白戦のときであったか。こうしておぬしと刀を向けあったことがあった。いや、それ以前にも、おぬしとは何度も刀を向け合った。円環の果てで……そうだ、その目だ。おぬしはいつもその目で俺を見た」

（略）三日月宗近vs山姥切国広。神速の剣は一歩も譲らず。（略）紙一重で、三日月の剣が山姥切を凌ぐ。決着かと思われたその刹那、山姥切の剣が、三日月の動きを封じる。安堵したように微笑む三日月。

三日月「……強くなったな、山姥切国広よ」

山姥切「……」

（略）

三日月「山姥切国広よ、おぬしとの手合わせ、存外楽しかったぞ。またこうして、おぬしと刀を交わしたいものだ」

山姥切「そのときは……今より強くなった俺が相手になってやる[107]」

この場面で、山姥切／荒牧は涙を抑えきれず、それでも三日月／鈴木の剣に真剣に向き合う。荒牧はインタビューで、この場面では演じていてどうしても涙が止まらなかったと話し、先輩としての鈴木への思いと山姥切としての三日月への思いが重なっているようにみえる。[108]「虚伝」の紅白戦のときから物語／舞台から去る運命を予感していた三日月／鈴木と、近侍／座長として成長し、自信をつけた山姥切／荒牧の歩みがパラレルなものになり、三日月／鈴木から山姥切／荒牧に、「本丸」の近侍／舞台『刀剣乱舞』の座長を本当の意味でバトンタッチするメタナラティブになっている。鈴木は「虚伝（初演）」終了直後の二〇一六年のインタビューで、「舞台『刀剣乱舞』はシリーズ化していきたいということを聞いていて、僕自身全体を俯瞰気味に眺めることができていた[109]」と述べていて、共演者の個性を知るにつれて座長として自身も成長したことを証言している。現象的肉体と記号的身体の緊張関係と融合関係が、こうしたキャスト同士の関係性から見て取れ、オーディエンス／ファンは、複合的なフィルターを重ねながら舞台上の物語と舞台外での物語を解釈していくのである。

ハイパープロジェクション演劇『ハイキュー!!』——言葉、映像、音楽、虚構的身体性

　シリーズ累計四千万部の古舘春一の人気バレーボールマンガ『ハイキュー!!』（二〇一二—二〇年）を原作とした、ハイパープロジェクション演劇『ハイキュー!!』（二〇一五年—。以下、演劇『ハイキュー!!』と略記）は、革命的である。初演（二〇一五年十一—十二月）の大ヒットで、すぐに一部キャストを変更しての再演（二〇一六年四—五月）がおこなわれた。再演（〝頂の景色〟）からはサブタイトルが付いて、二〇二〇年現在十一タイトル〝連載上演〟されている。[110]「漫画×音楽×映像のハイブリッドパフォーマンス」というキャッチコピーどおり、[111]音楽と共鳴する緻密に計算された身体パフォーマンスと、プロジェクションマッピング、原作マンガのコマやオノマトペも生かした映像やライブカメラを混交させた演出で、その場にいると異次元空間を浮遊するような不思議な感覚を与えてくれる。連載上演、戦略的「チーム男子」（第四作〝勝者と敗者〟まで）、「卒業」（第七作〝最強の場所《チーム》〟をもって、メインキャスト交代）、キャラクターの前景化と親密性、ファンサービスとマーチャンダイジングなど『テニミュ』と共通点は多いが、演劇『ハイキュー!!』はその視覚・聴覚的演出によって独特の世界を創造している。ここでは、映像と音楽が身体と空間にどのように作用して虚構的身体性を創出するかに注目し、ウォーリー木下（演出）、和田俊輔（音楽）、キャス

トらのインタビューを元に考察する。特に再演〝頂の景色〟を中心に論じる。
『ハイキュー!!』は、幼い頃テレビ中継で見た小柄ながら高く飛ぶスパイカー「小さな巨人」に憧れ、宮城県立烏野《からすの》高校バレーボール部に入部した日向《ひなた》翔陽と、天才セッターと呼ばれながらチームから孤立した経験をもつ影山飛雄の二人を中心にした高校生たちの成長物語である。前述したように、日向役・須賀健太は、アニメの高い声の日向（CVは村瀬歩）と自分の低い声の差異を気にしていたが、見事主役に抜擢され「毎週読んでた漫画の主人公を演じることが夢みたい。（略）いろいろな意味で挑戦」だとし、「キャラとしてアドリブを返せた時は嬉しかった」(112)と語っている。ウォーリー木下は筆者がおこなったインタビューで、声についての演出は高低や速度以外は役者にお任せだったと述べている(113)。アニメ化（TBS系、二〇一四年―）のあとに上演されたため、筆者を含めオーディエンス／ファンのなかには、アニメの声のイメージを抱いていた人もいたと思われる。しかし、須賀が演じる日向では、現象的肉体と記号的身体の緊張と融合が巧妙になされていた。須賀は、『ライブ・スペクタクルNARUTO―ナルト―』（二〇一五年）我愛羅役で二・五次元舞台を経験する前に、ドラマ『人にやさしく』（フジテレビ系、二〇〇二年）や映画『ALWAYS 三丁目の夕日』（監督：山崎貴、二〇〇五年）の名子役として知名度があるため、その「色」はキャラクターの前景化にはマイナスにはたらくはずである。それにもかかわらず、演劇『ハイキュー!!』の記号的身体の存在感、虚構的身体性の構築はなぜ可能だったのだろうか。

　ほかのキャストの千秋楽のカーテンコールコメントにも、同様の現象が見いだされる。コーチ烏養繫心役・林剛史は、キャプテン澤村大地役・秋沢健太朗に対し「最後の円陣の掛け声は、正にキャプテンだった」と述べている。影山役・木村達成は影山に対する思いを聞かれ、「自分〔自身：引用者注〕が影山なんで」と現象的肉体が前景化するカーテンコール時も記号的身体で応じている。[114]さらにインタビューで田中龍之介役・塩田康平も、田中が自分にしゃべらせている、と記号的身体との融合を語っている。[115]こうした現象的肉体と記号的身体の緊張と融合は、過酷な稽古、キャスト同士でのバレーボール試合など、ほかの二・五次元舞台でもおこなわれている作業から生じたものではある。だが、演劇『ハイキュー!!』の特徴は、木下の「キャラクターが自由に見えるなかで、本当に一〇〇%なりきって演じてたら、絶対できないいんですよ[116]」という言及が示すように、〝身体の不自由さから生まれる〟虚構的身体性である。言葉、映像、音楽を通じての〝身体の不自由〟を作り上げる演出が、どのように虚構的身体性を構築したのか。

　脚本を担当した中屋敷法仁は、「『ハイキュー!!』は、言葉の力が大きい[117]」と述べ、脚本に起こす際の原作の〝言葉〟の重要性を指摘している。言葉《テキスト》には、吹き出しによる台詞、ト書き、モノローグ、そしてオノマトペ（擬音語、擬態語、擬声語）、〝コマ〟も含まれる。原作の言葉を生かした演劇『ハイキュー!!』の台詞として、原作第一話「終わりと始まり」の冒頭に、「『バレーボール（排球）』コート中央のネットを挟んで二チームでボールを打ち合う　ボールを落としてはいけない　もってもいけない　三度のボレーで　攻撃へと〝繋ぐ〟競技である」という定義の文言がある。これを〝頂の景色〟の冒頭オープニング曲に合わせ、キャスト全員で発声する。こうした群唱の導入は、一九八〇年代の小劇場（惑星ピスタチオや第三舞台）に対する木下なりのリスペクトだ[118]ということだが、この群唱によって、バレーボールは〝集団〟で成立する団体球技だということを強調している。ここでも、個々のキャストは〝集団〟に発話速度と滑舌を合わせなければならないという〝不自由〟が要求される。

台詞と同様に重みをもつのが、原作マンガのコマとオノマトペを映像として使用している点である。木下はその制作プロセスについて次のように述べる。

〔原作を：引用者注〕手術みたいに一個一個取り出して、横に並列してばーって並べるんですよ。作業としては。（略）それをもとに役者と一緒に共同作業するんですけど、わりと僕、集団創作が多いんですよ。（略）演出家が立って、右行って、左行ってとかってじゃなくて、俳優さんと一緒に、こういうものがあって、これをじゃあ、セリフで読んでみてほしい、もしくは逆にセリフで読まずに体で表現してほしい、っていうのもやったりとかする集団創作っていうのをやって、（略）その作業のなかで、漫画のコマ割りっていうのが、すごく興味が出てきちゃって、（略）いやこれはこのまま使ったほうが面白いって、あるとき思ったんですよ。（略）要するにリズムなんですって、コマって。（略）じゃ、リズムであれば、演劇もリズムが八割くらいだと思っているので、リズムのなかで音が出てくれれば、ドンって使い方すれば、何か新しいものにならないかなと思ってやってみました。だから、『ハイキュー!!』を舞台化するうえで、あのコマのリズムみたいなものとかデザインというものが、有効に生きるんじゃないかなという判断で、選択したうちの一つです。[119]

マンガではコマの形も描かれた人物たちの感情を表現する。また、スコット・マクラウドによるとコマとコマの間の「溝」のなかで「ある種の魔法がコマの間で働」き、「全然調和しない組み合わせにだって、〔読者：引用者注〕は意味や共鳴を見出」[120]す。演劇『ハイキュー!!』シリーズでは、一つのコマ（枠）に入った原作マンガのキャラクター画がオープニングの人物紹介に使用されているが、興味深いのは中盤でもライブカメラの映像をコマのなかに収めることである。〝頂の景色〟では、青葉城西高校との練習試合で顧問の教師・武田一鉄が持つカメラがコート外で実況中継のようなものをするが、武田は自撮りしながら台詞をしゃべる。武田の顔のズームアップ映像は、舞台正面の壁の台形のコマのなかに映し出され、緊張が表現される。この多角的視点の移動は、演劇『ハイキュー!!』のリズムに緩急を挟むと同時に、オーディエンスがコート外のスタッフの視点に同化し、チームメイトとして日向たちをコート外から眺めるような感覚を与える。また、中学時代に日向が影山が在籍していた北川第一中学校との試合で見せた高速移動ブロード攻撃をした際の影山の台詞「なんで　右に　居《そこ》る!?」[121]も活字映像として流される（図8）。その場面では、舞台正面の壁に投影された四つの台形のコマには、試合観戦していた烏野のメンバーたちのミドルショットが一人ひとり投影される。ここでもコートサイドで日向たちを見る視点が確保される。

〝頂の景色〟の映像マジックは、それだけではない。日向が青葉城西高校との試合中に跳躍をするとき、ほかのキャストが日向／須賀の身体を持ち上げ、天井に向かってあおむけ状態にして回転する。すると背景の体育館の天井の映像が回転し、日向が見る光景と一致する。オーディエンスは日向の「頂の景色」を日向の視線で見ることができるのである。また、映像は舞台正面の壁だけでな

図8　演劇『ハイキュー!!』のワンシーン

く、床にも映し出され、球体のなかに入り込んだように劇場全体がスクリーンと化す。どの席からも異なる景色を見ることができる三六〇度パノラマ的な視点が用意されている。

マンガのオノマトペも、〝動く〟言葉として映像表現される。試合開始ホイッスルの「ピー!」や、スパイク音「ドドッ」、日向のサーブミスで影山の頭に当たる「バチコーン!」という擬態語も映像のなかで文字化されて効果として使用される。ウォーリー木下は、東京ワンピースタワーの「ワンピースライブアトラクション」(二〇一五年—)や、マンガパフォーマンス『W3《ワンダースリー》』(二〇一七—一八年)の演出も手掛けている。「ワンピースライブアトラクション」は、東京タワーに常設されている尾田栄一郎原作のマンガ『ワンピース』(一九九七年—)とそのアニメをベースとした遊技場にある小劇場のライブショーで、アニメの声優の声の演技に合わせ、役者が一切声を発せずに身体だけで表現するものだ。マンガパフォーマンス『W3』は、アニメ化もされた手塚治虫の同名マンガが原作で、舞台では台詞がすべて宇宙語であるため、基本的に役者の演技だけで物語を推測する実験的な舞台だ。こうしたことからも言葉と身体表現への木下のこだわりや、言葉の力と身体の制約のなかではじめて実現する表現に関する哲学的な思索が垣間見える。

言葉、映像、身体を混在させた演出が、オーディエンスを二次元のマンガの世界に誘引する仕掛けになるが、演者にとっては、ライブカメラの映像が画面から見切らないように、また、プロジェクションマッピングした場に正確に立たないといけないなどの〝不自由〟がある。木下は、演劇『ハイキュー!!』を、スポーツをする際の緊張に例えて次のように述べる。

実は〔演劇：引用者注〕『ハイキュー!!』って立ち位置とか、このカウントでここに立つとか、このカウント内でジャンプするとか、一ミリずれたらダメですっていう感じの制限がとても多い舞台で、役者にかかっているストレスは大きくて、まあ、さらに八百屋になるわけだし、本物のボールも出てくるし、そういうふうにしたんですね。それは難しい決まりごとで毎回本番をやることで、つまり、手を抜ける本番にしたくないというか、ちょっとでも気が緩んだら事故るっていうのを全員が認識して〔やってもらっています：引用者注〕……スポーツってそうじゃないですか。(122)

八百屋というのは、傾斜がついた舞台のことで、〝頂の景色〟ではさらに舞台中央に、通常はフラットになっているが、自動制御で傾斜化する丸い形状の八百屋がある。バレーボール部員たちが寄り道する坂ノ下商店の場面では、斜めになったキャストの立ち位置で、キャラクターの関係性や力関係が象徴される。また、別の場面ではバレーボールの球体も表現される。しかし斜めになった舞台では、常に体幹バランスが重要になるため、かなりの鍛錬が要求される。実際、舞台上での試合後のキャストの汗だくの様子は、現実の試合後の選手のそれである。前述したように『ハイキュー!!』はスポーツの部活の物語であり、木下もこの舞台カンパニーを「劇団ハイキュー!!」と呼び、同じ目標を目指すチームと捉える。〝頂の景色〟の稽古の最中、「劇団ハイキュー!!」のロゴ入りTシャツが配られるとキャストたちはチームスピリットを再確認するように身に着けていた(123)。

この緻密に計算された動きには、音楽のリズムが大きく関わっている。演劇『ハイキュー!!』は、演出が決まってからではなく、初めから木下が、音楽担当・和田俊輔、振付担当・左HIDALIのメンバーと共同で打ち合わせをする方式をとっている(124)。和田が「まず、音楽をもとに最初から最後までの道筋みたいなものを決め(125)」、それに合わせて場面ごとに振り付けを決め、また音楽を再調整していくというプロセスを踏むという。音楽は、身体パフォーマンスを方向づけ、キャストの動きの助けになると同時に、身体を制御する役割も果たす。初代日向役・須賀健太は演劇『ハイキュー!!』を振り返り、〝勝者と敗者〟(二〇一七年)の後半の曲を聴くと記憶がよみがえり、つらくて聴けないと述べ、「音楽ってすごいと思ったのは、筋肉がこわばるんですよ(126)」と音楽が身体にもたらす影響を語っている。

このように言葉と映像と身体パフォーマンスを混交させることで、二次元と三次元の間を行き来するような、異次元性(二・五次元)空間が演出される。このような演出によって、記号的身体、つまりキャストによって顕在化されたキャラクターが、二次元のマンガの世界に再び戻っていくような錯覚も生まれるのである。また、さらに音楽によって演出された身体パフォーマンスが〝不自由さ〟を生み出すが、それらの統率された動きによって、キャラクターが実際に練習や試合をし、それぞれが抱えるトラウマをめぐる関係性を描くことで、集団としての現象的肉体群が記号的身体を具現化している。団体競技であるバレーボールと同じく、個々が数秒の狂いもなく動き、映像や音楽と織りなすパフォーマンスが団体《チーム》としてあらわれるという、存在感がある身体群でありながら、ロボットのような機械的な動きにもみえ、その言葉、動き、映像、サウンドで多次元を行き来する限りなく虚構に近い身体性、つまり虚構的身体性を構築しているのである。このように演劇『ハイキュー!!』は、キャストの「色」やアニメの声との相違などが感じられないほど、キャラクターの関係性を含む〝集団〟としての虚構的身体によって、二・五次元空間の創出に成功しているといえるだろう。

図9　『ミュージカル「陰陽師」――平安絵巻』中国公演のキービジュアル　©musical OMJ 2017

［インタビュー］海外での二・五次元舞台の広がり

中国の和風オンラインゲーム『陰陽師』原案による二・五次元舞台が登場した。『ミュージカル「陰陽師」――平安絵巻』(二〇一八年)(図9)、『ミュージカル「陰陽師」——大江山編』(二〇一九—二〇年)である。二〇一六年にサービスが開始されたゲーム『陰陽師』は、日本の陰陽師・安倍晴明や大江山の鬼の首領・酒呑童子など平安時代の妖怪奇譚をモチーフにしたネットイースゲームズ制作のRPGで、CVには日本の声優が起用され、中国語字幕でプレイする。日本でも一七年からサービス開始され、全世界ダウンロード数は二億を超える勢いだ。テレビアニメ化(二〇一八—一九年)もされている。「平安絵巻」は、東京でのプレビュー公演後、本公演を深圳、上海、北京でおこなった。「大江山編」のほうは、上海を皮切りに成都、武漢、広州など中国十四カ所と東京(凱旋公演)で上演された。以下は、一八年四月の主催者ネルケプランニングの子会社である Nelke China 取締役兼中華圏経営責任者・譚軍(タン・グン)氏へのインタビュー取材の様子である。(127)

——御社の沿革、活動について教えてください。

二〇一四年の五月から Nelke China 立ち上げの準備が始まり、九月に中国で会社を設立しました。ネルケプランニングの百パーセントの子会社として Nelke China、中国語で奈爾可(上海)文化発展有限公司という名前です。香港、台湾、マカオ、東南アジアのシンガポール、マレーシアなども含め二・五次元舞台を中華圏で広げることを目指して設立しました。今年(二〇一八年)まで中華圏では基本的に二・五次元ミュージカル、ストレートプレイを含め、百六十回くらいの公演をおこないました。ファンミーティングもやったことがあります。来場人数も二十万人くらいが来ています。『ライブ・スペクタクルNARUTO—ナルト—』シリーズや『ミュージカル「黒執事」——地に燃えるリコリス』などは、中国の大きな都市中心に、上海、北京、広州、香港・マカオ・台湾とマレーシアとシンガポールで上演しました。この三年半くらい中国を中心に活動をして、Nelke China の会員（無料）は約三万人、結構反響もよく、興行収入も安定しています。

——日本の二・五次元舞台を中国、東南アジアで上演する際、日本とは異なることはありましたか？

中国では、例えば長沙という内陸のほうでもともと舞台の文化も少なく、二・五次元物も初めてということで、上海とか北京に比べるとそこまでオープンではないため、現場でいろいろな細かいところは結構苦労しました。シンガポールは、例えばマリーナベイ・サンズの劇場、マカオはベネチアンシアターなど、基本、アメリカのスタンダードでのルールどおりにやれば問題ないですが、ルール自体ないところもありました。例えば、日本ではルールを事前に通知するのですが、マレーシアでは、日本語と現地の英語とマレー語のアナウンスを周到に準備していましたが、いざ開演の直前に、国歌を流さないと上演できないというのです。向こうにとっては当たり前のことなので事前に教えてくれず、ギリギリのタイミングで音響さんと相談して開演五分前にそれを入れました。実際観にくるお客さんも国歌を流したら全員立って歌ったりとか、すごい光景でした。

——『ミュージカル「陰陽師」——平安絵巻』の制作の経緯を教えてください。

ゲーム『陰陽師』が中国でヒットし、このIPを広げるメディアの一つとして、ネットイースゲームズが、舞台の制作を依頼してきました。ゲーム自体がある程度のストーリー、世界観があるので、声優の台詞をいただいて、演出家の毛利さん（演出・脚本・作詞担当の毛利亘宏〔少年社中〕）がそれを舞台用にわかりやすいように工夫して、修正したものをゲーム会社の版元に確認してもらって、何回か調整をしました。衣装やヘアメイク、キャラクターなど、ゲームから飛び出すような世界観を作りたいというのが毛利さんのこだわりなんです。ミュージカルナンバーはオリジナルの歌を入れて、その歌詞の確認や、役者がそれぞれのキャラクターに合っているかどうかというのを版元に確認してもらいました。このように何回かやりとりして決まっていきました。ゲームの二次元の世界観をわかっている人たちにも十分楽しめるように考えているし、一般的な舞台のファンなどゲームをやっていない人にもわかりやすくするように、両方のユーザーに対してのバランスも大切にしています。

――クリエイティブチームには現地スタッフはいらっしゃいますか？

中国のスタッフはクリエイティブチームには入れていないです。日中共同でやっていますが、実際のクリエイティブ面では全部日本のスタッフがやって、毛利さんをはじめ二・五次元の業界のなかで理解できる人を選んでいます。今回特に素材を含め、衣装やヘアメイクは舞台上で動きやすくこだわって作ったり、小道具もサイズ面なども再現しながら、重そうに見える弓や鎌などを動きやすいように軽量化し、かつどのようにして重量感を出すかなど工夫もしました。ゲーム会社版元には一個一個確認してもらって監修を経てから進めているという感じです。ネルケプランニングは長年積み重ねた経験があるので、版元には信頼されて、そこを任されているという感じで、好評をいただいています。

――ファンの反応など、情報はどのように得ていらっしゃいますか？

基本ネット上ですね。公式のＳＮＳの「微博」や「WeChat」でのコメントを見たり、公式のメールアドレスにはファンから意見もよくいただくので、いろいろ参考になっています。「Nelke China」のファンクラブもありますし、コアなファンが何回も観にきていて、ロビーで私たちに直接お話しくださったり。追っかけファンとは顔見知りになっています。数はそれほど多くはないですが、「Nelke China」のファンもいます。舞台のツアーに合わせて、中国だけでなくシンガポールや日本にも追っかけをしているファンもいますね。

――中国人ファンのみなさんのいちばんの要望は？

いろいろな意見がもちろんありますけど、いちばん多いのが、やっぱり中国にもっとたくさん公演に来てほしい、ということですね。上海でやれば上海以外の都市の人たちは北京にも来てくれ、広州にも来てくれ、と。去年はミュージカル『刀剣乱舞』の「真剣乱舞祭」が広州だけでの公演だったので、上海の人たちから、「なんで上海に来ないの？」という意見もいただきました。その要望の理由として、中国でＤＶＤを制作して販売するのが難しい（つまり、劇場でしか観られない）という事情もあります。ＤＶＤ／ＢＤの輸入品パッケージの販売が、申請時間、手続き、税金などの煩雑さがあり実現していません。二・五次元舞台はマーケットとしてはまだ小さいですから。一般的に有名な歌手が中国でリリースするときは十万枚くらいです。それに比べると例えばうちは千枚くらい。それではレコーディング会社やライセンスをもっている会社が相手にしてくれないという現実もあります。

——最後に、二・五次元舞台の今後の中国、アジアでの展開をお聞かせください。

中国での十代から三十代までの若い人たちは日本のマンガ・アニメを見ている人がすごく多いので、影響力は大きいです。若い人たちはいまだに知らない人も多いので、松田さん（ネルケプランニング会長の松田誠）と一緒にいろいろな大学で、「二・五次元ミュージカルとは？」という講義を何回もやりました。そういった地道な努力で、それまで「二・五というのはコスプレショーだろう」と勘違いしていた若い人たちが小さい劇場に足を運び、「これは想像していたようなコスプレショーじゃないな」というのがわかると、それが友達に口コミで広がって、今度は友達を連れて観にくる、というふうに広がりを見せています。特に中国、アジアも含めていろいろな国で今後どんどんこのマーケットは伸びるんじゃないかなと思います。日本の二・五次元舞台の魅力は、万国共通の普遍的な人間本来の感情、つながり、絆が描かれることで、それが感動するし、共感できることだと思います。実際中国もそうですが、マレーシアやシンガポールでの公演で、お客さんがすごい行列で、最後のカーテンコールは総立ちで、拍手を送って歓声を上げます。それに役者さんたちもすごく感動して、初めて行くのにこんなに受け入れられるのかという、役者さんたちとファンとの人間同士のつながりというのもいちばんの魅力かなと思います。

——本日はお忙しいところ、ありがとうございました。

これからますます広がる二・五次元舞台市場。中国では、ブロードウェイミュージカルと同価値のものとして二・五次元舞台が認識され、日本人キャストによる二・五次元舞台こそが〝本物〟だと捉えられている。中国をはじめアジアのファンは、日本以上に二・五次元舞台を評価してくれているのかもしれない。

おわりに

本章では、二・五次元文化の代表格である二・五次元舞台の歴史と具体的な事例を論じた。アニメブームと声優ブームに伴う文化史を通史的にみていくことによって、〝二・五次元〟という言葉がアニメ声優を意味するようになり、その声優の声と身体性によって、二次元キャラクターが現実の世界に立ち現われ、オーディエンス／ファンの間で実在感をもって現象する様子を考察した。特に、一九九〇年代の児童向け演劇・アイドル主演舞台バンダイスーパーミュージカル『聖闘士星矢』や少女マンガ・アニメ原作の舞台『赤ずきんチャチャ』や『姫ちゃんのリボン』などから始まり、ゲームやアニメの声優が自分が声を当てたキャラクター役で演じる〝声優／キャラ舞台〟の『サクラ大戦歌謡ショウ』シリーズやミュージカル『HUNTER×HUNTER』シリーズの成功は、のちにミュージカル『テニスの王子様』で確立するキャラクターの前景化を強調する二・五次元舞台へとつながるものだった。

二次元キャラクター、俳優／キャスト（現象的肉体）、俳優が演じるキャラクター（記号的身体）、素の俳優／キャストは、緊張しあい、融合・混在しあいながら、「虚構的身体性」を獲得していく。事例研究として、『テニミュ』、ネルケ版『セラミュ』、『刀ステ』、演劇『ハイキュー!!』だけを取り上げたが、このようなメカニズムが適用できうるさまざまな舞台作品があり、また、そのメカニズムのオルタナティブを提起するような作品も生まれている。

オーディエンス／ファンは、さまざまな視点で舞台を鑑賞し、またさまざまなコンテンツを横断的に参照しながら、消費、解釈し、楽しむ相互参照的・メディア横断的にナラティブを作り出し（クロスレファレンシャル・トランスメディア・ナラティブ）、「ネタとベタ」の間を行き来しながら、新たな物語を創出していく。そうしたオーディエンス／ファンの消費、解釈、快楽について、次章では、量的・質的調査をふまえながら、詳細を考察する。

注

（1）前掲「日本のミュージカル受容」二三一ページ
（2）前掲『ミュージカル入門』二三二ページ
（3）前掲「演劇プロデューサー 松田誠」一六ページ
（4）前掲「アニメミュージカル」五八ページ
（5）同論文六〇ページ

（6）「親子で感動体験を！ミュージカル、童話、人形劇・・・夏休みの児童演劇アラカルト」「読売新聞」（東京版）一九九一年七月十八日付夕刊、七面

（7）片岡義朗「〝テニミュの産みの親〟片岡義朗にロングインタビュー『カンタレラ2012〜裏切りの毒薬〜』ボカロミュージカルへの想い」「ガジェット通信」二〇一二年三月六日（https://getnews.jp/archives/173076）［二〇二〇年五月一日アクセス］

（8）同ウェブサイト

（9）下川晶子「2・5次元ミュージカル」、前掲『世界のミュージカル・日本のミュージカル』所収、二五八ページ

（10）吉岡史朗「「脱・テニミュ史観」を目指して——『サクラ大戦』に見る2・5次元ミュージカルの新たな可能性」、国際基督教大学アジア文化研究所編「アジア文化研究」第四十四号、国際基督教大学アジア文化研究所、二〇一八年

（11）広井王子「祝『天外魔境』30周年！生みの親・広井王子氏にロングインタビュー。ゲームを革命した『天外魔境』から『サクラ大戦』、そして未来へ……」二〇一九年六月三十日（https://www.famitsu.com/news/201906/30178237.html）［二〇二〇年五月二日アクセス］

（12）「「サクラ大戦はＯＳＫに憧れて」広井王子」「L maga.jp」二〇一九年五月十九日（https://www.lmaga.jp/news/2019/05/67142/）［二〇二〇年五月二日アクセス］

（13）広井王子「インタビュー」、ＤＶＤ『サクラ大戦歌謡ショウ　帝国歌劇団・花組特別公演「愛ゆえに」』マーベラスエンターテイメント、二〇〇〇年

（14）同インタビュー

（15）前掲「〝テニミュの産みの親〟片岡義朗にロングインタビュー『カンタレラ2012〜裏切りの毒薬

〜』ボカロミュージカルへの想い」

(16) 前掲「「脱・テニミュ史観」を目指して」一五一ページ

(17) ゲームユーザーに女性が増えるのは、ゲーム『戦国BASARA』(カプコン、二〇〇五年)の頃からである。このユーザーデモグラフィックは、舞台のオーディエンス層にも影響を与える(詳細は後述)。

(18) 神崎すみれ(富沢美智恵)〝引退〟後の『サクラ大戦 帝国歌劇団・花組スーパー歌謡ショウ「新編八犬伝」』(作・演出・総合プロデューサー:広井王子、青山劇場、二〇〇二年)には、頭部だけの光武が舞台に現れる。『サクラ大戦 スーパー歌謡ショウ「新・青い鳥」』(新宿厚生年金会館、二〇〇五年)には静止した光武一機が現れるが、ともに戦闘シーンはない。

(19) 第二回からはハンドマイクは使用していない。

(20) 前掲『サクラ大戦歌謡ショウ 帝国歌劇団・花組特別公演「愛ゆえに」』

(21) さやわか「美少女とメカが混交するアニメ的世界観の原点」、「特集 80年代★日本のアート――よみがえれ!未来にかけた越境者たちの挑戦」「美術手帖」二〇一九年六月号、美術出版社、七三ページ

(22) 前掲「祝『天外魔境』30周年!生みの親・広井王子氏にロングインタビュー。ゲームを革命した『天外魔境』から『サクラ大戦』、そして未来へ……」

(23) 永島直樹「インタビュー」、前掲『サクラ大戦歌謡ショウ 帝国歌劇団・花組特別公演「愛ゆえに」』

(24) 「広井王子さん「サクラ大戦には望郷の想いがあるんです」サクラ大戦20周年記念 20年目の太正浪漫〜帝劇スタアインタビュウ〜第2回」「Animate Times」二〇一六年九月二十三日(https://www.animatetimes.com/news/details.php?id=1474631999)[二〇二〇年五月二日アクセス]

(25)前掲「「脱・テニミュ史観」を目指して」一五〇ページ
(26)最終公演『サクラ大戦帝国歌劇団・花組歌謡ショウファイナル公演「新・愛ゆえに」』(青山劇場、二〇〇六年)のカーテンコールで初めてキャラクターではなく、俳優名で挨拶した。
(27)前掲「祝『天外魔境』30周年!生みの親・広井王子氏にロングインタビュー。ゲームを革命した『天外魔境』から『サクラ大戦』、そして未来へ……」
(28)茅野イサム「演出家 茅野イサム」、前掲『2・5次元のトップランナーたち』所収、八三ページ
(29)前掲「アニメミュージカル」六三ページ
(30)「ミュージカル「HUNTER×HUNTER」」マーベラス公式ウェブサイト「MARVELOUS!」(https://www.marv.jp/titles/st/770/)［二〇二〇年五月五日アクセス］
(31)再演は、「ミュージカル HUNTER×HUNTER de ja-ve in summer」というタイトルである。
(32)前掲「アニメキャラクターにおけるボイス・アイデンティティとその表現」二四ページ
(33)同論文三九ページ
(34)舞台『黒子のバスケ』は、藤巻忠俊による同名マンガ(二〇〇九―一四年)が原作。アニメ化(二〇一二―一四年)、アニメーション映画(二〇一七年)ほか、ノベライズ、ゲームなどメディアミックスが展開している。
(35)『王室教師ハイネ』は、赤井ヒガサによる同名マンガ(二〇一三年―)が原作。テレビアニメ化(テレビ東京ほか、二〇一七年)、アニメ映画化(監督:菊池カツヤ、二〇一九年)もされている。アニメのエンディングに、声優がキャラクターのコスチュームを着て踊る実写部分が挿入された。
(36)『どろろ』は、手塚治虫の同名マンガ(一九六七―六九年)が原作。二〇一九年のアニメ版で、舞台でも同じ役を演じた俳優鈴木拡樹が主役・百鬼丸を担当した。

(37)片岡義朗「アニメミュージカルの生みの親&「テニミュ」立役者 片岡義朗インタビューinニコニコミュージカル」「オトメコンティニュー」第三号、太田出版、二〇一〇年、八一―九一ページ
(38)松田誠「日本2・5次元ミュージカル協会代表理事松田誠インタビュー」「ダ・ヴィンチ」二〇一六年三月号、KADOKAWA、六一ページ
(39)前掲「演劇プロデューサー 松田誠」一五ページ
(40)前掲「新!2・5次元俳優あるあるをやってみた【声優さんに…?】」
(41)前掲「オールテニプリスペシャル対談②松田誠×許斐剛」一一七ページ
(42)同対談一一七ページ
(43)上島雪夫「オリジナル演出/脚色 上島雪夫」、前掲『テニプリパーティ』所収、一二二ページ
(44)上島雪夫「光と音とダンスでマンガを舞台に変換する」、前掲「美術手帖」二〇一六年七月号、三〇ページ
(45)前掲「新!2・5次元俳優あるあるをやってみた【声優さんに…?】」
(46)前掲『パフォーマンスの美学』、前掲『演劇学へのいざない』
(47)三ツ矢雄二「作詞 三ツ矢雄二」、前掲『テニプリパーティ』所収、一二三ページ
(48)エリカ・フィッシャー=リヒテ「センス(意味)とセンセイション(感覚)――演劇の記号的次元とパフォーマティヴな次元の相互作用」、毛利三彌編『演劇論の変貌――今日の演劇をどうとらえるか』(叢書「演劇論の現在」)所収、論創社、二〇〇七年、六五ページ
(49)同論文六六―六七ページ
(50)前掲「2・5次元ミュージカル」二六六ページ
(51)前掲『キャラがリアルになるとき』一三一ページ

(52)〝女子〟が、観客のジェンダーと一致するとはかぎらない。男性観客でも〝女子〟の視点に立つこともできる。

(53)西原麻里「同人誌と雑誌創刊ブーム、そして「ボーイズラブ」ジャンルへ――1980年代～90年代」、堀あきこ／守如子編『ＢＬの教科書――ボーイズラブを研究する！』所収、有斐閣、二〇二〇年、四二ページ

(54)藤本由香里「少年愛・JUNE／やおい・ＢＬ――それぞれの呼称の成立と展開」、同書所収、一〇ページ

(55)芝田隆広／平山ゆりの「発行部数300万部の「週刊少年ジャンプ」を支える熱い女子」「日経エンタテインメント！」二〇一二年十一月五日（https://style.nikkei.com/article/DGXNASFK31007_R31C12A0000000）［二〇二〇年五月十五日アクセス］

(56)ＪＴＢ総合研究所「平成28年度「ホール・劇場等に係る調査・分析」報告書」二〇一七年、一五ページ（https://www.seikatubunka.metro.tokyo.lg.jp/bunka/bunka_seisaku/houshin_torikumi/files/0000000938/houkokusho.pdf）［二〇二〇年五月十日アクセス］

(57)前掲「アニメミュージカル」六八ページ

(58)宮野真守「ミュージカル『テニスの王子様』1ｓｔシーズン不動峰石田鉄役宮野真守」、前掲『テニプリパーティ』所収、一二四―一二五ページ

(59)前掲「新！2・5次元俳優あるあるをやってみた【声優さんに…？】」

(60)本書では、男性同士の恋愛関係（ＢＬ、やおい）を描く作品やその関係を妄想して楽しむことが好きな女性を「腐女子」、二次元男性キャラクターと自分、もしくは自分を投影したアバターとの恋愛物語を嗜好する女性を「夢女子」、夢女子の要素をもちながらも、母親が息子を見守るようにやや俯

瞰して成長するのを楽しむ女性を「夢母」と定義して使用する。しかし、これらは嗜好の名称でもあるため、腐女子と夢女子、夢女子と夢母など、二つ以上の嗜好を同時にもつことも可能である。また、主体のジェンダーは「女子」でなくとも可能である。

(61) 新型コロナウイルス感染拡大により中止になった『綺伝 いくさ世の徒花』改め、科白劇として二〇二〇年に上演された『改変 いくさ世の徒花の記憶』では、初めて女性キャラクター・細川ガラシャが登場。元宝塚歌劇団男役の七海ひろきが演じた。

(62) 前掲「光と音とダンスでマンガを舞台に変換する」二六―二七ページ

(63) 前掲「演劇プロデューサー 松田誠」一九ページ

(64) Lu Zihui, "Idolized Popular Performance: Musical The Prince of Tennis and Japanese 2.5-dimensional Theatre," *Popular Entertainment Studies*, 10(1-2), pp. 9-10.

(65) 西兼志『アイドル/メディア論講義』東京大学出版会、二〇一七年、二九ページ

(66) 同書三〇ページ

(67) 前掲「アニメミュージカル」七一ページ

(68) 須川亜紀子「オーディエンス、ファン論(ファンダム)――2・5次元化するファンの文化実践」、前掲『アニメ研究入門[応用編]』所収、一三六ページ

(69)「ミュージカル『テニスの王子様』15周年特別企画! 歴代公演の動画配信が決定!」「ミュージカル『テニスの王子様』『新テニスの王子様』公式サイト」二〇一八年八月三日(https://www.tennimu.com/news/d842)[二〇二〇年五月十一日アクセス]

(70) キャラクターとしての影ナレは、『サクラ大戦歌謡ショウ』シリーズでも導入されていた。物語と同じく「本日は大帝国劇場にお越しいただき、誠にありがとうございました」というアナウンスと、

キャラクター同士の寸劇が含まれていた。
(71) 前掲「平成28年度「ホール・劇場等に係る調査・分析」報告書」一四ページ
(72) 前掲「演劇プロデューサー 松田誠」一八ページ
(73) ガチャガチャブロマイドという「カプセルトイ用の小型自動販売機でブロマイドの番号を販売し、番号とブロマイドを交換する射幸性のあるランダム販売商品」もある（前掲『ライブエンターテイメントへの回帰』二〇八ページ）。
(74) 前掲「オーディエンス、ファン論（ファンダム）」一三七ページ
(75) 「不二会」、前掲『テニプリパーティ』所収、七二―七八ページ
(76) 前掲「不二会」七六ページ
(77) 前掲「演劇プロデューサー 松田誠」一二五ページ
(78) 「恋がしたくなるミュージカル！〝新生セラミュ―〟座談会」『ミュージカル美少女戦士セーラームーン――Petite Étrangère』パンフレット、二八ページ
(79) 百田夏菜子は赤、玉井詩織は黄、佐々木彩夏はピンク、高城れには紫である。
(80) 前掲『アイドル／メディア論講義』一五一ページ
(81) 前掲『宝塚・やおい、愛の読み替え』九〇ページ
(82) 同書一八ページ
(83) 同書一八ページ
(84) 須川亜紀子「歴女と歴史コンテンツツーリズム――日本史を旅する女性たちと〝ポップ〟スピリチュアリズム」、吉光正絵／池田太臣／西原麻里編著『ポスト〈カワイイ〉の文化社会学――女子たちの「新たな楽しみ」を探る』（叢書現代社会のフロンティア）所収、ミネルヴァ書房、二〇一七年、

一八二ページ
(85) 山村高淑『アニメ・マンガで地域振興――まちのファンを生むコンテンツツーリズム開発法』東京法令出版、二〇一一年、一〇一―一〇二ページ
(86) 前掲「歴女と歴史コンテンツツーリズム」一八五ページ
(87) 同論文一七一ページ
(88) 須川亜紀子「コンテンツツーリズムとジェンダー」、岡本健編著『コンテンツツーリズム研究――アニメ・マンガ・ゲームと観光・文化・社会 増補改訂版』所収、福村出版、二〇一九年、六〇ページ
(89) DMM Games「刀剣乱舞―ONLINE―」公式ウェブサイト(http://games.dmm.com/detail/tohken/)［二〇二〇年五月十六日アクセス］
(90) 桑原水菜「舞台『炎の蜃気楼 昭和編』キャスト&詳細発表」「Mizuna info」二〇一四年五月二十四日(http://mizuna.info/view/903)［二〇二〇年六月一日アクセス］
(91) 前掲「歴女と歴史コンテンツツーリズム」一七六―一七七ページ
(92) 同論文一七一ページ
(93) 福原直樹/座間隆司/永田陽子「『戦国鍋TV』制作陣インタビュー(前編) 全世代に刺さるものはなくても「面白さ」を追求した、『戦国鍋TV』の強さ」「サイゾーウーマン」二〇一二年四月二十一日(https://www.cyzowoman.com/2012/04/post_5695_1.html)［二〇二〇年六月一日アクセス］
(94) 東浩紀『動物化するポストモダン――オタクから見た日本社会』(講談社現代新書)、講談社、二〇〇一年、九一ページ
(95) 二〇二〇年八月から『戦国鍋TV――なんとなく歴史が学べる映像』(テレビ神奈川ほか、二〇一

〇—一二年）を引き継ぐ『戦国炒飯TV——なんとなく歴史が学べる映像』（テレビ神奈川ほか）が放映開始され、新「ミュージックトゥナイト」には二・五次元俳優、特撮ヒーロー俳優も多数出演している。

(96) 九作目の『綺伝 いくさ世の徒花』は新型コロナウイルス感染拡大によって中止になって、二〇二〇年八月にしぐさと台詞だけの演劇『科白劇 舞台『刀剣乱舞／灯』綺伝 いくさ世の徒花 改変 いくさ世の徒花の記憶』として上演。十作目は、舞台『刀剣乱舞 大坂の陣』（夏の陣・冬の陣）二〇二一年一月から上演予定。

(97) DVD『密着ドキュメンタリー 舞台「刀剣乱舞」悲伝結いの目の不如帰 ディレクターズカット篇』マーベラス、二〇一八年。末満健一インタビューから。

(98) 同映像資料。荒牧慶彦インタビューから。

(99) 末満健一『戯曲 舞台『刀剣乱舞』虚伝燃ゆる本能寺』ニトロプラス、二〇一八年、一六六ページ

(100) 前掲「2・5次元という表現の場で『刀剣乱舞』の物語をつむぐ」六二ページ

(101) 前掲『戯曲 舞台『刀剣乱舞』虚伝燃ゆる本能寺』六三ページ

(102) 同書四四ページ

(103) 同書一〇六ページ

(104) 前掲「2・5次元という表現の場で『刀剣乱舞』の物語をつむぐ」六二ページ

(105) 前掲『密着ドキュメンタリー 舞台「刀剣乱舞」悲伝結いの目の不如帰 ディレクターズカット篇』、荒牧慶彦と末満健一のインタビューから。

(106) 末満健一『戯曲 舞台『刀剣乱舞』——悲伝 結いの目の不如帰』ニトロプラス、二〇一九年、五〇ページ

(107) 同書二〇四―二〇六ページ
(108) 前掲『密着ドキュメンタリー 舞台「刀剣乱舞」悲伝結いの目の不如帰 ディレクターズカット篇』、荒牧慶彦インタビューから。
(109) 鈴木拡樹「刀剣として、付喪神として、見えない心を表現する」、前掲「美術手帖」二〇一六年七月号、五八ページ
(110) 初演(無印)と再演(〝頂の景色〟)は別タイトルとしてカウント。二〇二〇年『最強の挑戦者《チャレンジャー》』は新型コロナウイルス感染拡大の影響で、東京公演以降の公演が中止になった。
(111) ハイパープロジェクション演劇『ハイキュー!!』オフィシャルウェブサイト(https://engeki-haikyu.com/introduction.html)[二〇二〇年七月三十日アクセス]
(112) 須賀健太インタビュー、DVD『ハイパープロジェクション演劇『ハイキュー!!』Documentary of 〝頂の景色〟』東宝、二〇一八年
(113) 前掲「第3回 事例2 作り手とファンの交差する視線の先」
(114) 木村達成インタビュー、前掲『ハイパープロジェクション演劇『ハイキュー!!』Documentary of 〝頂の景色〟』
(115) 塩田康平インタビュー、同映像資料
(116) ウォーリー木下インタビュー、前掲「第3回 事例2 作り手とファンの交差する視線の先」
(117) 中屋敷法仁インタビュー、前掲『ハイパープロジェクション演劇『ハイキュー!!』Documentary of 〝頂の景色〟』所収
(118) 上田麻由子「2・5次元、僕らの新しいスポーツ ハイパープロジェクション演劇『ハイキュー!!』」、前掲「美術手帖」二〇一六年七月号、九三ページ

(119) 前掲「第3回 事例2 作り手とファンの交差する視線の先」
(120) スコット・マクラウド、小田切博監修『マンガ学――マンガによるマンガのためのマンガ理論 完全新訳版』椎名ゆかり訳、復刊ドットコム、二〇二〇年、八一ページ
(121) 古館春一『ハイキュー!!』第一巻、集英社、二〇一二年、四四ページ
(122) 前掲「第3回 事例2 作り手とファンの交差する視線の先」
(123) 前掲『ハイパープロジェクション演劇『ハイキュー!!』Documentary of 〝頂の景色〟』
(124) 和田俊輔「作曲・編曲家 和田俊輔」、前掲『2・5次元のトップランナーたち』所収、一〇四、一〇六ページ
(125) 同インタビュー一〇五ページ
(126) 須賀健太トーク「わだしゅんの音楽室」「シアターコンプレックス」二〇二〇年八月四日（https://theater-complex.jp/movie/detail/690）［二〇二〇年八月五日アクセス］
(127) 本インタビューはＪＳＰＳ科研費「「2・5次元文化」における参加型文化による嗜好共同体構築に関する研究」（課題番号：17K18459、研究代表者：須川亜紀子）の助成を受け、筆者と田中東子先生が二〇一八年におこなった。

［謝辞］ご多忙中にもかかわらず、私たちの取材に快く応じてくださった譚社長と通訳をしてくださった黄輝氏、スタッフの方々にこの場をお借りして厚くお礼を申し上げます。

第4章 二・五次元舞台ファンと「嗜好の共同体」としてのファンダム

はじめに

メディアの発達とファンのコミュニケーション形態を研究したヘンリー・ジェンキンスは、一九九二年の著書 *Textual Poachers* で、六〇年代からのテレビというメディアの普及に伴って出現したファンダム（ファンの共同体）を、単なる受動的な消費者の集団ではなく「商業エンタメテキストから素材を抽出し、独自の創造的文化の基盤として翻案しリミックスするクリエイティブなコミュニティ」(1)と捉えた。また、ファン同士が二次創作を通じて横のつながりを形成（ネットワーク化）する積極的な生産消費者《プロシューマー》の文化実践を、「参加型文化」と呼んだ。現在では、デジタル技術、インターネット、SNSの発達によって、その概念はより拡大した意味を内包し、ファンたちの積極的な参加・関与は、メディアミックスの一翼を担っているといっても過言ではない。実際、二・五次元舞台では、ゲネプロ（本番直前の最終リハーサル）にファンを招待し、ファンによる「ゲネプロレポート」をウェブ上に掲載したり、観劇アンケートの結果を積極的に反映したり、ファンイベントを開催したり、日常生活についての情報を含めてSNSでキャストがファンに発信したり、ファンの二次創作や話題を制作者側が作品に取り込んだりと、ファンへ／からのはたらきかけは不可欠である。海外でも映画『ロード・オブ・ザ・リング』（監督：ピーター・ジャクソン、二〇〇一―〇三年）の大ヒットは、監督が積極的にファンの意見を採用したことも一因だったと報告されている。[2]

日本でも参加型文化の歴史は長いが、ネット（特にSNS）の普及やハイブリッド・リアリティ状況を背景に、二〇〇〇年代からそれは即時性を伴って急速に発達し、常態化している。そうした参加型文化は、どのジャンルでもみられる現象だが、二・五次元舞台ファンを論じるうえで重要なのが、マンガ、アニメ、ゲーム関連ファンの「オタク性」である。トマス・ラマールは、特にマンガ、アニメ、ゲームのディープなファン＝「オタク」について、一般化して次のように述べている。

ファンは自分たち自身の「アマチュア作品」（同人誌のような）を生産するだけではない。製品を収集し、分類し、クラブを結成し、会合を開き、コンベンションに出席し、キャラクターと同じ扮装をし（コスチュームプレイもしくはコスプレ）、批評や評論を発表し、オープンソースデータベースを作り出すといった活動を行いもするのだ。さらに国の枠を超えた文脈では、アニメや映画や連続テレビ番組のファンサブ（ファンによってつけられた字幕）、あるいはマンガやライトノベルのスキャンレーションを（スキャンしたものの翻訳）を作ったりもする。[3]

「オタク」の表記（オタク、おたく、ヲタク、OTAKUほか）や定義も多様であり、ラマールのようにマンガ、アニメ、ゲームのディープなファンという狭義のオタクから、SFやフィギュアなども含むサブカルチャーに耽溺する人々、[4]逸脱者としてラベリングする〝機能〟として捉えたもの、[5]時代によって変容するレッテルとしてのオタクなど多岐にわたる。[6]しかし、「オタク性」「オタク的」と表記する際の性質《クオリティー》についてはある程度共通した特徴が指摘されている。例えば、岡田斗司夫によると「現代のオタク」は高い「情報収集能力と価値判断力」[7]を有する。吉本たいまつは、「オタク」という用語の生成以前からある「フィクションの物語に強いリアリティを感じる、関連する領域も調べていく、集まって話をして楽しむ、大きなイベントを開いて楽しむ、作品を自自分たちなりに読み替えて楽しむ」行為を「おたく的楽しみ方」[8]と呼んでいる。吉澤夏子も、オタクは「想像力を駆使して虚構の世界をまさに「虚構として」徹底的に享受」し楽しむ、つまり「欲望が満たされることの快楽」[9]をもつ、と説明する。今井信治は、二〇〇八年の秋葉原無差別殺傷事件の犯人の分析で、ネタの理解が「「一般人」と「逸般人」を分ける分水嶺」であり、その〝オタク〟の犯人は「ネタを共有できる他者」を求めて「自己承認欲求の一歩手前に当たるべき、集団への帰属を希求」[10]した、と今井は論じている。前述の「オタク」研究は主に男性オタクに関するものであることに留意が必要だが、吉澤ら女性のオタクに関する研究も増加してきている。[11]男性オタクを中心に論じられてきた「オタク性」の特徴の一部は、女性の二・五次元舞台ファンにも通底するところがある。[12]

二・五次元舞台ファンは多層的であり、きっかけがマンガ、アニメ、ゲームである以外に、アイドルや演劇が好きで、二・五次元舞台ファンになる人もいる。「ある対象にハマる」ことを「沼に落ちる」と呼ぶことから、「〜沼」（例：二・五次元俳優沼）と称してその対象領域を明示することもある。こうした「沼に落ちた」二・五次元舞台ファンには、「オタク性」をもつ人が多く、彼女／彼らの深い愛情や共感力、高い情報収集・処理能力、創造力、想像／妄想力、行動力、購買力、協働性によって、二・五次元舞台は支えられている。関連情報をいち早く収集し（例えば、新作舞台の情報や配役、キャストのつぶやきなど）、SNSなどで不特定多数に拡散し、舞台上のキャスト（俳優）の身体にキャラクターを幻視した感動体験や日替わりネタなどを、休憩中や終演後にいち早く情報発信し、パッケージ（DVD／BD）を複数枚購入し、前章でもふれたトレーディングを通じて、交流するファンもいる。それ以外にも「Twitter」や「Instagram」、「pixiv」上には無数の二次創作があふれ、共通の嗜好をもつファン同士がネットワーク化している。このように、共通の嗜好で結ばれた「嗜好の共同体（community of preferences）」[13]で、ファンたちはチケット獲得で共闘し、ともに「遠征」（舞台の地方・海外公演を追う）し、「上映会」（自宅やホテルなどでファン同士がDVD／BD鑑賞をする）をおこなうのである。

本章では、まずファンとファンダムの先行研究を考察し、「オタク性」を含めた二・五次元舞台ファンダム（特に女性ファン）の特徴を論じる。次に、二・五次元舞台の日本と海外のファンたちの量的・質的調査の分析を通じて、二・五次元文化の生態系《エコロジー》を考察する。

1 「嗜好の共同体」としてのファンダムの可能性と課題

二〇〇〇年代以降RPGゲームを実体験できるアトラクション「マギクエスト」（二〇〇五年オープン）の欧米のファンの共同体を、ポール・ブースは「ハイブリッドファンダム」と呼んだ。マギクエストファンたちは「オフラインとオンラインの間、ファンダムの遊びと企業文化の真面目さの間での相互作用」(14)を楽しむと述べ、まさに「ネタとベタ」を行き来するファンの様子について論じている。こうした「現実」と「虚構」、アナログとデジタル、ネタとベタが混交した世界を楽しむことは、第1章で述べたように、私たちが存在する「現実世界」、マンガ、アニメ、ゲームなどの「虚構世界」、ネット上の「サイバー世界」を行き来する文化実践に通底する。この三つの世界は便宜上異なった名称になっているが、その境界があいまいであることは、先述したとおりである。ローリー・モリモトとバーサ・チンは、ベネディクト・アンダーソンが一九八三年に唱えた「想像の共同体（imagined communities）」を援用し、「地理的距離、文化、国家を超えた共同体」(15)としての英語圏のファンとファンダムの捉え方に同意しながら、その内部で展開されるジェンダー、人種、エスニシティ、経済格差、宗教などの多様なバックグラウンドの差異による邂逅、衝突、共有への視座の必要性を説く(16)。オンライン上のファンダムは、「コンタクトゾーン（ファンの接触の場）」(17)として機能し、親和性や類似性によって集ったファンが文化や国境を超えた共同体で体験する多様性や複雑性を内包している。日本のファンダムについても、水上文が特に「女オタク」の推しへの消費行動に対し、推しへの愛と表象された「感じのいい消費者」と肯定されることによる規範への迎合と、その結果生じる分断の可能性について論じている。[18]

また、研究者とファンの関係性も変化してきている。研究者がポピュラー文化（特に、SF、マンガ、アニメ、ゲーム）のファンと隔たりがあり、異質な他者としてファンを語る言説に異を唱えたヘンリー・ジェンキンスや、ジェンキンスを批判しつつ補填したマット・ヒルズは、自らもファン（fan）であり、学術的研究者（academia/scholar）である fan-aca または aca-fan としての立場を明示し、ファン研究をおこなった。[19]この流れは、欧米の論壇だけでなく、fan-aca/aca-fan としてアイデンティティを明示する日本の研究者たちによる「オタク」研究にもみられる。筆者の立場も、fan-aca/aca-fan であり、この立場は質的調査（フォーカスグループ討論、個別インタビュー）で、ラポールや同朋意識の形成では非常に重要である。同時に aca-fan だからこそ、インタビューイーとの一定の距離の維持に自覚的であるように努めた。

趣味、趣味縁、アニメ・マンガファンダム

趣味（hobby, taste）で結ばれたファンダム、もしくは共同体に関して、浅野智彦はロバート・パットナムの議論をベースに、異質な人々をつなげる趣味の効果を考察している。浅野は、「趣味が共通点として前景化することによって、逆に生活環境の異質さが相対化され、交流の敷居が下がる」こと、「趣味を通しての関係は、集団の外でのさまざまな上下関係を無効にする力をもっている[20]」と述べる。出自、人種、エスニシティ、ジェンダー、伝統的な共同体や役割、学歴、社会的地位、家庭環境、未婚・既婚、子どもの有無など個人に紐づけられた属性から解放されることは容易ではないが、片岡栄美によると「文化に関わる個人的価値の創出が重要」であると私たちが気づき始めたのは、一九九〇年代後半以降だという[21]。それはハイブリッド・リアリティ状況の幕開けと同時期であり、ネット、SNS、映像技術の発展がそれを促進させたことは間違いないだろう。

それでは、趣味領域のなかでマンガ、アニメ、ゲーム、二・五次元舞台などと、ほかの領域との相違は何だろうか。北田暁大は、マンガ、アニメ、小説、ファッション、音楽鑑賞の趣味選択と「趣味一般について友達と話をする」偏相関係に関する調査で、ほかの趣味に比べ、「アニメという趣味選択が、趣味を媒介とした友人関係(趣味縁)に高い効果をもつ[22]」と結論づけている。特にアニメに関して、音楽鑑賞などの「①他の趣味と比して趣味としての自律性が高い(趣味選択の自律性)と同時に、②趣味を共有していることと友人関係の連関が密接(濃い趣味共同性[23])」だとしている。つまり、アニメを趣味と認識し、選択するというのは、音楽鑑賞などの趣味を認識し、選択するよりも少ないために、強い意識をもって認識し選択することなので「一定程度のコミットメントを含意して[24]」いて、そのため趣味縁の共同体を形成しやすいという。特にアニメ・マンガ受容をジェンダー別におこなった調査で北田は、「とくに女性の場合、アニメ、マンガへのコミットメントそのものよりも、二次創作志向という受容様式へのかかわりがむしろ同趣味友人志向と強い関連がある[25]」と結論づけている。ここで北田は、東園子が宝塚やおいの女性ファン(腐女子)の分析で提唱した「相関図消費」や「妄想の共同体[26]」を引いているが、実際は腐女子のなかにも多様性やクラスター（集団、群れ）があり、また女性のマンガ、アニメ、ゲーム、二・五次元舞台ファンのなかには腐女子だけでなく、〝夢女子〟〝夢母〟〝（母・父）親〟目線など多様な見方があるということを看過してはならない(27)。

しかしながら、女性ファンには、東浩紀のデータベース消費のように表層的イメージの組み合わせを楽しみながらも、キャラクターが背負う無数の物語と関係性を読み取って解釈し、妄想し、共有し共感する快楽をもつ傾向があることは、北田の調査によっても析出されている。二・五次元舞台では、そこに俳優の身体がさらに加わり、物語や関係性の組み合わせが増殖するのである。團康晃によるマンガ読者に対するジェンダー別の調査でも、女性は男性よりも、マンガを読む個人的行為と同時にマンガ・アニメ専門店に行くという共同行為にも相関関係が強く、マンガをきっかけにできた友達についても同じことがいえ、女性にとってマンガを読むことが「友人ネットワーク形成の資源になる傾向(28)」にあると分析している。単純な二項対立には留意しながらも、筆者の調査でも女性の二・五次元舞台ファンにとって「好き、推す」は、他者とその感情を分かち合うことを希求し、ネットワークの拡大に直結する傾向があった。二・五次元舞台ファンダムは、国内だけでなく海外の日本のアニメ、マンガファンをベースにして、国際的な広がりをみせている。日本語を主に使ったファンダムと、海外（英語使用）のファンダムには、微妙な差異も見受けられるが、その分析に入る前に、次項では〝嗜好〟の意味と共同体の機能について詳述したい。

〝ハッシュタグ・コネクション〟と「弱いつながり」

筆者は、あえて趣味（taste, hobby）や趣味縁という用語を避けて、複数形の「嗜好(preferences)」を選択している。嗜好（preference〔s〕）とは、「(他のモノ、人と比べてもつ）より多くの欲望、好み」という意味で、taste（「味、食べ物、衣服などの好きなもの」）やhobby（「自由時間などに行う好きなこと」[29]）と比べて柔軟性がある。本能やセンスに直結した好み（趣味）ではなく、嗜好はそのときどきで「好き」と思う瞬間があること、または、ほかと比べて「惹かれる」こと、さらに、嗜好の共同体の選択の際にも同種のほかのファンダムと比べて「合う、合わない」という点を強調できる。実際、嗜好の対象や内容が変化する（推しが変わる、夢女子から腐女子目線に変わるなど）ことは多々あるが、それによって所属していた共同体を抜け、別の共同体へ移動することも比較的容易である。

ネットを通じたサイバー世界の「友人」について、富田英典は「実はごく自然に会話をしていても、いつでもリセットできる関係、安全地帯に身を置き、傷付かなくても済む距離をおいた「親しい」関係を成立させている」[30]と述べる。富田は、こうした「匿名性」を担保したうえでの「メディアの上だけで親しくする他者」のことを「インティメイト・ストレンジャー」[31]と呼称する。富田が言及する「メディア」は、特にパソコン通信やダイヤルQ2などだが、「YouTube」「ニコニコ動画」「Twitter」「Instagram」「Facebook」「pixiv」、海外では「Tumblr（タンブラー）」や「ウェイボー」などSNS上でのインティメイト・ストレンジャーにも適用できるだろう。「匿名性」によって「いつでも関係を切断[32]」できる自由があることが、SNSでのコミュニケーションを加速させている。二・五次元舞台ファンの場合、オフラインで会うことやともに観劇することもしばしばあるが、お互いハンドルネームで呼び合い、本名や職業、住所さえお互いに知らないことがよくある。実際に会うような交流があっても、インティメイト・ストレンジャー（親密な他者）なのである。

こうしたインティメイト・ストレンジャー同士のつながりは、「弱いつながり」である。偶然の出会い＝「弱い絆」からチャンスを得、転職した人のほうが満足度が高いことを論じたマーク・グラノヴェッターの論文“The Strength of Weak Ties”[33]を援用した東浩紀は、「ネットは階級を固定する道具[34]」であり、「強い絆をどんどん強くするメディア[35]」なので、偶然出会う面倒な関係からチャンスが生まれることは少なく、面倒だと思ったらブロックやミュートができるため、あえてネットから脱却し身体を移動して環境を変え、ノイズを紛れ込ませ、「弱いつながり」を希求する機会を作るべきだと論じている。確かに、「Twitter」のハッシュタグによる検索では、ピンポイントにほしい情報や同じ嗜好の他者にたどり着く。逆に、他者に発信する際、例えば#テニミュ、#○○（俳優名）などとタグ付けすれば、たやすく同じ嗜好の他者に発見してもらえる。また、見たくない・見られたくない情報は「検索除け」すれば、回避できる。こうした同じ対象嗜好をもち閉塞的な関係性のファンダムは、情報が得られやすい半面、ヒエラルキーも生じやすい。推しのために払った金額の額（お布施）を示唆する無数のチケットの半券や山積みされた推しのグッズ（祭壇）の写真を掲載する行為は、ともすると自己顕示にみえる。だが、記録や記念のための「自己満足」と称するファンも多く、推しへの愛＝自己表現の一環でもある。

しかし、「#本人不在の誕生日会」「#隠しきれないオタク」など、検索ハッシュタグを〝固有名詞〟から〝行為〟に変えれば、同じ嗜好の他ジャンルの他者とつながることもできる。同ジャンルのヒエラルキーで格付けされるのは避けたいが、ジャンル混交の同じ嗜好の共同体のなかでは、称賛を得られて心地いい空間となる。こうしたつながりや絆を筆者は「ハッシュタグ・コネクション」と呼びたい。東浩紀がいうようにネットは強い絆をより強化する方向（閉塞性）にも作用するが、弱いつながり（開放性）の創成を導きもする。そこには「オタク性」と「スティグマによる被傷性」が関係していると思われる。

今井信治は、オタクは「過度に外界と関わることは自身らが傷付くことにつながるため、彼らが自閉——個人の殻に閉じこもるのではなく、部族単位での自閉——へと進む[36]」としている。そうした被傷性は、マンガ、アニメ、ゲームにのめり込む「オタク」という社会的スティグマ、もしくは成人になってもそこから卒業しないことの後ろめたさから生じている場合が多い。筆者の調査でも、二・五次元舞台ファンを友人、同僚、親に公言している人は非常に少なく、隠すか、聞かれるまで積極的には開示しない人が大半だった。こうしたスティグマや劣等感、他者による自分の嗜好の理解不可能性への諦観という感覚は、嗜好の共同体内で好き（推し）を肯定しあうことで自己肯定につながり、ひいては高い互助性を導いていた。その実態を明らかにするため、まず量的調査で二・五次元文化全体の傾向を概観する。次に、質的調査による個々のファンの経験の分析を試みる。

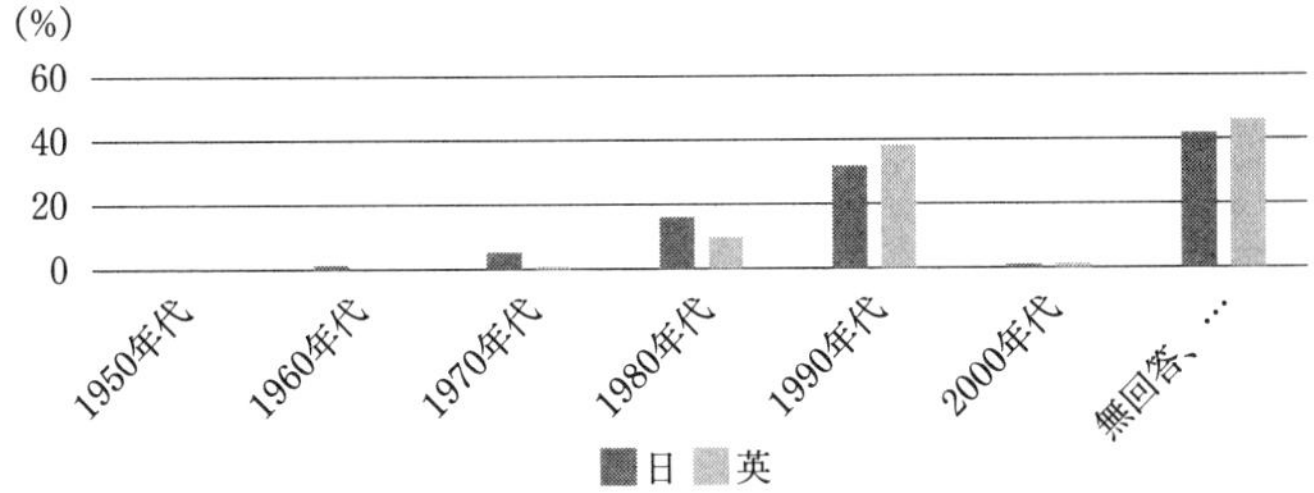

図10　生年別

2　量的調査

筆者の研究グループは、二〇一七年九月から二〇年八月までオンラインアンケートサイト「サーベイモンキー」上で、日本語、英語、中国語、韓国語での二・五次元文化に関するアンケートをおこなった。二・五次元文化という用語の認識、参与経験、コミュニケーション形態、二・五次元に起因する友人関係について、十の質問を設定した。「〝二・五次元〟と聞いて連想するもの」には、アニメ、マンガ、コスプレ、ＡＲ、ＶＲ、声優／キャラコンサートなどの回答があったが、ほぼ全員が二・五次元舞台をあげていた。拡散方法は、筆者のウェブサイト、各メンバーの個人ＳＮＳ、そして知人へのメールなどによるスノーボール方式である。ＳＮＳ上の多くの匿名ユーザーも積極的に拡散に協力してくれた（この調査自体が自分たちへ興味をもってくれた証しだと感謝する海外のファンからのメールも来た）。

有効回答数は、日本語二百五十八、英語四百七十七、中国語五十、韓国語三である。中国語版と韓国語版の回答数は日英に比べて少ないため、本章では日英版を中心にし、中国語版を参考として分析する。年齢については、日・英・中とも一九九〇年代生まれが最も多かった（回答当時十代後半―二十代）。これらの人々は十代の頃に「YouTube」や「Twitter」に親しみ、日本のアニメやゲームで育った世代である。ジェンダーに関しては、日英とも女性が多かったが、「その他」の回答で、男女に当てはまらない、無ジェンダー、中間、どちらでもないなど、性に対して何らかの違和感をもつ人も少数ながら見受けられた（図10、図11を参照）。

居住地（国籍）について、日本語版は日本（ほかに中国一人、イタリア一人）、中国語版は中国が最も多かったが、英語版は、シンガポール八十一人、アメリカ三十九人、インドネシア三十四人が上位を占めた。英語版の回答者はアジアからが最も多く、次いで北アメリカ、ヨーロッパ、南アメリカの順だが、中東、アフリカからの回答はない。これは二・五次元文化がそれほど浸透していないことも考えられるが、使用するプラットフォームの違いが一因と思われる。日本語版、英語版とも情報収集やコミュニケーションに最も使用する媒体についての回答には「Twitter」があがっていたが、英語版は「Tumblr」も上位を占めた。中国語版では、「ウェイボー」が一位である。

そのほかの結果は、表1のとおりである。

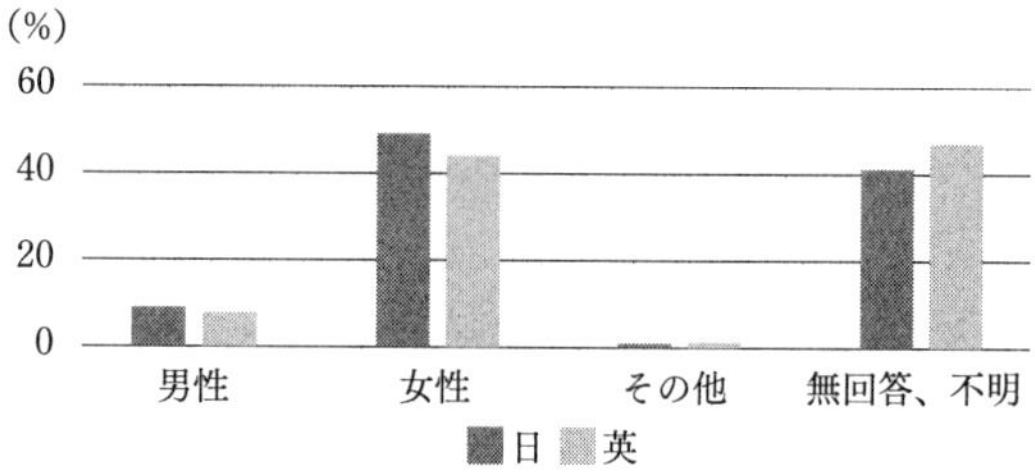

図11　ジェンダー

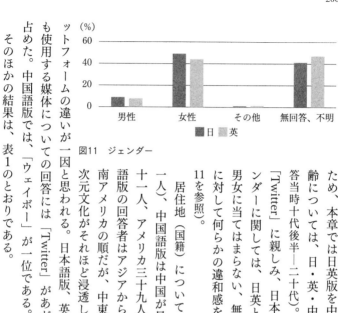

表1　2.5次元文化に興味をもったきっかけ（選択式・複数回答）

	日	英	中（参考）
原作（アニメ、マンガ、ゲームなど）が好き	1位	1位	3位
キャラクターが好き	3位	2位	2位
出演者（俳優、声優など）が好き	2位	3位	1位

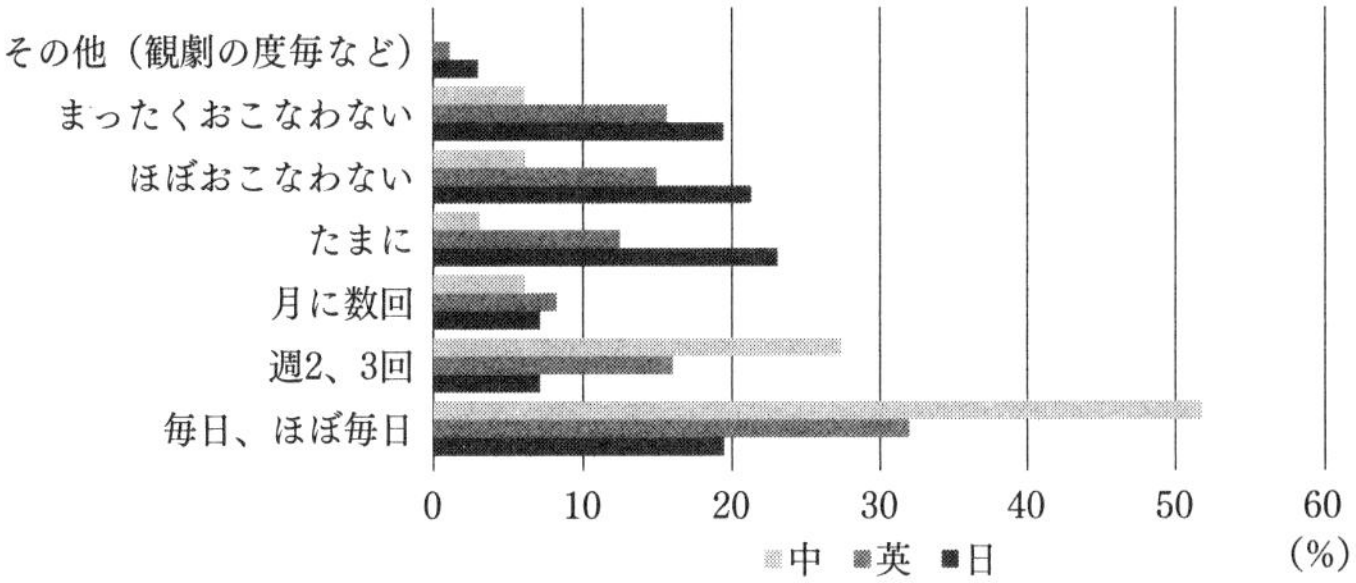

図12　ほかのファンとのコミュニケーション頻度

日・英版では、原作ファンが最も多かったのに比べ、中国版では出演者ファンが上位だった。これは、日本の俳優や声優をアイドルとして認識し、俳優や声優のビジュアルなどを契機に興味をもった結果だと思われる。

ほかのファンとのコミュニケーション頻度については、日・英・中とも「毎日、ほぼ毎日」が上位だったが、日本語版では「たまに」（二三％）が「毎日、ほぼ毎日」（一九％）をわずかに上回った。

二・五次元を通じて知り合った友人・知人（「弱いつながり」）のインティメイト・ストレンジャー）との活動について、日本版では、一位「SNSでのやりとり」、二位「観劇やイベントを共にする」、三位「上映会」「食事・お茶をする」、四位「チケットの相互協力」となった。二位と三位は物理的な接触を伴う活動であり、SNS上での付き合いが、観劇やイベントに関係なく食事やお茶をするコミュニケーションに発展している。「チケット相互協力」とは、入手困難な作品のチケット抽選に、複数のアカウントを借りて最大枚数申し込む必要性や、キャンセル不可な余剰チケットのトレードに必要な協働の必要性からのものである。これは、嗜好の共同体のなかでの連帯を促している。

英語版では、一位は同じだが、二位「上映会」、三位「観劇やイベントを共にする」である。観劇やイベントで会うのが下位にくるのは、海外では二・五次元舞台公演やイベント開催数が少ないことが起因している。英語版で興味深いのは、〝プライベート劇場〟（貸しスタジオのようなもの）を借りて、上映会、コスプレなど、独自の楽しみ方をしているファンが数人みられたことだ。また、舞台DVD／BDの英語への「翻訳」をし、日本語がわからないファンや二・五次元舞台を知らない人へ啓蒙活動をおこなっているのも海外の嗜好の共同体の特徴である。また「グッズやチケットの代理購入」など、海外ファンと日本在住ファンとが交流している結果が析出された。

3　質的調査

次に、量的調査で把握できた全体像をベースに、質的調査で個々の経験を詳細に探り、ファンの二・五次元舞台の受容、消費、実践のあり方を明らかにする。筆者がおこなった女性ファンのフォーカスグループ討論（二〇一六年、テニミュファン）と日本人と外国人ファンへの個別インタビュー

（二〇一九―二〇年）をいくつかの共通項目でコード化し、分析を試みる。

フォーカスグループ討論――『テニミュ』の女性ファン

＊参加者の情報は、（生年／国籍／居住地）と記す。
参加者：A、B、C、D（一九九〇年代前半／日本／東京）、E（一九九〇年代後半／カナダ／東京）
場所：新宿ルノアール　十三時―十五時、使用言語：日本語
実施時期：二〇一六年三月
募集方法：A、Eは筆者が劇場で知り合い、参加を依頼した。C、Dは筆者の知人の知人であり、BはDの知人というスノーボール方式で依頼した。

①二・五次元舞台体験のきっかけ

二〇一六年当時、彼女たちは二十代前半（Eさんだけ二十代後半）だった。A、B、C、Dさんは、高校生時代に二・五次元舞台を「ニコニコ動画」の『テニミュ』の「空耳」動画を見たことが、二・五次元舞台に関心をもつきっかけだった。

B：劇団四季（のミュージカル）をよく観にいってましたが、「空耳」がはやっていて面白かったので、〝お笑い〟を観にいく感覚で〔劇場に：引用者注〕行ってみたら面白くてハマった。

D：原作が好きだったけど、田舎に住んでたのでひたすら「空耳」見て、舞台に興味もって、

情報を追ってた。大学を関東にしたのは、本物〔の舞台：引用者注〕を観たいっていうのもあった。

いずれも二〇一〇年初頭に動画投稿サイトで『テニミュ』の「空耳」動画と出会い、ファンがツッコミを入れる面白さ（参加の余地）が入り口になっていたことがわかる。当時母国カナダに住んでいたEさんは、日本の友人が『テニミュ』のDVDを貸してくれたのがきっかけだったという。

E：最初観たとき、「何これ？」と思って笑った。そのうち、一年生三人トリオ(37)がかわいくてファンになって……でも本物は〔母国では：引用者注〕観れないから、日本に行ってみてハマって、もっと観たいので仕事探して（笑）。

Eさんは『テニミュ』が好きなあまり、東京に移住までしている。原作マンガやアニメのファンで、動画投稿サイトやDVD（映像）が契機だったことは、一九九〇年代生まれの世代に共通する二・五次元体験である。しかし、彼女たちの受容・消費方法は異なっていた。

②受容・消費の仕方

・キャスト志向ハコ推し、（夢）母視線

C：〔DVDの：引用者注〕バックステージを見て、〔推しが：引用者注〕いじめられているのがカワイイと思った。

E：一年生トリオが元気でかわいい。でもあまり人気がないから応援したい。

推しはいるものの、みんなでワイワイ楽しそうにいる姿を眺めることの快楽が見受けられる。キャラクターを背負ったキャストと「私」の関係性のほかに、「私」が排除された「チーム男子」を眺める目線もあり、「仲がいいことに癒やされる」（Cさん）というようにハコ推しもしているという。Eさんはほかのキャラクターやキャストに比べて人気がないために、〝母親〟として子どもを応援するような視線で一年生三人トリオを見ている。

・キャスト志向腐女子視線

D：もう原作読んだときからカップリングしていたんで、舞台でも気に入った子見つけると、〔オペラグラスで：引用者注〕毛穴まで見ます（笑）。キャラクターを追って観にきたけど、ほかの子が気になって追っちゃったり。舞台で戯れていると、勝手にカップリングしちゃったり。

Dさんは「推しキャラクターの（BL的関係の）相手は誰がふさわしいか」という腐女子視点が、推しキャラクターを演じる俳優の現象的肉体が前景化する瞬間に、「推しキャストの相手は誰がふさわしいか」にシフトすることがあるという。だが、あくまでキャラクターを切り離さない範囲での妄想であるため、推しキャストがほかのストレートプレイに出演しても、そちらを追うことはしないという。これは、「推しキャストができたことで、その人が出演するほかの演劇も観にいくようになり、趣味が広がった」（Cさん）という、キャラクターから切り離されたキャストをアイドルの追っかけのように消費するやり方とは異なる。

・キャラクター志向夢女子視線

（キャストの私生活も知りたいというほかの参加者の発言を受けて）A：私、それダメ。キャラクターとして見たい。キャラクターのイメージと違ってたら嫌〔だから：引用者注〕。

Aさんはキャストが前景化するのを好まない。Aさんのなかで常に前景化しているのはスキャンダルも加齢もないキャラクターである。こうした視線は、演じるキャストが変わっても、キャラクターイメージから逸脱しなければ代替わりをすんなり受け入れられる素地になる。

③「嗜好の共同体」経験

ほかのファンとの交流については、次のような証言が得られた。

D：同担拒否がないので、一人で劇場に行っても、キャラの人形やグッズを持っている人を見ると話しかけられるし、仲良くなれる。

A：テニミュのファンクラブだと、一度も話したことなくても、だいたい劇場で会うから自然と顔見知りになれたりする。同じ列になったりすると、また会いましたねって感じで挨拶したり。

同担拒否とは、同じ担当（＝推し）であるファンとの交流を拒否するという行為である。アイドルのファンダムでよくみられるものだが、後述するように、二・五次元舞台では逆に〝同担歓迎〟による交流の事例は多い。キャラの人形、グッズ、イメージカラーなど「推し」を示唆する記号を身に着けることでその嗜好がほかのファンから認識でき、同じ嗜好の人に話しかける契機になっている。またペンライト（キンブレ）の色で推しキャラ／キャストがわかるので、特に自分と同じ人気がないキャラ／キャストの推しを見つけると、「話しかけてみたくなる」（Aさん）という事例も多い。

E：海外の友達に『テニミュ』を薦めてるから、日本に観光に来たときは〔劇場に：引用者注〕連れていく。日本語わからないけど、〔英訳の：引用者注〕マンガ読んで知ってるから大丈夫。(38)

D：高校の同じクラスに『テニミュ』ファンがいたので、東京来るときは一緒に観たり。

Eさんは伝道師のように『テニミュ』のすばらしさをSNSを通じて英語で発信している。(39) 海外のファンのためにチケットやグッズの代理購入をすることもあるという。こうした『テニミュ』という同じ嗜好の共同体で、互助の精神は非常に強く、インティメイト・ストレンジャーの「弱いつながり」の強さも検出できる。ライターのおーちようこも『刀ミュ』の中国公演に関する情報を見ず知らずの現地の日本人ファンが自発的に調査して報告してくれたという自らの体験を語っている(40)ように、互助が十全に機能している共同体だといえるだろう。

日本人ファンへの個別インタビュー

＊参加者の情報は、（生年／ジェンダー／居住地）と記す。FはFemale（女性）、MはMale（男性）の略。

募集方法：二〇一七―一九年におこなったウェブアンケートで取材OKの回答者へ連絡。

参加者：F（一九九四年／F／東京）、G（一九九四年／ノンバイナリー／大阪）、H（一九九五年／F／群馬）、I（一九七七年／F／岡山）、J（一九八五年／違和感があるF／兵庫）、K（不明／F／東京）

インタビュー実施時期：二〇一九年十一―十二月

インタビュー方法：都内の喫茶店で対面インタビュー（F、G、H、I）、メールによる応答（J、K）

①二・五次元舞台体験のきっかけ

二〇一六年のフォーカスグループ参加者と同じく、二・五次元舞台を知ったきっかけは、原作やアニメ（F、G、J、K）、「空耳」動画（F）、舞台ウェブサイト（J、K）、ライブビューイング（G）だったが、新たな事例は友人からの誘いやゲーム（G、H、I）がきっかけだと回答した人がいたことである。二・五次元舞台を一二年以降に体験した人は、すでに『テニミュ』など二・五次元舞台数の増加に伴ってファン数の増加もみられ、友人から誘われて沼に落ちた事例が多い。

H：友達が『うたプリ』(41)のすごいファンで、誘われてコンサートにまず行って。（略）その後『あんスタ』にハマってて、『あんステ』(42)きっかけで小松準弥くんを〔観に：引用者注〕、一時期舞台を結構観にいってました。

I：最初に観た舞台が『聖闘士星矢』のミュージカルなんですよ。中高の同級生が「観にいきたいから一緒に行こう」って。チケットの手配もしてくれて。そのあと、サンシャイン劇場で二・五次元舞台、『戦国鍋』〔TV：引用者注〕の舞台をやったときがあって、たまたまチケット安く手に入って観にいったり。

G：最初ゲームから入っているので「ミュージカルって何?」みたいな。「加州清光像(43)が壊れるからやめて」ぐらいに思って〔ライビュを：引用者注〕観にいったら、めっちゃいいんじゃない?、って。

Hさんは「普通の」アニメ好きで、アニメ聖地巡礼（コンテンツツーリズム）をしばしばおこなっているという。日常的にぬい撮り（好きなキャラクターのぬいぐるみを入れて写真を撮る）もしていて、マンガ、アニメ原作、二・五次元舞台、ツーリズム、グッズ収集など広域な文化実践をおこなっていた。もともと音楽が好きで、『あんステ』をきっかけに二・五次元舞台を観にいくようになった。Iさんも「弟がいるからアニメを一緒に見てるくらい」のファンだったが、熱烈なファンである友人に誘われて、二・五次元舞台体験をしている。その後、宝塚ファンの友人に誘われて『ベルサイユのばら』を鑑賞し、宝塚ファンになった一方、友人に誘われた『テニミュ』や『戦国鍋TV』のイベントなどを観にいっている。Gさんは、二〇一五年に始めた「Twitter」で当時話題になっていた『刀剣乱舞―ONLINE―』で加州清光を本丸の近侍に選んだことがきっかけで、すっかり加州清光沼に落ちたという。「誘った友人」は、〝嗜好を共有する〟ことが、〝同行する〟という行為に直接結び付いている。次に、受容・消費の仕方を詳細に検討する。

②受容・消費の仕方

・キャラクター／キャスト志向ハコ推し夢女子／腐女子／母親視線

Jさんはマンガ・アニメ『テニスの王子様』の不二周助ファンで、メディアミックスを追うなかで『テニミュ』の初代不二役Kimeru（現KIMERU）のファンになった。

J：〔Kimeruさんは：引用者注〕キャラクターと同じように小柄で中性的な容姿をしており、またアニメ『テニスの王子様』の主題歌アーティストであることから歌唱力もあり、それらが気に入りました。のちにミュージカル出演俳優間の人間関係がメディアを通じて語られるようになり、その仲の良さが楽しく、『テニミュ』にはまり込んでいきました。

記号的身体が現象的肉体と融合し、どちらも前景化して楽しんでいた様子がわかる。また、キャスト同士の仲の良さが魅力の「チーム男子」として楽しむこともあり、楽しみ方の多層性が析出された。また、Ｊさんは『テニミュ』ファンの見方と、同じ舞台をリピート観劇する動機について詳細に語ってくれた。

Ｊ：〔舞台で試合の応援中のアドリブに：引用者注〕演者によるキャラクターの解釈が現れます。『テニミュ』のファンアートに親しんでいる観客は「ほかの人のキャラ解釈」というものに強い興味があるように思います。演者は「キャラクター本人」とみなされながらも、「キャラクターを解釈する」という意味ではファンと同じ「キャラクターを見る者」であり、そのため「このキャラクターにいちばん近い、演者の彼はこのキャラをどう見ているか」が注目されます。また、アドリブではキャラクター同士の関係を見せるようなものが特に注目されます。簡単にいえば、チームメイトを応援しながら隣になっている者同士会話するとか、肩を組むといった、ごくささいなことも含まれます。これは、前述のとおり観客の大部分はファンアートを好み、そのなかには多分にＢＬ要素が含まれていることと関係します。観客にはそれぞれ「特に好きなキャラクターの組み合わせ」があり、そこが少しでも「絡む」ことを期待して同じ作品を何度も観るんです。

原作では直接的に描かれていないものも含めて、キャストを通じてキャラクター同士の関係、キャラクターを超えたキャスト同士の関係が見え隠れするのを楽しむのが、ファンの消費方法の一つであることがわかる。同じくアニメ『テニスの王子様』のエンディングを歌うKimeruファンだったKさんは、アニメのファンサイトを運営したこともある積極的なファン活動から『テニミュ』を知ったという。

K：Kimeruさんが不二先輩役でミュージカルに出演されると知って初演の初日と千秋楽のチケットを取って、初日を観終わったあとに中日の行ける日のチケットを劇場で購入したのはいい思い出です。

Jさんと同じくアニメファンだったKさんは、歌手としてKimeruを知り、彼の不二役としてのすばらしさもあり『テニミュ』ファンになったという。Kさんはどちらかというとキャスト志向が強く、『テニミュ』に出演していたキャストが出演するほかの舞台にも足を運んでいる。

腐女子視線、特定のキャラクター／キャストへの夢女子視線、そして成長を見守る（夢）母視線といった複合的な視点が確保できるのが二・五次元舞台の特徴の一つであることがわかる。

・キャスト志向腐女子視線

そうした複合的見方をするファンがいる一方で、夢女子（夢母）とは相容れない腐女子のファンもいる。いわゆる「同担拒否」（同じ推しを応援するほかのファンを拒否すること）のあり方は、Ｆさんの場合、担推し（推しキャスト）とカプ推し（推しカップリング）では異なるという。カップリングとは、男性同士の関係を恋愛関係に見立て、「二者間の関係性を「攻・受」という形に定式化する」(44)ものである。

Ｆ：担推しとカプ推しは違うんです。だいたい担推しがカプ推しの右にくるので問題ないんですけど、夢系の人たちとは合わない。例えば、「〇〇が好き」まではいいけど、「〇〇と私」と言い始める夢女子とは合わないので、基本的に同担拒否してます。

一貫して腐女子視線のＦさんは、なるべく夢女子的視線の言説を避けているという。同じカプ推しの人とは話すが、キャラクターが同じでもカプの関係が異なる人は避けて予防線を張る。こうした態度は、嗜好の共同体のなかのクラスターを生じさせやすく、少しでも嗜好が合わなければすぐ離脱することにつながるが、「いやだったらすぐ抜けられる気軽さがいい」とＦさんは言う。

・キャラクター／キャスト志向ハコ推し夢母視線

Gさんはゲーム『刀剣乱舞―ONLINE―』で加州清光沼に落ち、『刀ミュ』で佐藤流司が加州を演じていたため、佐藤のファンにもなったという。加州のグッズもすべて購入し、一回の公演で二、三万円費やすという。第3章で論じたように『刀剣乱舞』はメディアミックス作品が多く、Gさんはメディア横断的に加州／佐藤を応援している。『刀ミュ』の地方公演やパリ公演にも遠征したそうだ。ただし、パリ公演は、もともとヨーロッパへの興味が先んじていて、「『刀ミュ』が後押ししてくれた」という。Gさんにとって推しをもつことは、Gさん自身の希望・欲望（漠然としたやりたいこと）を顕在化する機能をもち、さらにその実現への動機づけになっている。

（筆者：推しのグッズ以外にも買っていますか？）

G：ハコ推し、つまり全員が好きで、そのなかでもいちばんが加州清光というだけで嫌いな子がいないので、どうしてもほしいものがあって交換に出す以外は、ずっと持っています。ライブのときに私が座った横一列全部、加州清光推しだったんですよ。（略）ということはここみんな真っ赤[45]だから絶対彼〔加州／佐藤：引用者注〕気づいてくれるよ、みんな頑張ろう！みたいな雰囲気で。ファンサ〔ービス[46]：引用者注〕流れたらいいなって。

Gさんによると同担拒否はほぼないという。「ファンサもらえた子にはねたましく思わずに、うらやましいとは思うけど「もらえてよかったね」って声かける感じな人が多いです」と、良好なファン関係を語ってくれた。また、キャラクターが前景化しているため、キャストの熱烈なファンよりも冷静に見ている面があるという。

G：キャストを追うタイプがアイドルファンに近いと思うんですけど、キャラクターを追っているとあまり「私だけのモノ」というふうにはならないです。

複合的な視線をもちながらも、キャラクターが前景化する場合は所有欲に直接的に接合しないことは興味深い。ただ、キャストに不祥事が報じられると、ファンがそのキャストが演じていたキャラクター名で不祥事を語る場合もあり、「キャラクターに迷惑」というふうに、Gさんはキャストとキャラクターが不可分であるとも認識している。

③「嗜好の共同体」経験

前述のGさんは、観劇仲間を「Twitter」で募集し、同じ推しのファンと一緒にチケットを取り、劇場で会い、そのまま友人関係になっている。そうした嗜好の共同体の例は枚挙にいとまがない。

H：『テニミュ』で上海に行ったとき、席が悪くてその場にいた人たちと〔不満を共有することで：引用者注〕意気投合したり。日本で会うと挨拶したり。（略）一緒に上海行った友達は、舞台『帝一の國』の観劇日がかぶって、「じゃあご飯行こう」ってなって、それ以来仲良くなったんです。

J：DVD出るとまたみんなで感想を言い合って、ここのアングルがいいとか、あのアドリブが収録されなかったとか。そして次の公演が発表されると、ファン同士「いつ行こうか」「何回見ようか」といった話題で盛り上がります。キャスト変更があればそれも大きな話題になります。チケット購入を手伝い合ったり。

K：ファンサイトで〔Kimeru さんに：引用者注〕お花を贈ろうと企画し、お祝い花を贈り参加者のお名前・コメント入りのブックをご本人にお渡ししました。初演でお花が贈られたキャストさんがほぼその方だけだったそうでとても喜んでもらえました。

G：普段から〔加州清光を：引用者注〕すごい好きってアピールしているので、自力でチケット取れなかったら、「協力するよ」っていろんな人に言ってもらえて、金土日月、四公演確保しました。

ファン同士が意見交換するのはSNS上が主だが、人気舞台のチケットは抽選制で一人一枚から三枚など希望枚数が制限されていることが多い。必ず入手するためには多くのアカウントで抽選申し込みをする必要があり、当選したら分配する互助がしばしばおこなわれている。当選しすぎて余剰チケットがあれば、トレーディングに出し、また出会いの場が生まれる。Kさんのように、同じ推しに共同で贈り物をすることもあり、そうした行為が連帯感を生成している。

嗜好の共同体でのインティメイト・ストレンジャーの心地よさについても多くの共通した意見が得られた。

H：〔ある舞台で知り合った友人とは：引用者注〕たまたま年齢が一緒なんですけど、全然普段の住んでる環境が違うので、へんに飾らなくて、普段の生活をお互い知らないからこそ、愚痴とかも言えるし、「Twitter」で好き勝手つぶやいているのもみられているから、全然気を使わなくてすむ。

I：職場で近しい人は〔私の趣味：引用者注〕知っているけど、趣味が同じ人と話すと「雑音」なしでずっと話せるからいい。

G：同僚とは仕事の話しかしない。二・五次元の友達とはオタクな話ができて、語りたいことがありすぎて。

F：〔仕事関係の人に：引用者注〕自分の趣味とか聞かれれば答えるんですけど、いろいろ偏見ありすぎて世間一般では変な趣味だと思われてるみたいで……。

Iさんがいう「雑音」とは、コンテキストを共有していないために生じる説明や、偏見に基づく言葉のことである。面倒な前置きを抜きにして、推しや舞台の話ができるこうした嗜好の共同体は、ユートピア的な場ではある。しかし、トラブルがないわけではない。例えば、チケット抽選の協力で、当選券を「流す」こと（＝キャンセル行為）がアカウントを貸した協力者から批判されたり、同じ推し同士の間で、観劇回数やグッズの購入額を明言して優位に立とうとする行為（＝マウンティング）をされる（もしくはそう受け取られる）こともある。その際は、「Twitter」アカウントを

「放置」したり、ゆるやかにファンダムから撤退するという。

海外ファンへの個別インタビュー

＊参加者の情報は、（生年／ジェンダー／国籍・居住地）と記す。
募集方法：二〇一七―一九年におこなったウェブアンケートで取材OKの回答者へ連絡。
参加者：L（一九九六年／F／中国）、M（一九九九年／F／シンガポール）、N（一九九〇年／F／マレーシア）、O（一九九四年／F／インドネシア）、P（一九九五年／F／インドネシア）、Q（一九九四年／F／アメリカ）、R（一九九九年／M／アメリカ）、S（一九九五年／F／アメリカ）、T（一九八七年／F／ドイツ）
インタビュー方法：チャットによるインタビュー（L、O、P、Q、R、S、T）、オンライン会議（「Zoom」）によるインタビュー（M、N）
使用言語：英語

海外のファンは、二・五次元舞台の劇場での観劇機会が非常に少ないため、二・五次元舞台を知ったきっかけとして、すべての参加者がDVDや配信で見たのが初めてだと答えた。特に、日本のアニメ、マンガ文化とアイドル文化が若者に深く浸透しているアジアのファンは、あらゆるメディアから情報を得ているようだ。海外では一般的に日本のAnime、Comics（マンガ）、Games（ACG）文化[47]を受容・消費するファンを限定的にOTAKUと呼び、コレクション欲や購買力が高い

「オタク性」が特徴とされている。(48)日本で使用されるような「〇〇OTAKU」という対象物に対する熱狂的なファンという言い方はしない。また、特に欧米ではアメコミを除くACGの類いは、「子どもの消費物」で「低級文化」であるため、子どもではない二次元愛好者は「変だ」という社会的スティグマが与えられる傾向にある。日本人参加者と同じように、親世代や周りの友人たちの無理解・偏見が指摘されているが、海外の参加者の場合はより深刻なことが多い。しかし、二・五次元舞台は俳優が介在するために、事情が異なっている。この項では、英語圏での二・五次元舞台の受容、消費と嗜好の共同体との関係性を主に考察する。

P：家族や友達は自分が知らないもののことを「変」だと思うかもしれない。『iDOLISH7』(49)のコンサートのDVDを見てたら、母が「男なのになんでこんなキラキラしたコスチュームなの？」と聞いてきて、母にとっては普通じゃないんだなって思った。(50)

Q：こういう世界を知らない人たちは、「変」だとか、こういう会話は「不快」だとか思うようなことでも、ファンと〔二・五次元の：引用者注〕話を自由に話せるのはとてもいい。

R：母はアニメ好きな自分を見て恥ずかしかったようだけど、現実の〔『ラブライブ！』：引用者注〕コンサートに行って人間に興味が移ったことで安心したようだった。その後ゲーム好きな親友から聞いて『刀剣乱舞』の舞台のことを知った。

S：アメリカ人は商品としての舞台に注目するから、二・五次元舞台みたいに俳優に注目するものは受け入れられないかも。マンガ、アニメは子どものもので「現実」じゃないから。

Rさんは男性であり、嗜好対象がアニメなどの二次元ではなく、現実の人間(三次元)であることが社会的スティグマの緩和につながっている。親世代の認識では、現実の女性への興味と男性性が不可分に連動していることもわかる。こうした社会的スティグマは、自分の嗜好が肯定される嗜好の共同体の構築と強化につながっている。

L：以前私はまったく外出せず、見知らぬ人とあまりおしゃべりをしないような社交不安が強くて、社会人になってもまだ緊張しやすいです。でも劇場で出会った人とは話しやすい。日本でもたくさん親切な人に会いました。

M：日本に行ったときは、『刀剣乱舞』のチケットをSNSで知り合った日本人の友達に取ってもらって一緒に観ました。シンガポールでは二・五次元ファンとDVDを家で一緒に観ています。日本語があまりわからない人には翻訳してあげてます。DVDには英語字幕がないので、台詞を翻訳してSNSにアップしたりもしてます。

N：佐藤流司ファンなので、彼のニュース、歌、ツイートを翻訳してアップしてる。できるだけ多くの人に流司を知ってもらいたいから。(略)二・五次元舞台を知ってよかったのは、外国の友人が増えたこと。日本やタイに行ってSNSで知り合った人と会ったけど、英語なので出身、本名、性別、年齢を明かさないですむし、聞かれないし、聞かない。

O：学校の友達は自分と似た境遇の友達ばかりだけど、「オンラインの嗜好の共同体では：引用者注〕年齢、家庭環境、仕事が違う人とも知り合える。グッズ購入も手助けしてもらえるし、お互い助け合ってる。

P：学校の友人とは宿題とか学校関係での話題だけだけど、同じような趣味だと、それについてもっと話せるしイベントも一緒に行く。「変」だと思われる趣味でも〔嗜好の共同体では：引用者注〕歓迎されるし、友達もたくさんできた。

T：日本にいたときもそうだったけど、ドイツでも「Tumblr」で知り合ったファンと家でホームパーティーして〔二・五次元舞台の：引用者注〕DVDを月一回観る。そういう友達は仕事場や学生時代の友達とは違う。

一人称（私、僕、自分など）によるジェンダーの有徴化や、敬語の使い方で話者の年齢差や関係性が推察可能な日本語に対し、英語はそうした差異をある程度考慮せず会話を進めることができる。英語圏ファンダムは、Lさんのように、推しができたことで性格や生活態度が変化したり、二・五次元舞台ファンを通じて「世界が広がり、広い視野をもてるようになった」（Mさん、Nさん、Oさん）というように、若者の思考・行動様式にも変化を与えている。外国人は日本語が流暢でない場合、日本人とのコミュニケーションが困難になりがちだが、同じ嗜好という点でノンバーバルもしくは非常に簡素化した言語でのコミュニケーションが成立するのである。日本ではチケット抽選制が互助を助長しているが、海外ではチケット購入よりも日本へ遠征に行く人にグッズ購入を依頼することや、DVDの共同購入、翻訳の依頼などによる互助が多く見受けられた。

同担拒否がないことに関しては「二・五次元舞台はまだ成熟していない分野だから、他者に知ってほしいという気持ちが先んじてるかも」（Nさん）という意見があり、嗜好の共同体はユートピア的な面が強調される。しかし、海外ファンはトラブルについても言及があった。

S：西洋のファンダムは、アンチが気に入らない人にいやがらせする。友達も私もいやなコメントもらった。西洋だと、好き嫌いをはっきり言うから。
O：日本に行く人に先にお金を渡してグッズを頼むけど、ある人はそのまま行方不明になって、結局逮捕された。
Q：自分はトラブルになったことはないけど、『刀ミュ』と『刀ステ』どちらがいいかみたいな議論しているのを見るのはいやなので、避けてる。二・五次元舞台DVDの海賊版作って売ってる人もいるけど、ファン同士注意する。
M：シンガポールでは佐藤流司の悪口をSNSに書いてきたり、劇場で俳優の気を引こうとしたりしている人がいたけど、すぐ避けた。
T：彼女バレした俳優について、彼のプライベートだから関係ない、ってコメントしたら、彼の日本のファンから脅迫メールが届いた。海外ファンからも嫌われた。

自分が傷つかないように、合わない共同体からすぐに離脱できる自由さが嗜好の共同体にはあるが、特に英語圏ではSさんがいうようにオンライン上で議論になり、いやがらせが発生するケースもある。それは日本でも皆無ではないが、日本人参加者はみんな危険を察知してすぐに離脱する対応をとっていた。こうした負の側面も存在するが、外国人参加者にとって二・五次元舞台との出会いが、日本語習得や日本文化への興味などの文化・教育面、日本へのインバウンド（留学、就職）などの経済面で効果を生んでいるだけでなく、推しという嗜好によって新しいコミュニケーションが生じ、思考・行動様式に変化をもたらしている。

おわりに

総じて、二・五次元舞台は受容・消費の方法において複合的な視線をもつことが可能であり、またチケットやグッズ購入という互助が、共同体を維持させる理由になっていた。さらに、同じ推し（同担）であることが、オタク性をもつ若者のコミュニケーションの困難を乗り越えさせ、他者とつながる契機になっている。腐女子、夢女子、親視線など、解釈方法の差異がときに衝突を生じさせることもあるが、嗜好の共同体に関して、質的調査の参加者たちは、いつでも離脱可能で、バックグラウンドを気にしないで付き合える気軽さ、推しの話を「雑音」なしに時間を忘れて語れる場としての心地よさを強調している。その背景には、マンガ、アニメ、ゲーム文化に対する社会的スティグマや、「オタク性」が一般の人に容易に理解してもらえないことに対する諦めや後ろめたさがあることが垣間見えた。

外国人参加者にも類似した傾向はみられるが、劇場で鑑賞する機会が少ないために、ホームパーティーでのDVD鑑賞や現地語への翻訳、さらには日本へのインバウンドにつながっていたのが特徴的である。このように、日本、アジア、欧米の二・五次元舞台ファンの広がりと、受容・消費の複合的な解釈を可能にする潜在性、そして嗜好の共同体を通じたインティメイト・ストレンジャー同士のコミュニケーションの実態が析出された。海外ファンに共通しているのは、子どもの頃から日本のACG文化に親しみ、ネットやSNS上の情報空間でのコミュニケーションに長けていることである。加えて、舞台のキャストをアイドルとしても受容・消費するため、二次元よりも評価されている三次元（人間）の対象を追うことで社会的スティグマが緩和されている点も特徴的である。こうした若者のコミュニケーションや自己表現の場としての嗜好の共同体は、危険回避の回路が保証されている点で、家庭、学校、職場における固定した場（それゆえ閉塞感が生じやすい場）に対するオルタナティブを与えてくれるのである。

注

（1）Henry Jenkins, "Introduction," in Henty Jenkins, Mizuko Ito and Danah Boyd eds., *Participatory Culture in a Networked Era: A Conversation on Youth, Learning, Commerce, and Politics*, Polity Press, 2016, p. 1.

（2）Paul Booth, *Digital Fandom 2.0: New Media Studies*. 2nd ed., Peter Lang, 2017, p. 23.

(3) トマス・ラマール「消費と生産の間——オタク文化と人的資本」大崎晴美訳、藤木秀朗編『観客へのアプローチ』(日本映画史叢書) 所収、森話社、二〇一一年、二六四ページ
(4) 前掲『動物化するポストモダン』
(5) Thiam Huat Kam, "The common sense that makes the 'otaku' : rules for consuming popular culture in contemporary Japan," *Japan Forum*, 25(2), 2013.
(6) Patrick W. Galbraith, *Otaku and the Struggle for Imagination in Japan*, Duke University Press, 2019.
(7) 岡田斗司夫『オタク学入門』太田出版、一九九六年、四七ページ
(8) 前掲『おたくの起源』五ページ
(9) 吉澤夏子「〈私〉の性的主体性——腐女子と夢女子」、「特集 女オタクの現在——推しとわたし」「ユリイカ」二〇二〇年九月号、青土社、一一九ページ
(10) 今井信治『オタク文化と宗教の臨界——情報・消費・場所をめぐる宗教社会学的研究』晃洋書房、二〇一八年、一一一ページ
(11) 男女二元論的オタク論の政治性を考察した優れた論もある（佐倉智美「オタクに男女はあるのか——ジェンダーの桎梏を超えて」〔前掲「ユリイカ」二〇二〇年九月号〕など）。
(12) 前掲「特集 女オタクの現在」の論考では、さまざまな「オタク性」が描写されている。
(13) Akiko Sugawa-Shimada, "The 2.5-Dimensional Theater as a Communication Site: Non-site-specific Theater Tourism." in Takayoshi Yamamura and Philip Seaton eds., *Contents Tourism and Pop Culture Fandom: Transnational Tourist Experiences*, Channel View Publications, 2020, p. 142.
(14) Booth, op.cit, p. 169. マギクエスト（Magi Quest）は、プレイヤーが魔法使いになり、赤外線装備

の魔法の杖を使ってアトラクション内の冒険をするゲーム。

(15) Lori Hitchcock Morimoto and Bertha Chin, "Reimagining the Imagined Community: Online Media Fandoms in the Age of Global Convergence," in Jonathan Gray, Cornel Sandvoss and C. Lee Harrington eds., *Fandom: Identities and Communities in a Mediated World*, 2nd ed., New York University Press, 2017, p. 174.

(16) Ibid., p.181, 186.

(17) Mary Louise Pratt, "Arts of the Contact Zone," *Profession*, 1991. Henry Jenkins, "Fandom Studies as I see it." *Journal of Fandom Studies*, 2(2), 2014, cited by Morimoto and Chin, op.cit., p. 182.

(18) 水上文「〈消費者フェミニズム〉批判序説」、前掲「ユリイカ」二〇二〇年九月号、九三―九四ページ

(19) Jenkins, *Textual Poachers*, Matt Hills, *Fan Cultures*, Routledge, 2002.

(20) 浅野智彦『趣味縁からはじまる社会参加』（若者の気分）、岩波書店、二〇一一年、五〇ページ

(21) 片岡栄美『趣味の社会学――文化・階層・ジェンダー』青弓社、二〇一九年、三〇ページ

(22) 北田暁大「動物たちの楽園と妄想の共同体――オタク文化受容様式とジェンダー」、北田暁大／解体研編著『社会にとって趣味とは何か――文化社会学の方法規準』（河出ブックス）所収、河出書房新社、二〇一七年、二六四ページ

(23) 北田暁大「社会にとって「テイスト」とは何か――ブルデューの遺産をめぐる一考察」、同書所収、一〇〇ページ

(24) 前掲「動物たちの楽園と妄想の共同体」二六五ページ

(25) 同論文二七九ページ

(26) 前掲『宝塚・やおい、愛の読み替え』
(27) 〝女子〟〝母〟というジェンダー区分別名称を用いているが、その主体は生物学的性による女性とは限らないことを本章でも重ねて強調する。
(28) 團康晃「マンガ読書経験とジェンダー――二つの調査の分析から」、前掲『社会にとって趣味とは何か』所収、一九七ページ
(29) preference, taste, hobby の意味は「Cambridge Dictionary」(online) 英英辞典による (https://dictionary.cambridge.org/dictionary/english.［二〇二〇年九月一日アクセス］)。
(30) 富田英典『インティメイト・ストレンジャー――「匿名性」と「親密性」をめぐる文化社会学的研究』関西大学出版部、二〇〇九年、一五六ページ
(31) 同書一五六ページ
(32) 同書一六三ページ
(33) Mark S. Granovetter, "The Strength of Weak Ties," *American Journal of Sociology*, 78(6), 1973.
(34) 東浩紀『弱いつながり――検索ワードを探す旅』(幻冬舎文庫)、幻冬舎、二〇一六年、九ページ
(35) 同書一七ページ
(36) 前掲『オタク文化と宗教の臨界』二六―二七ページ
(37) 一年生三人トリオとは、青学テニス部の一年部員・堀尾聡史、加藤勝郎、水野カツオのことで、『テニミュ』では前座や、応援席で試合中の必殺技を解説する役割を担っている。
(38) 渋谷の AiiA 2.5 Theater Tokyo では、多言語字幕眼鏡の貸し出しもあった(二〇一八年閉鎖)。
(39) 同様に二・五次元舞台のために移住、留学した中国人ファンの例もある。Sugawa-Shimada, "The 2.5-Dimensional Theater as a Communication Site" を参照。

（40）おーちようこ『2・5次元舞台へようこそ――ミュージカル『テニスの王子様』から『刀剣乱舞』へ』（星海社新書）、星海社、二〇一七年

（41）『うた☆プリ』は、女性向けアイドル育成・恋愛アドベンチャーゲーム『うたの☆プリンスさまっ♪』（二〇一〇年―）の略称。アニメ化もされ、声優／キャラコンサートをおこなっている。

（42）『あんステ』は、舞台『あんさんぶるスターズ！オン・ステージ』（二〇一六年―）の略称。小松準弥は、蓮巳敬人役で出演した。

（43）加州清光はゲーム『刀剣乱舞―ONLINE―』のキャラクター。プレイヤーが最初に選択できるキャラクターの一人。新選組の沖田総司所有の打刀。

（44）石川優「やおい同人誌を研究する――物語とキャラクターの分析」、前掲『BLの教科書』所収、一一三ページ

（45）加州清光のイメージカラーが赤なので、ファンは加州を応援するときにペンライトを赤くする。

（46）この場合のファンサービスとは、キャストが観客に視線をくれたり、手を振ったりすること。ライブパートがある舞台でファンの応援グッズの持ち込みが許可されている場合、アイドルコンサートのようにうちわを自作し、ほしいファンサ（「コッチ見て♡」など）を書くこともある。そのほかのファンサに関しては畑ヶ中あいこのエッセイマンガ『舞台追っかけ女子――推しが元気でごはんがおいしい』（双葉社、二〇一八年）が参考になる。

（47）海外では、Anime は日本産、またはセルルックが特徴的な日本スタイルのアニメーション作品、Manga は日本産、または日本スタイルのコミック作品を指す。

（48）Han-Jen Niu, Yung-Sung Chiang and Hsien-Tang Tsai, “An Exploratory Study of the Otaku Adolescent Consumer,” *Psychology and Marketing*, 29(10), 2012, pp. 713-714.

(49)『iDOLISH7』(二〇一五年—)はバンダイナムコオンラインのスマホ向け男性アイドル育成アプリゲーム。アニメ化(TOKYO MXほか、二〇一八、二〇二〇年)や声優/キャラライブコンサート(二〇一八年—)もおこなっている。

(50)日本語は拙訳。以下、英語によるインタビューの日本語は拙訳による。

［付記］本章は、青弓社のウェブ連載「二・五次元文化論」の一部と、二〇一九年八月五日の国際日本文化研究センター主催最先端メディア論講座シリーズ1・公開ワークショップ大衆文化研究プロジェクト・MANGA LABO 7「メディア論、メディア表現とファン文化」での発表原稿「二・五次元文化の考察——二・五次元舞台とファンの嗜好の共同体を中心に」の一部を大幅に加筆・修正している。

おわりに

「二・五」という言葉が社会に徐々に広がりはじめた二〇一〇年代、二次元の虚構と三次元の「現実」の間を漂う文化実践の事例を包括的に捉えて、筆者は「二・五次元文化[1]」として概念化した。この文化事象の社会文化的意味を考察することで、ハイブリッド・リアリティ状況下の若者の「現実」認識や、即時的・広域的なコミュニケーション実践の実態、そして二・五次元文化の社会文化的意味、課題、可能性を問うという大目的のために、本書は「二・五次元舞台」を中心に詳しく検討してきた。

第1章「「二・五次元文化」の隆盛」では、二・五次元文化隆盛の背景について、ネットの普及、SNSによる双方向的コミュニケーション形態、VR/ARなどの映像技術の発達によるハイブリッド・リアリティの構築、そしてマンガ、アニメ、ゲームのキャラクターをめぐる議論を補助線として論じた。キャラクターを中心とした「メディアミックス」の常態化によって、特に日本ではキャラクターは、商品や食品としてのガジェットやパジャマ、コスチューム、アクセサリーなどを通じて身体性を伴う存在になっており、擬似的な恋愛の対象でもあり、二次利用＝自己表現の対象として私たちの日常にある。二〇二〇年には5G（第五世代移動通信システム）の実装が開始され、メディア環境はますます加速化・複雑化するだろう。本書ではふれることができなかったが、今後のメディア環境の変化で、人間の身体が介在しないAIによるキャラクターが、これまでの虚構と現実の合間を漂う文化実践として人間（声優、俳優、SNSの発話など）の介在が重要だった二・五次元文化にどのような化学変化をもたらすのか、今後注目していきたい。

第2章「二・五次元舞台とは何か――虚構的身体性とファンの相互作用」では、二・五次元舞台の歴史をアニメ・マンガ、声優、特撮でのキャラクターと俳優たちに対するファンの受容・消費を概観し、キャラクターを具現化するキャストの限りなく虚構に近い身体性を「虚構的身体性」という概念で論じた。第一次から第三次までのアニメ・声優・特撮ブームを背景に、マンガ、アニメ、テレビドラマ原作の舞台など、〝二・五次元的空間〟の創出は主にテレビの普及とともに増殖する。さらに、メディアミックスが発展していく一九九〇年代後半から、声優や特撮出演俳優のアイドル化などを通じて、さまざまな〝二・五次元空間〟を体験する機会が増加していく。虚構のキャラクターと声優や俳優の身体の間の相互作用で生じる「虚構的身体性」は、マンガ、アニメ、ゲーム原作・原案の舞台演劇という場で構築されていく。ファンがさまざまなメディアで多様なテキストを参照しながら楽しむ「相互参照的メディア横断ナラティブ」も可能になり、さらに「mixi」「Facebook」「Twitter」「ニコニコ動画」「YouTube」などプラットフォームの発達によるファン同士の交流が盛んになっていく。こうした状況は、国内外でのファンダム（共同体）構築を醸成した。

第3章「二・五次元舞台の成立と展開」では、二・五次元舞台での二次元のキャラクターと三次元のキャストの身体との関係性を、記号的身体／現象的肉体という概念を援用して論じた。『テニミュ』以前の二・五次元的舞台（アニメ・ミュージカル、声優／キャラ舞台）から、『テニミュ』以後の二・五次元舞台まで具体例を分析しながら、現象的肉体と記号的身体の緊張や融合を、舞台上と舞台外のキャストとキャラクターの関係性から考察した。『テニミュ』以前では、バンダイスーパーミュージカル『聖闘士星矢』、少女マンガ原作ミュージカル、ミュージカル『美少女戦士セーラームーン』（バンダイ版）、『サクラ大戦歌謡ショウ』シリーズ、ミュージカル『HUNTER×HUNTER』シリーズを取り上げた。『テニミュ』以後は、『テニミュ』、ミュージカル『美少女戦士セーラームーン』（ネルケ版）、ミュージカル／舞台『刀剣乱舞』、ハイパープロジェクション演劇『ハイキュー!!』を、「チーム男子」「チーム女子」、記号的身体／現象的肉体、音などいくつかの要素にコード化して分析した。残念ながら主に第一作の分析にとどまったが、「連載上演」されるなかで一作ごとに全く異なった演出がおこなわれるなど、これらの作品群では、本書では語りつくせない画期的で挑戦的な試みがおこなわれている。今回取り上げることができなかったミュージカル『忍たま乱太郎』シリーズは、子ども向けマンガ・アニメの三、四頭身のキャラクターにイケメンを配し、マンガ・アニメの物語とはまた違う世界観を演出している。海外ファンも多いミュージカル『黒執事』シリーズ（二〇〇九年―）は、クオリティーの高さもさることながら、原作のアバーライン警部を演じた高木俊の特徴（顎）をネタにしたコメディーを挿入し、AGOという舞台オリジナルのギャグが定番になっている。こうしたキャストとキャラクターの緊張・相剋関係も研究対象として興味深い。二〇二〇年にはリョーマの兄リョーガも登場する『新テニスの王子様』（一九九九―二〇〇八年）を原作としたミュージカル『新テニスの王子様』が上演され、歴代『テニミュ』OBも多数キャストされている。二・五次元舞台のポテンシャルは計り知れない。

そして、第4章「二・五次元舞台ファンと「嗜好の共同体」としてのファンダム」では、「オタク性」を備えた日本と海外の二・五次元舞台ファンの複合的な視線や消費・利用の仕方を、量的・質的調査から比較考察した。特に「嗜好の共同体」という概念を提示し、時間の経過とともに変化もするフレキシビリティがある嗜好（＝好き・推す）でつながる共同体の可能性と課題を論じた。推しのグッズの全種類複数購入、DVDや舞台・イベントのチケット代など、好きなもの・推しに対する愛情表現は、しばしば多大な金銭的負担が生じる。ランダムグッズ（中身がわからないトレーディングブロマイドや缶バッチなどのグッズ）は、ファンの「オタク心」をくすぐると同時に、財布の紐を緩めさせる悪魔の誘惑である。しかしファンは、消費文化に埋没していると自覚しながらも、至福のときがお金で買えるなら、と「幸せな浪費」（＝投資）をいとわない。推しはもはやファンにとって〝神〟であり、限りなく「尊い」。ファンの振る舞いは、推しのグッズを並べて飾り付ける「祭壇」、未経験の友人・知人にそのよさを知ってもらう「布教」活動、推しや舞台を応援するためにチケットやグッズを複数購入する「お布施」、チケット抽選の当選確率を上げるために日々善行に励む「徳を積む」など、宗教用語を通じて表現される。推しに恥ずかしくない自分になろうと自分磨きも怠らないことは、「自己肯定」や「自尊」にもつながっている。こうしたファンの精神性について、本書では深く踏み込むことができなかったが、今後も継続して調査していきたい。

コロナ・ショックと二・五次元舞台の展望

日本の「オタク市場」は一位のアニメ分野で二千九百億円超、二位のアイドル分野で二千四百億円超であり、(2)海外売り上げも含めるとさらに膨大になる。二・五次元舞台は、マンガ、アニメ、ゲーム領域とアイドル領域の結節点であり、その市場は甚大な潜在性をもつ。しかし、二〇二〇年の新型コロナウイルス感染症拡大で人と人との物理的接触やコミュニケーションが制限され、二・五次元舞台をはじめとするライブエンターテインメント界は、大きな打撃を受けた。四月、五月には緊急事態宣言によって、特に首都圏に集中する演劇上演はことごとく中止に追い込まれ、宣言解除後も非常に厳しい制限を受けた。そうした状況を打破するため、「舞台を救え」をスローガンに演劇プロデューサー松田誠が発起人として開始されたのが、クラウドファンディングによる舞台専門プラットフォーム「シアターコンプレックス」プロジェクトだった。五月一日から六月七日まで約一万八千人のサポーターから集まった約一・六億円の支援金を受けて、「シアターコンプレックス」は、舞台のアーカイブ配信やオリジナル企画をオンラインでおこなうプラットフォームとして運営されている。アーカイブ事業のほか、オンラインでおこなう演劇やイベントは、視聴者参加型の新しい試みによる二・五次元舞台の可能性も広げ続けている。本書で論じた記号的身体と現象的肉体の緊張関係がサイバー空間上で展開されるとき、オーディエンスの「現実」認識にどう影響をもたらすのか、「嗜好の共同体」は言語と国境を超えてどのように作用するのか、今後も動向に注目していきたい。

最後に、本書では二・五次元舞台ファンの嗜好でつながる共同体の可能性について主に論じた。

しかし、当然のことながらトラブルとは無縁のユートピア的共同体というわけではない。インティメント・ストレンジャー同士の弱いつながりも、コミットメントが深くなるほど足かせになることもある。女性のエンパワメントとして機能する一方で、資本主義に組み込まれた都合のいい消費者の役割を演じさせられる傾向を、共同体のピアプレッシャーが助長させることもある。重要なのは、そうしたエコノミーがどのようにして生成されるのか、注意深くテキストとコンテキストを精査することだろう。二・五次元文化の研究は、まだ始まったばかりである。

注

（1）須川亜紀子「ファンタジーに遊ぶ——パフォーマンスとしての二・五次元文化領域とイマジネーション」、前掲「ユリイカ」二〇一五年四月臨時増刊号

（2）矢野経済研究所「「オタク」市場に関する調査を実施（2019年）」二〇一九年十一月二十五日（https://www.yano.co.jp/press-release/show/press_id/2278）［二〇二〇年十月一日アクセス］

引用文献一覧

[日本語]

「2・5次元バックステージ――そこにドラマがある」「Otome continue」第3号、太田出版、2010年、8―56ページ
DMM Games「刀剣乱舞－ONLINE－」公式ウェブサイト（http://games.dmm.com/detail/tohken/）［2020年5月16日アクセス］
ＪＴＢ総合研究所「平成28年度「ホール・劇場等に係る調査・分析」報告書」2017年（https://www.seikatubunka.metro.tokyo.lg.jp/bunka/bunka_seisaku/houshin_torikumi/files/0000000938/houkokusho.pdf）［2020年5月10日アクセス］
浅野智彦『趣味縁からはじまる社会参加』（若者の気分）、岩波書店、2011年
「あしたのジョー」広告、「読売新聞」1970年5月14日付夕刊、12面
「『あしたのジョー』を上演 路線転換を図る新国劇」「朝日新聞」1970年6月2日付、9面
東園子『宝塚・やおい、愛の読み替え――女性とポピュラーカルチャーの社会学』新曜社、2015年
東園子「2・5次元ファンの舞台の見方――宝塚ファンとの比較から」、「特集 2・5次元文化 キャラクターのいる場所――2・5次元 舞台／ミュージカル」「美術手帖」2016年7月号、美術出版社、82―85ページ
東浩紀『動物化するポストモダン――オタクから見た日本社会』（講談社現代新書）、講談社、2001年
東浩紀『弱いつながり――検索ワードを探す旅』（幻冬舎文庫）、幻冬舎、2016年
東浩紀編著『網状言論Ｆ改――ポストモダン・オタク・セクシュアリティ』青土社、2003年
荒牧慶彦「インタビュー」、DVD『密着ドキュメンタリー 舞台「刀剣乱舞」悲伝結いの目の不如帰ディレクターズカット篇』マーベラス、2018年
池田太臣「共同体、個人そしてプロデュセイジ――英語圏におけるファン研究の動向について」、甲南女子大学編「甲南女子大学研究紀要 人間科学編」第49号、甲南女子大学、2003年、107―118ページ
石岡良治「キャラクター表現の注目ポイントはここ！　最新 石岡良治のキャラクター文化「超」講義」「美術手帖」2016年8月号、美術出版社、59―67ページ
石川優「やおい同人誌を研究する――物語とキャラクターの分析」、堀あきこ／守如子編『BL の教科書――ボーイズラブを研究する！』所収、有斐閣、2020年、106―122ページ

石原隆司『ミュージカル入門』(1冊でわかるポケット教養シリーズ)、ヤマハミュージックメディア、2013年
「いずみ」「読売新聞」1970年3月25日付、15面
伊藤剛『テヅカ・イズ・デッド——ひらかれたマンガ表現論へ』NTT 出版、2005年
今井信治『オタク文化と宗教の臨界——情報・消費・場所をめぐる宗教社会学的研究』晃洋書房、2018年
岩崎徹「英語圏のミュージカル ミュージカル誕生——サヴォイ・オペラ」、岩崎徹/渡辺諒編、関根裕子/安冨順/中本千晶/下川晶子『世界のミュージカル・日本のミュージカル』(横浜市立大学新叢書) 所収、横浜市立大学学術研究会、2017年、17—50ページ
岩下朋世『少女マンガの表現機構——ひらかれたマンガ表現史と「手塚治虫」』NTT 出版、2013年
岩下朋世『キャラがリアルになるとき——2次元、2・5次元、そのさきのキャラクター論』青土社、2020年
上島雪夫「光と音とダンスでマンガを舞台に変換する」、「特集 2・5次元文化 キャラクターのいる場所——2・5次元 舞台/ミュージカル」「美術手帖」2016年7月号、美術出版社、26—31ページ
上島雪夫「オリジナル演出/脚色 上島雪夫」、許斐剛『テニプリパーティ——テニスの王子様20周年アニバーサリーブック』(愛蔵版コミックス) 所収、集英社、2019年、120—122ページ
上田麻由子「2・5次元、僕らの新しいスポーツ　ハイパープロジェクション演劇『ハイキュー!!』」、「特集 2・5次元文化 キャラクターのいる場所——2・5次元舞台/ミュージカル」「美術手帖」2016年7月号、美術出版社、92—93ページ
ウォーリー木下「ウォーリー木下 ハイパープロジェクション演劇『ハイキュー!!』〝頂の景色〟」、「漫画・アニメ・ゲーム×舞台——2・5次元舞台と、その源流」上、Omoshii mag 編集部編「Omoshii mag」第4号、アンファン、2016年、42—43ページ
大島真奈美「主婦がはまる異次元アイドル 別世界の人だから、ウットリできる」「AERA」2002年10月7日号、朝日新聞出版、47ページ
おーちようこ『2・5次元舞台へようこそ——ミュージカル『テニスの王子様』から『刀剣乱舞』へ』(星海社新書)、星海社、2017年
大塚英志『物語消費論改』(アスキー新書)、アスキー・メディアワークス、2012年
大塚英志『メディアミックス化する日本』(イースト新書)、イースト・プレス、2014年

岡田斗司夫『オタク学入門』太田出版、1996年
岡本健「コンテンツツーリズムの空間」、岡本健編著『コンテンツツーリズム研究——情報社会の観光行動と地域振興』所収、福村出版、2015年、50—51ページ
岡本健『アニメ聖地巡礼の観光社会学——コンテンツツーリズムのメディア・コミュニケーション分析』法律文化社、2018年
小田切博『キャラクターとは何か』（ちくま新書）、筑摩書房、2010年
「親子で感動体験を！ミュージカル、童話、人形劇・・・夏休みの児童演劇アラカルト」「読売新聞」（東京版）1991年7月18日付夕刊、7面
片岡栄美『趣味の社会学——文化・階層・ジェンダー』青弓社、2019年
片岡義朗「アニメミュージカル」、チームケイティーズ編『TEAM ！——チーム男子を語ろう朝まで！』所収、太田出版、2008年、56—73ページ
片岡義朗「アニメミュージカルの生みの親＆「テニミュ」立役者 片岡義朗インタビュー in ニコニコミュージカル」「オトメコンティニュー」第3号、太田出版、2010年、81—91ページ
片岡義朗「〝テニミュの産みの親〟片岡義朗にロングインタビュー『カンタレラ2012～裏切りの毒薬～』ボカロミュージカルへの想い」「ガジェット通信」2012年3月6日（https://getnews.jp/archives/173076）［2020年5月1日アクセス］
茅野イサム「クリエイター・インタビュー 茅野イサム ミュージカル『刀剣乱舞』——阿津賀志山異聞」、「漫画・アニメ・ゲーム×舞台——2・5次元舞台と、その源流」上、Omoshii mag 編集部編「Omoshii mag」第4号、アンファン、2016年、40—41ページ
茅野イサム「演出家 茅野イサム」、門倉紫麻『2・5次元のトップランナーたち——松田誠、茅野イサム、和田俊輔、佐藤流司』所収、集英社、2018年、55—99ページ
川崎賢子『宝塚——消費社会のスペクタクル』（講談社選書メチエ）、講談社、1999年
北田暁大「社会にとって「テイスト」とは何か——ブルデューの遺産をめぐる一考察」、北田暁大／解体研編著『社会にとって趣味とは何か——文化社会学の方法規準』（河出ブックス）所収、河出書房新社、2017年、45—127ページ
北田暁大「動物たちの楽園と妄想の共同体——オタク文化受容様式とジェンダー」、北田暁大／解体研編著『社会にとって趣味とは何か——文化社会学の方法規準』（河出ブックス）所収、河出書房新社、2017年、261—313ページ
木村智哉「キャラクタービジネス」、須川亜紀子／米村みゆき編著『アニメーション文化55のキーワード』（「世界文化シリーズ」別巻第3巻）所収、ミネルヴァ書房、2019年、200—203ページ
木村智哉「メディアミックス」、須川亜紀子／米村みゆき編著『アニメーション文

化55のキーワード』(「世界文化シリーズ」別巻第3巻) 所収、ミネルヴァ書房、2019年、196―199ページ

公野勉『ライブエンターテイメントへの回帰――映像から二・五次元へアニメライブ ミュージカル概論』風塵社、2018年

黒瀬陽平『情報社会の情念――クリエイティブの条件を問う』(NHK ブックス)、NHK 出版、2013年

桑原水菜「舞台『炎の蜃気楼 昭和編』キャスト&詳細発表」「Mizuna info」2014年5月24日 (http://mizuna.info/view/903) [2020年6月1日アクセス]

劇団四季ウェブサイト「劇団四季とは」(https://www.shiki.jp/group/company/about.html) [2020年3月30日アクセス]

「恋がしたくなるミュージカル! 〝新生セラミュー〟座談会」『ミュージカル美少女戦士セーラームーン――Petite Étrangère』パンフレット、27―29ページ

小林翔「アニメキャラクターにおけるボイス・アイデンティティとその表現――『GHOST IN THE SHELL 攻殻機動隊』『PSYCHO-PASS サイコパス』を中心に」、京都精華大学紀要委員会編「京都精華大学紀要」第48号、京都精華大学、2016年、22―42ページ

「こどもマンガ 大学生に大もて どこでも奪い合い 〝立ち読みお断り、騒ぎ〟」「朝日新聞」1965年10月7日付、14面

「子ども向け番組 大人引きつける独特の魅力 (観覧車)」「朝日新聞」2002年1月11日付夕刊、12面

許斐剛/松田誠「オールテニプリスペシャル対談②松田誠×許斐剛」、許斐剛『テニプリパーティ――テニスの王子様20周年アニバーサリーブック』(愛蔵版コミックス) 所収、集英社、2019年、116―119ページ

「「サクラ大戦はOSKに憧れて」広井王子」「L maga.jp」2019年5月19日 (https://www.lmaga.jp/news/2019/05/67142/) [2020年5月2日アクセス]

佐倉智美「オタクに男女はあるのか――ジェンダーの桎梏を超えて」、「特集 女オタクの現在――推しとわたし」「ユリイカ」2020年9月号、青土社、126―133ページ

佐藤流司「俳優佐藤流司」、門倉紫麻『2・5次元のトップランナーたち――松田誠、茅野イサム、和田俊輔、佐藤流司』所収、集英社、2018年、145―200ページ

さやわか『キャラの思考法――現代文化論のアップグレード』青土社、2015年

さやわか「美少女とメカが混交するアニメ的世界観の原点」、「特集 80年代★日本のアート――よみがえれ!未来にかけた越境者たちの挑戦」「美術手帖」2019年6月号、美術出版社、72―73ページ

塩田康平「インタビュー」、DVD『ハイパープロジェクション演劇『ハイキュー!!』

Documentary of〝頂の景色〟』東宝、2018年
「仕掛け人が語った3年半と刀剣が女性にうけた理由」「日経トレンディ」2018年12月号、日経BP、174―176ページ
芝田隆広/平山ゆり「発行部数300万部の「週刊少年ジャンプ」を支える熱い女子」「日経エンタテインメント!」2012年11月5日(https://style.nikkei.com/article/DGXNASFK31007_R31C12A0000000)[2020年5月15日アクセス]
下川晶子「2・5次元ミュージカル」、岩崎徹/渡辺諒編、関根裕子/安冨順/中本千晶/下川晶子『世界のミュージカル・日本のミュージカル』(横浜市立大学新叢書)所収、横浜市立大学学術研究会、2017年、156―169ページ
「シャイニング事務所 Official Twitter」(https://www.utapri.com/sp/twitter/)[2020年2月20日アクセス]
「ジョン・ケアードインタビュー」2014年(http://rmcompany/conversation/?no=112.)[現在リンクは削除]
末満健一「インタビュー」、DVD『密着ドキュメンタリー 舞台「刀剣乱舞」悲伝結いの目の不如帰ディレクターズカット篇』マーベラス、2018年
末満健一「2・5次元という表現の場で『刀剣乱舞』の物語をつむぐ」、「特集 2・5次元文化 キャラクターのいる場所――2・5次元 舞台/ミュージカル」「美術手帖」2016年7月号、美術出版社、62―64ページ
末満健一『戯曲 舞台『刀剣乱舞』虚伝燃ゆる本能寺』ニトロプラス、2018年
末満健一『戯曲 舞台『刀剣乱舞』――悲伝 結いの目の不如帰』ニトロプラス、2019年
須賀健太「須賀健太 ハイパープロジェクション演劇『ハイキュー!!――頂の景色』――日向翔陽役」、「漫画・アニメ・ゲーム×舞台――2・5次元舞台と、その源流」上、Omoshii mag 編集部編「Omoshii mag」第4号、アンファン、2016年、12―16ページ
須賀健太「インタビュー」、DVD『ハイパープロジェクション演劇『ハイキュー!!』Documentary of〝頂の景色〟』東宝、2018年
須賀健太トーク「わだしゅんの音楽室」「シアターコンプレックス」2020年8月4日(https://theater-complex.jp/movie/detail/690)[2020年8月5日アクセス]
須川亜紀子『少女と魔法――ガールヒーローはいかに受容されたのか』NTT 出版、2013年
須川亜紀子「ファンタジーに遊ぶ――パフォーマンスとしての二・五次元文化領域とイマジネーション」、「総特集 2・5次元――2次元から立ちあがる新たなエンターテインメント」「ユリイカ」2015年4月臨時増刊号、青土社、41―47ページ
須川亜紀子「第3回 事例2 作り手とファンの交差する視線の先――2・5次元舞台へ

／からの欲望」「WＥＢ青い弓」2016年（http://yomimono.seikyusha.co.jp/2016/06?cat=2）［2019年10月11日アクセス］

須川亜紀子「歴女と歴史コンテンツツーリズム――日本史を旅する女性たちと〝ポップ〟スピリチュアリズム」、吉光正絵／池田太臣／西原麻里編著『ポスト〈カワイイ〉の文化社会学――女子たちの「新たな楽しみ」を探る』（叢書現代社会のフロンティア）所収、ミネルヴァ書房、2017年、171―198ページ

須川亜紀子「オーディエンス、ファン論（ファンダム）――2・5次元化するファンの文化実践」、小山昌宏／須川亜紀子編著『アニメ研究入門［応用編］――アニメを究める11のコツ』所収、現代書館、2018年、118―142ページ

須川亜紀子「コラム 2・5次元舞台」、大橋崇行／山中智省編著『小説の生存戦略――ライトノベル・メディア・ジェンダー』所収、青弓社、2020年、213―218ページ

須川亜紀子「コンテンツツーリズムとジェンダー」、岡本健編著『コンテンツツーリズム研究――アニメ・マンガ・ゲームと観光・文化・社会 増補改訂版』所収、福村出版、2019年、58―61ページ

須川亜紀子「テレビ文化」、須川亜紀子／米村みゆき編著『アニメーション文化55のキーワード』（「世界文化シリーズ」別巻第三巻）所収、ミネルヴァ書房、2019年、8―11ページ

鈴木拡樹「刀剣として、付喪神として、見えない心を表現する」、「特集 2・5次元文化 キャラクターのいる場所――2・5次元 舞台／ミュージカル」「美術手帖」2016年7月号、美術出版社、57―61ページ

スタインバーグ，マーク、大塚英志監修『なぜ日本は〈メディアミックスする国〉なのか』中川譲訳（角川EPUB選書）、KADOKAWA、2015年（Marc Steinberg, *Anime's Media Mix: Franchising Toys and Characters in Japan*, University of Minnesota Press, 2012.）

「生誕90周年を迎えた「正チャンの冒険」公式サイトがオープン！」「Animate Times」2014年3月24日（https://www.animatetimes.com/news/details.php?id=1395646630）［2020年3月2日アクセス］

高橋健介／鳥越裕貴／ゆうたろう「新！2・5次元俳優あるあるをやってみた【声優さんに…?】」「ぼくたちのあそびば」2019年7月26日配信（https://www.youtube.com/watch?v=RH5Rf97jt4k）［2020年5月6日アクセス］

田中東子「のがれること・つくること・つながること」、「特集 女オタクの現在――推しとわたし」「ユリイカ」2020年9月号、青土社、195―201ページ

多根清史「百見は1プレイにしかず！ PS VR体験レポート」「美術手帖」2016年8月号、美術出版社、70―72ページ

團康晃「マンガ読書経験とジェンダー――二つの調査の分析から」、北田暁大／解

体研編著『社会にとって趣味とは何か——文化社会学の方法規準』（河出ブックス）所収、河出書房新社、2017年、179—201ページ
津堅信之『日本のアニメは何がすごいのか——世界が惹かれた理由』（祥伝社新書）、祥伝社、2014年
津堅信之『新版 アニメーション学入門』（平凡社新書）、平凡社、2017年
「テレビ街 テレビの人気番組 続々と舞台、映画に」「読売新聞」1970年5月20日付、18面
筒井晴香「「推す」という隘路とその倫理——愛について」、「総特集 日本の男性アイドル——男性アイドルの接線」「ユリイカ」2019年11月臨時増刊号、青土社、174—187ページ
筒井晴香「孤独にあること、痛くあること——「推す」という生き様」、「特集 女オタクの現在——推しとわたし」「ユリイカ」2020年9月号、青土社、72—81ページ
輝馬／崎山つばさ「輝馬×崎山つばさ」、「漫画・アニメ・ゲーム×舞台——2・5次元舞台と、その源流」上、Omoshii mag 編集部編「Omoshii mag」第4号、アンファン、2016年、30—35ページ
東映「Kamen Rider Web」（https://www.kamen-rider-official.com/）［2020年4月2日アクセス］
トフラー，アルビン『第三の波』徳間孝夫監訳（中公文庫）、中央公論社、1982年
富田英典『インティメイト・ストレンジャー——「匿名性」と「親密性」をめぐる文化社会学的研究』関西大学出版部、2009年
中川右介『サブカル勃興史——すべては1970年代に始まった』（角川新書）、KADOKAWA、2018年
永島直樹「インタビュー」、DVD『サクラ大戦歌謡ショウ 帝国歌劇団・花組特別公演「愛ゆえに」』マーベラスエンターテイメント、2000年
中村香住「「女が女を推す」ことを介してつながる女ヲタコミュニティ」、「特集 女オタクの現在——推しとわたし」「ユリイカ」2020年9月号、青土社、249—257ページ
中屋敷法仁インタビュー、DVD『ハイパープロジェクション演劇『ハイキュー!!』Documentary of〝頂の景色〟』東宝、2018年
西兼志『アイドル／メディア論講義』東京大学出版会、2017年
西原麻里「同人誌と雑誌創刊ブーム、そして「ボーイズラブ」ジャンルへ——1980年代〜90年代」、堀あきこ／守如子編『BL の教科書——ボーイズラブを研究する！』所収、有斐閣、2020年、40—56ページ
日本二・五次元ミュージカル協会「日本発、世界標準ミュージカル。」2019年（https://www.j25musical.jp/user/img/download/J2.5D_pamphlet.pdf）［2020年

2月22日アクセス］
ネットリサーチディムズドライブ「ネットリサーチのDIMSDRIVE『歌舞伎』に関するアンケート」（http://www.dims.ne.jp/timelyresearch/2005/051208/index.html）［2020年3月20日アクセス］
ハイパープロジェクション演劇『ハイキュー!!』オフィシャルウェブサイト（https://engeki-haikyu.com/introduction.html）［2020年7月30日アクセス］
畑ヶ中あいこ『舞台追っかけ女子——推しが元気でごはんがおいしい』双葉社、2018年
ぴあ総研「2・5次元ミュージカル市場推移2000－2018」2019年（https://corporate.pia.jp/news/detail__live_enta20190704_25.html）［2020年2月22日アクセス］
ぴあ総研「前年比45％増。成長を続ける2・5次元ミュージカル市場／ぴあ総研が調査結果を公表」2019年7月4日（https://corporate.pia.jp/news/detail__live_enta20190704_25.html）［2020年2月20日アクセス］
氷川竜介「特撮の定義」、森ビル『日本特撮に関する調査——平成24年度メディア芸術情報拠点・コンソーシアム構築事業』所収、森ビル、2012年（https://mediag.bunka.go.jp/projects/project/images/tokusatsu-2013.pdf）［2020年4月1日アクセス］
日比野啓「戦後ミュージカルの展開」、日比野啓編『戦後ミュージカルの展開』（「近代日本演劇の記憶と文化」第6巻）所収、森話社、2017年、8—39ページ
「広井王子さん「サクラ大戦には望郷の想いがあるんです」サクラ大戦20周年記念20年目の太正浪漫～帝劇スタアインタビュウ～第２回」「Animate Times」2016年9月23日（https://www.animatetimes.com/news/details.php?id=1474631999）［2020年5月2日アクセス］
広井王子「祝『天外魔境』30周年！生みの親・広井王子氏にロングインタビュー。ゲームを革命した『天外魔境』から『サクラ大戦』、そして未来へ……」2019年6月30日（https://www.famitsu.com/news/201906/30178237.html）［2020年5月2日アクセス］
広井王子「インタビュー」、DVD『サクラ大戦歌謡ショウ 帝国歌劇団・花組特別公演「愛ゆえに」』マーベラスエンターテイメント、2000年
フィッシャー＝リヒテ，エリカ「センス（意味）とセンセイション（感覚）——演劇の記号的次元とパフォーマティヴな次元の相互作用」、毛利三彌編『演劇論の変貌——今日の演劇をどうとらえるか』（叢書「演劇論の現在」）所収、論創社、2007年、47—74ページ
フィッシャー＝リヒテ，エリカ『パフォーマンスの美学』中島裕昭／平田栄一朗／寺尾格／三輪玲子／四ツ谷亮子／萩原健訳、論創社、2009年
フィッシャー＝リヒテ，エリカ『演劇学へのいざない——研究の基礎』山下純照／

石田雄一／高橋慎也／新沼智之訳、国書刊行会、2013年
福原直樹／座間隆司／永田陽子「『戦国鍋 TV』制作陣インタビュー（前編）全世代に刺さるものはなくても「面白さ」を追求した、『戦国鍋 TV』の強さ」「サイゾーウーマン」2012年4月21日（https://www.cyzowoman.com/2012/04/post_5695_1.html）［2020年6月1日アクセス］
「不二会」、許斐剛『テニプリパーティー――テニスの王子様20周年アニバーサリーブック』（愛蔵版コミックス）所収、集英社、2019年、72―78ページ
藤津亮太「声優論――通史的、実証的一考察」、小山昌宏／須川亜紀子編著『アニメ研究入門［応用編］――アニメを究める11のコツ』所収、現代書館、2018年、93―117ページ
藤本由香里「少年愛・JUNE ／やおい・BL――それぞれの呼称の成立と展開」、堀あきこ／守如子編『BL の教科書――ボーイズラブを研究する！』所収、有斐閣、2020年、2―17ページ
藤原麻優子「なんで歌っちゃったんだろう？――二・五次元ミュージカルとミュージカルの境界」、「総特集 2・5次元――2次元から立ちあがる新たなエンターテインメント」「ユリイカ」2015年4月臨時増刊号、青土社、68―75ページ
藤原麻優子「Does it Work?――2・5次元ミュージカルとアダプテーション」発表原稿、第2回「2・5次元文化に関する公開シンポジウム――声、キャラ、ダンス」横浜国立大学、2016年2月6日
「腐向けライダー」「ピクシブ百科事典」（https://dic.pixiv.net/a/%E8%85%90%E5%90%91%E3%81%91%E3%83%A9%E3%82%A4%E3%83%80%E3%83%BC）［2020年4月1日アクセス］
古田一紀「古田一紀 ミュージカル『テニスの王子様』3rd シーズン青学 vs. 氷帝 越前リョーマ役」、「漫画・アニメ・ゲーム×舞台――2・5次元舞台と、その源流」下、Omoshii mag 編集部編「Omoshii mag」第6号、アンファン、2016年、38―43ページ
古田尚輝『『鉄腕アトム』の時代――映像産業の攻防』世界思想社、2009年
古舘春一『ハイキュー!!』第1巻、集英社、2012年
ベイレンソン，ジェレミー『VR は脳をどう変えるか？――仮想現実の心理学』倉田幸信訳、文藝春秋、2018年
星野太「キャラクターの召喚――二・五次元というカーニヴァル」、「総特集 2・5次元――2次元から立ちあがる新たなエンターテインメント」「ユリイカ」2015年4月臨時増刊号、青土社、60―67ページ
細馬宏通『ミッキーはなぜ口笛を吹くのか――アニメーションの表現史』（新潮選書）、新潮社、2013年
「本もの選手団に花束「サインは V」の岡田ら」「読売新聞」1969年10月26日付、

18面
マクラウド，スコット、小田切博監修『マンガ学――マンガによるマンガのためのマンガ理論 完全新訳版』椎名ゆかり訳、復刊ドットコム、2020年
松田誠「日本2・5次元ミュージカル協会代表理事松田誠インタビュー」「ダ・ヴィンチ」2016年3月号、KADOKAWA、61ページ
松田誠「演劇プロデューサー 松田誠」、門倉紫麻『2・5次元のトップランナーたち――松田 誠、茅野イサム、和田俊輔、佐藤流司』所収、集英社、2018年、11―53ページ
松田誠「発起人メッセージ」「架空の劇場 舞台専門プラットフォーム シアターコンプレックス 舞台を救え」（https://fanbeats.jp/collaboration/theater-complex）［2020年4月30日アクセス］
まつもとあつし『コンテンツビジネス・デジタルシフト――映像の新しい消費形態』NTT 出版、2012年
松本理沙「〝娘〟をめぐる欲望――宝塚の娘役についての一考察」、荻野美穂編著『〈性〉の分割線――近・現代日本のジェンダーと身体』（「日本学叢書」第2巻）所収、青弓社、2009年、251―273ページ
「ママも熱中、新ライダー 仮面ライダーアギト、12％超の視聴率」「朝日新聞」2001年7月26日付夕刊、16面
三浦宏規／内海啓貴「新生・氷帝学園！役づくりへの一歩」、「特集 2・5次元文化 キャラクターのいる場所――2・5次元 舞台／ミュージカル」「美術手帖」2016年7月号、美術出版社、38―40ページ
水上文「〈消費者フェミニズム〉批判序説」、「特集 女オタクの現在――推しとわたし」「ユリイカ」2020年9月号、青土社、88―95ページ
三ツ矢雄二、「作詞 三ツ矢雄二」、許斐剛『テニプリパーティ――テニスの王子様20周年アニバーサリーブック』（愛蔵版コミックス）所収、集英社、2019年、123ページ
宮野真守「ミュージカル『テニスの王子様』1st シーズン不動峰石田鉄役宮野真守」、許斐剛『テニプリパーティ――テニスの王子様20周年アニバーサリーブック』（愛蔵版コミックス）所収、集英社、2019年、124―125ページ
宮本直美『宝塚ファンの社会学――スターは劇場の外で作られる』（青弓社ライブラリー）、青弓社、2011年
「ミュージカル「HUNTER × HUNTER」」「マーベラス公式ウェブサイト」（https://www.marv.jp/titles/st/770/）［2020年5月5日アクセス］
「ミュージカル『テニスの王子様』15周年特別企画！　歴代公演の動画配信が決定！」「ミュージカル『テニスの王子様』『新テニスの王子様』公式サイト」2018年8月3日（https://www.tennimu.com/news/d842）［2020年5月11日アクセ

ス]
メルロー＝ポンティ，M『知覚の現象学』第1巻、竹内芳郎／小木貞孝訳、みすず書房、1967年
矢野経済研究所「「オタク」市場に関する調査を実施（2019年）」2019年11月25日（https://www.yano.co.jp/press-release/show/press_id/2278）[2020年10月1日アクセス]
山村高淑『アニメ・マンガで地域振興――まちのファンを生むコンテンツツーリズム開発法』東京法令出版、2011年
豊陽子「製作プロデューサー／豊陽子」、公野勉『ライブエンターテイメントへの回帰――映像から二・五次元へアニメライブ ミュージカル概論』所収、風塵社、2018年、58―95ページ
吉岡史朗「「脱・テニミュ史観」を目指して――『サクラ大戦』に見る2・5次元ミュージカルの新たな可能性」、国際基督教大学アジア文化研究所編「アジア文化研究」第44号、国際基督教大学アジア文化研究所、2018年、149―166ページ
吉澤夏子「〈私〉の性的主体性――腐女子と夢女子」、「特集 女オタクの現在――推しとわたし」「ユリイカ」2020年9月号、青土社、119―125ページ
吉田栞／文屋敬「腐女子と夢女子の立ち位置の相違」、福岡女学院大学人文学部編「福岡女学院大学紀要 人文学部編」第24号、福岡女学院大学人文学部、2014年、61―81ページ
吉本たいまつ『おたくの起源』（NTT 出版ライブラリーレゾナント）、NTT 出版、2009年
ラマール，トマス「消費と生産の間――オタク文化と人的資本」大崎晴美訳、藤木秀朗編『観客へのアプローチ』（日本映画史叢書）所収、森話社、2011年、255―294ページ
和田俊輔「作曲・編曲家 和田俊輔」、門倉紫麻『2・5次元のトップランナーたち――松田誠、茅野イサム、和田俊輔、佐藤流司』所収、集英社、2018年、101―143ページ
渡辺守章『虚構の身体――演劇における神話と反神話』中央公論社、1978年
渡辺諒／下川晶子「日本のミュージカル受容――海外ミュージカル／オリジナル作品／2・5次元ミュージカル」、岩崎徹／渡辺諒編、関根裕子／安冨順／中本千晶／下川晶子『世界のミュージカル・日本のミュージカル』（横浜市立大学新叢書）所収、横浜市立大学学術研究会、2017年、231―269ページ

[英語]

Booth, Paul. *Digital Fandom 2.0: New Media Studies.* 2nd ed., Peter Lang, 2017.

The Broadway League. "The Broadway League Reveals "The Demographics Of The Broadway Audience" for 2018-2019 Season," Jan 13, 2020. (https://www.broadwayleague.com/press/press-releases/the-broadway-league-reveals-the-demographics-of-the-broadway-audience-for-2018-2019-season/) [2020年3月30日アクセス]

Cambridge Dictionary. (https://dictionary.cambridge.org/dictionary/english.) [2020年9月1日アクセス]

Condry, Ian. *The Soul of Anime: Collaborative Creativity and Japan's Media Success Story*, Duke University Press, 2013. (イアン・コンドリー『アニメの魂——協働する創造の現場』島内哲朗訳、NTT 出版、2014年)

Engel, Lehman. *The Making of a Musical: Creating Songs for the Stage*, Lomelight, 1986.

Fischer-Lichte, Erika. *The Routledge Introduction to Theatre and Performance Studies*, Routledge, 2014.

Galbraith, Patrick W.. *Otaku and the Struggle for Imagination in Japan*, Duke University Press, 2019.

Granovetter, Mark S.. "The Strength of Weak Ties," *American Journal of Sociology*, 78(6), 1973, pp. 1360-1380.

Hills, Matt. *Fan Cultures*, Routledge, 2002.

Jenkins, Henry. *Textual Poachers: Television Fans and Participatory Culture*, Routledge, 1992.

———. *Convergence Culture: Where Old and New Media Collide*, Updated version, New York University Press, 2008.

———. "Fandom Studies as I see it." *Journal of Fandom Studies*, 2(2), 2014, pp. 89-109.

———. "Introduction," in Henty Jenkins, Mizuko Ito and Danah Boyd eds., *Participatory Culture in a Networked Era: A Conversation on Youth, Learning, Commerce, and Politics*, Polity Press, 2016, pp. 1-31.

Johnson, Derek. *Media Franchising: Creative License and Collaboration in the Culture Industries*, New York University Press, 2013.

Kam, Thiam Huat. "The common sense that makes the 'otaku': rules for consuming popular culture in contemporary Japan," *Japan Forum*, 25(2), 2013, pp. 151-173.

Milgram, Paul and Fumio Kishino. "A taxonomy of mixed reality visual displays." *IEICE Transactions on Information and Systems*, E77-D, (12)December, 1994, pp. 1321-1329.

Morimoto, Lori Hitchcock, and Chin, Bertha. "Reimagining the Imagined

Community: Online Media Fandoms in the Age of Global Convergence," in Jonathan Gray, Cornel Sandvoss and C. Lee Harrington eds., *Fandom: Identities and Communities in a Mediated World*, 2nd ed., New York University Press, 2017, pp.174-188.

Niu, Han-Jen, Chiang, Yung-Sung, and Tsai, Hsien-Tang. "An Exploratory Study of the Otaku Adolescent Consumer," *Psychology and Marketing*, 29(10), 2012, pp. 712-725.

Nozawa, Shunsuke. "Ensnoulment and Effacement in Japanese Voice Acting," in Patrick W. Galbraith and Jason G. Karlin eds., *Media Convergence in Japan*, Kinema Club, 2016, pp. 169-199.

Pratt, Mary Louise. "Arts of the Contact Zone," *Profession*, 1991, pp. 33-40.

Richardson, Ingrid, and Harper, Carly. "Corporeal Virtuality: The Impossibility of a Fleshless Ontology," *Body, Space, and Technology*, 2(2), 2001.（http://people.brunel.ac.uk/bst/vol0202/ingridrichardson.html.）［2020年4月2日アクセス］

de Souza e Silva, Adriana. "From Cyber to Hybrid: Mobile Technologies as Interfaces of Hybrid Spaces," *Space and Culture*, 9(3), 2006, pp. 261-278.

Sivilsky, Cindy, and Kurokawa, Shin. "Anime Magnetism," *American Theater*, April 22, 2019.（https://www.americantheatre.org/2019/04/22/anime-magnetism/）［2020年3月2日アクセス］

Sugawa-Shimada, Akiko. "The 2.5-Dimensional Theater as a Communication Site: Non-site-specific Theater Tourism." in Takayoshi Yamamura and Philip Seaton eds., *Contents Tourism and Pop Culture Fandom: Transnational Tourist Experiences*, Channel View Publications, 2020, pp. 128-143.

————. "Emerging "2.5-dimensional" Culture: Character-oriented Cultural Practices and "Community of Preferences" as a New Fandom in Japan and Beyond," *Mechademia: Second Arc, Special Issue*, 12(2), 2020, pp.124-139.

Zihui, Lu. "Idolized Popular Performance: Musical The Prince of Tennis and Japanese 2.5-dimensional Theatre," *Popular Entertainment Studies*, 10(1-2), 2020, pp. 6-18.

［映像資料］

DVD『サクラ大戦歌謡ショウ 帝国歌劇団・花組特別公演「愛ゆえに」』マーベラスエンターテイメント、2000年

DVD『ハイパープロジェクション演劇『ハイキュー!!』Documentary of〝頂の景色〟』東宝、2018年

DVD『密着ドキュメンタリー 舞台「刀剣乱舞」悲伝結いの目の不如帰 ディレクタ

ーズカット篇』マーベラス、2018年
DVD『ミュージカル 美少女戦士セーラームーン――La Reconquista』キングレコード、2014年
DVD『ミュージカル HUNTER × HUNTER 2 Stage Pack』マーベラスAQL、2004年
DVD『リアルステージ HUNTER × HUNTER ～ a longing for Phalcnothdk 蜘蛛の記憶』マーベラスAQL、2004年

［3］それぞれの作品には主演や原作、放送局などをできるだけ補足した。なお、ミュージカル『テニスの王子様』3rd シーズンは主演が変わるため、明記していない。また、『ヒプノシスマイク――Division Rap Battle』も公演の性質上、主演を記してない。

［4］「アニメ、アニメ映画」の列は、断りがないものはテレビアニメ番組を指す。

［5］「マンガ、小説、ライトノベルほか」の列は、断りがないかぎりマンガを指す。

［6］「宝塚、歌舞伎ほか」の列の『刀を抜いて』は、岡本一平のマンガ小説の歌舞伎ミュージカルとされている。

ゲーム	（実写）テレビドラマ、映画ほか	宝塚、歌舞伎ほか	ラジオ、通信、ネット、配信	経済、社会、その他
		宝塚歌劇団『正ちゃんの冒険』（月組、10月）		
		宝塚歌劇団『思ひつき夫人』（花組、12月）		
		宝塚歌劇団『刀を抜いて』（星組、9月）		
				東京オリンピック開催。女子バレーボールチームが金メダル。
	『スター千一夜』（フジテレビ系、1959―81年）にアトムと手塚治虫が出演。			

二・五次元文化年表

凡例

［1］2.5次元舞台の定義は、2003年から変化している。ここでは原作が2次元のもので、本書に関連する作品や重要事象だけを明記した。シリーズや再演などは特記がないかぎり省略した。

［2］本年表は、「アニメビジエンス」2015年春号（ジェンコ）、「総特集 2・5次元——2次元から立ちあがる新たなエンターテインメント」「ユリイカ」2015年4月臨時増刊号（青土社）、「omoshii mag」第4号・第6号（アンファン、2016年）ほかを参考に筆者が作成した。

年	2.5次元舞台	2.5次元舞台総動員数（万人）	上映作品数	アニメ、アニメ映画	マンガ、小説、ライトノベルほか
1924					
1938					
1956					
1961				『インスタントヒストリー』（3分番組、フジテレビ系、—62年）	
1962					
1963				『鉄腕アトム』（国産初毎週連続30分番組、フジテレビ系、—66年）	
1964					
1965					
1966					『巨人の星』連載開始。

	ドラマ『サインはV』（主演：岡田可愛、―70年）			
	映画『あしたのジョー』（主演：石橋正次、日活、7月）、映画『サインはV』（主演：岡田可愛、東宝）			よど号ハイジャック事件で赤軍派の犯行声明に「われわれは明日のジョー」だと言及。
	特撮ヒーロー『仮面ライダー』放映（原作：石森章太郎、NET系ほか、―73年）			
				男性アイドル（郷ひろみ、西城秀樹、野口五郎ら）ブーム
		宝塚歌劇団『ベルサイユのばら』（月組、8―9月、脚本：植田紳爾）		
	特撮ヒーロー『秘密戦隊ゴレンジャー』放映（NET系ほか、原作：石森章太郎、―77年）。			

1967						
1968				『巨人の星』（よみうりテレビ系、—71年）	『サインはV！』（原作：神保史郎／望月あきら）、『あしたのジョー』（原作：高森朝雄、—73年）	
1969	舞台『巨人の星』（主演：河村稔）					
1970	舞台『あしたのジョー』（石橋正次、3月）、ミュージカル『サインはV』（主演：岡田可愛）			『あしたのジョー』（フジテレビ系、—71年）	『あしたのジョー』でジョーのライバル力石徹が死亡。力石の葬儀が営まれる。	
1971						
1972				『マジンガーZ』（フジテレビ系、—74年）	『ベルサイユのばら』が「週刊マーガレット」（原作：池田理代子、集英社）で連載開始（—73年）。	
1973						
1974						
1975					『はいからさんが通る』（原作：大和和紀）が「週刊少女フレンド」（講談社）で連載開始（—77年）。	

	「てれびくん」（小学館）創刊。			
	特撮ヒーロー『ジャッカー電撃隊』（テレビ朝日系ほか、原作：石森章太郎）			
	歌番組『ザ・ベストテン』開始（TBS系、—89年）			
	ドラマ『はいからさんが通る』（関西テレビ、宝塚女優が出演、—80年）。特撮ヒーロー『バトルフィーバーJ』放映（テレビ朝日系ほか、本作から原作・八手三郎へ）。マーベル・コミックからミスアメリカが協力キャラクターとして登場。		ラジオ『アニメトピア』開始（ラジオ大阪、パーソナリティー：麻上洋子／吉田理保子、—86年）	たのきんトリオブーム
	特撮ヒーロー『電子戦隊デンジマン』放映（テレビ朝日系ほか、—81年）。「スーパー戦隊」のフォーマットが完成。	松竹歌劇団（SKD）ミュージカル『銀河鉄道999 in SKD』（主演：滝真奈美）。宝塚歌劇団『アンジェリク——炎の恋の物語』（月組、1—4月）		

1976					『王家の紋章』（原作：細川知栄子あんど芙〜みん）が「月刊プリンセス」（秋田書店）で連載開始（継続中）。	
1977				劇場版『宇宙戦艦ヤマト』（主演：富山敬、東映洋画）公開。第2次アニメブーム。「月刊OUT」（みのり書房）創刊。		
1978				『はいからさんが通る』（テレビ朝日系、―79年）。「アニメージュ」（徳間書店）創刊。		
1979				『ベルサイユのばら』（日本テレビ系、―80年）、『機動戦士ガンダム』（名古屋テレビ／テレビ朝日系、―80年）		
1980						

		宝塚歌劇団『オルフェウスの窓――イザーク編』（星組、4月／6―8月）		チェッカーズ活躍。
	バラエティー番組『夕やけニャンニャン』（フジテレビ系、―87年）			おニャン子クラブ。オーディションから成長する様をテレビで放映するスタイルで人気。
		松竹歌劇団（SKD）ミュージカル『銀河鉄道999 透明宮への旅』（主演：丘乃遊莉）	PC-VAN（NEC）が開局。	バブル景気始まる（12月）。
ファミコン『聖闘士星矢 黄金伝説』（バンダイ）発売。	映画『はいからさんが通る』（主演：南野陽子、東映）		ニフティサーブ開局。	
				日経平均株価が日本の株価史上最高を記録。

1981					『タッチ』（原作：あだち充）「週刊少年サンデー」（小学館）で連載開始（―86年）。	
1982						
1983						
1984						
1985				『タッチ』（フジテレビ系、―87年）	『聖闘士星矢』（原作：車田正美）「週刊少年ジャンプ」（集英社）で連載開始（―90年）。	
1986				『聖闘士星矢』（テレビ朝日系、―89年）		
1987	ミュージカル『タッチ』（再演、主演：坂上忍、―88年）					
1988						
1989					『DEAR BOYS』（原作：八神ひろき）「月刊少年マガジン」（講談社）で連載開始（―97年）。	
1990					ライトノベル『炎の蜃気楼』（桑原水菜、集英社）シリーズ開始（―2004年）。ミラージュツアーが始まる。	

	バラエティー番組『愛ラブSMAP!』（テレビ東京系、—96年）。男性アイドルのバラドル化。			SMAP、CDデビュー。バブル経済崩壊。
	バラエティー番組『夢がMORI MORI』（フジテレビ系）開始（—95年）。			
『アンジェリーク』（光栄）発売。乙女ゲームブーム到来。『ときめきメモリアル』（コナミ、PCE）発売。			ポケットベルブーム	ネルケプランニング設立。
			ニフティサーブ会員100万人突破。	阪神・淡路大震災。地下鉄サリン事件。プリント倶楽部（プリクラ）登場。
『サクラ大戦』（セガ・エンタープライゼス、セガサターン用ソフト）発売。『ときめきメモリアル』の藤崎詩織が歌手デビュー。			バーチャルアイドル伊達杏子デビュー。	『ハイブリッドミルキー』（元祖ミルキーペン、ぺんてる）発売。

1991	バンダイスーパーミュージカル『聖闘士星矢』（主演：中居正広）				
1992				『美少女戦士セーラームーン』（テレビ朝日系、—97年）、『姫ちゃんのリボン』（テレビ東京系、—93年）	『美少女戦士セーラームーン』（原作：武内直子）「なかよし」（講談社）で連載開始（—97年）、『赤ずきんチャチャ』（原作：彩花みん）「りぼん」（集英社）で連載開始（—2000年）。
1993	ミュージカル『美少女戦士セーラームーン』（バンダイ版、主演：大山アンザほか、—2005年）、ミュージカル『姫ちゃんのリボン』（主演：入絵加奈子）				
1994	ミュージカル『赤ずきんチャチャ』（主演：入絵加奈子、—95年）			『赤ずきんチャチャ』（テレビ東京系、—95年）	『るろうに剣心——明治剣客浪漫譚』（原作：和月伸宏）「週刊少年ジャンプ」（集英社）で連載開始（—99年）。
1995	ミュージカル『ナースエンジェルりりかSOS』（主演：入絵加奈子、—96年）			『新世紀エヴァンゲリオン』（テレビ東京系、—96年）放映、社会現象に。『ナースエンジェルりりかSOS』（テレビ東京系、—96年）	
1996	ミュージカル『水色時代』（主演：鈴木真仁、—97年）			『るろうに剣心』（フジテレビ系、—98年）、『水色時代』（テレビ東京系、—97年）	

				モーニング娘。が人気に。インスタントカメラ・チェキ（富士フイルム）登場。
			NTT のｉモード誕生。	
『遙かなる時空の中で』（コーエー、PS版）発売。	『仮面ライダークウガ』（テレビ朝日系ほか、出演：オダギリジョー、葛山信吾、―01年）。「平成仮面ライダー」シリーズ始まる。		カメラ付き携帯電話 J-SH04（J－フォン＝現ソフトバンク）発売、大人気に。ラジオ『HUNTER × HUNTER R』（ラジオ大阪、文化放送、―05年）	特撮スーパーヒーロー出身の若手俳優が注目を集め始める。
	『仮面ライダーアギト』（テレビ朝日系ほか、出演：賀集利樹、要潤、―02年）。「仮面ライダー」が若い女性・主婦層に人気拡大。		J-SH04『写メール』シリーズ化。	第2次プリクラブーム
『ときめきメモリアル Girl's Side』（コナミ、PS2）発売。	『仮面ライダー龍騎』（テレビ朝日系ほか、出演：須賀貴匡、松田悟志、―03年）			
	『仮面ライダー555』（テレビ朝日系ほか、主演：半田健人、―04年）			ドラマ『冬のソナタ』（NHK）放映（―04年）。

1997	『サクラ大戦歌謡ショウ帝国歌劇団・花組特別公演「愛ゆえに」』初演。『GALAXY EXPRESS 999 The Musical』(主演:本田修司)			OVA『サクラ大戦——桜華絢爛』。『ポケットモンスター』放映開始(テレビ東京系)。	
1998	南青山少女歌劇団のミュージカル『サクラ大戦——花咲く乙女』シリーズ初演。				『HUNTER × HUNTER』(原作:冨樫義博)「週刊少年ジャンプ」(集英社)で連載開始。
1999	舞台『こちら葛飾区亀有公園前派出所』(主演:ラサール石井)			『HUNTER × HUNTER』(日本アニメーション制作、フジテレビ系、—2001年)。OVA『サクラ大戦—— 轟華絢爛』	『テニスの王子様』(原作:許斐剛)「週刊少年ジャンプ」(集英社)で連載開始(—2008年)。
2000	ミュージカル『HUNTER × HUNTER』(主演:竹内順子)シリーズ初演。劇団☆新感線版『犬夜叉』(主演:佐藤アツヒロ)	26	15	『サクラ大戦』(TBS系)	
2001	5周年記念公演『海神別荘』で、『サクラ大戦歌謡ショウ』終結。	74	17	映画『サクラ大戦——活動写真』(東映)。『テニスの王子様』(テレビ東京系、—05年)。	『BLEACH』(原作:久保帯人)「週刊少年ジャンプ」(集英社)で連載開始(—16年)。
2002	『サクラ大戦 新春歌謡ショウ 神崎すみれ引退記念公演 春恋紫花夢惜別』。『サクラ大戦 帝国歌劇団・花組 スーパー歌謡ショウ』開始。	11	14		『エア・ギア』(原作:大暮維人)「週刊少年マガジン」(講談社)で連載開始(—12年)。
2003	ミュージカル『テニスの王子様』(テニミュ、1st シーズン、—10年)、『サクラ大戦スーパー歌謡ショウ 新宝島』	12	17	『DEAR BOYS』(テレビ東京系)	『DEATH NOTE』(原作:大場つぐみ)「週刊少年ジャンプ」(集英社)で連載開始(—06年)。

			「mixi」サービス開始。	韓流ブーム
『テニスの王子様――学園祭の王子様』(コナミ)発売。『戦国BASARA』(カプコン、PS2)発売。『THE IDOLM@STER』(ナムコ、アーケードゲーム)発売。				AKB48、活動開始。
『テニスの王子様――ドキドキサバイバル』(コナミ)発売。	『仮面ライダーカブト』(テレビ朝日系ほか、主演:水嶋ヒロ、―07年)、映画『デスノート』(出演:藤原竜也、松山ケンイチ、ワーナー・ブラザース映画)		「ニコニコ動画」サービス開始。	
『THE IDOLM@STER』(Xbox 360)発売。	『仮面ライダー電王』(テレビ朝日系ほか、主演:佐藤健、―08年)		「YouTube」日本語対応を開始。「ニコニコ動画」で「空耳字幕」。iPhoneがアメリカで発売開始。「pixiv」(イラスト投稿型SNS)サービス開始。	
『薄桜鬼――新選組奇譚』(オトメイト、PS2)発売、ファンイベント『オトメイトパーティー』開始(メルパルクホール、以後、毎年開催)。			「Twitter」「Facebook」日本語版サービス開始。iPhoneが日本で発売(ソフトバンクモバイル)。	映画『レッドクリフ』公開。“歴ドル”登場で「歴女」(歴史好きな女子)が話題に。女性アイドルブーム到来。

2004		11	19	『BLEACH』（テレビ東京系、—12年）	ライトノベル『炎の蜃気楼』シリーズ本編終了。
2005	『ROCK MUSICAL BLEACH』（ブリミュ、主演：伊阪達也）	22	22		
2006	『新・愛ゆえに』で『サクラ大戦 帝国歌劇団・花組 スーパー歌謡ショウ』終了。『ブリミュ再炎』（主演：伊阪達也）、『ブリミュ The Dark of The Bleeding Moon』（主演：伊阪達也）	46	20	『エア・ギア』（テレビ東京系）、『DEATH NOTE』（日本テレビ系ほか、—07年）	
2007	ミュージカル『エア・ギア』（主演：鎌苅健太）。ミュージカル『DEAR BOYS』（主演：池田竜冶）。舞台『アドルフに告ぐ』（劇団スタジオライフ、主演：山本芳樹、荒木健太朗）。『ブリミュ No Clouds in the Blue Heavens』（主演：伊阪達也）	38	19	『機動戦士ガンダム００』（MBS／TBS系、—09年）	
2008	ネオロマンスステージ『遙かなる時空の中で——舞一夜』初演（主演：はねゆり）。『テニミュ The Imperial Presence 氷帝 feat. 比嘉』（主演：阪本奨悟）海外公演（台湾、韓国）。ミュージカル『最遊記歌劇伝』シリーズ初演（主演：鈴木拡樹）。	54	29		『弱虫ペダル』（原作：渡辺航）「週刊少年チャンピオン」（秋田書店）で連載開始。

	『侍戦隊シンケンジャー』(テレビ朝日系ほか、出演：松坂桃李、相葉弘樹〔現・裕樹〕)	宝塚歌劇団『逆転裁判』(宙組、2月)。宝塚歌劇団『逆転裁判2』(宙組、8月)		AKB48、第1回選抜総選挙。ファンのアイドル育成感覚が可視化。
	バラエティー番組『戦国鍋TV——なんとなく歴史が学べる映像』開始(—12年)。		「Instagram」開始。	東方神起、KARA、少女時代ら活躍、K-POPブーム。μ's結成。
『アイドルマスターシンデレラガールズ』(バンダイナムコゲームス)ソーシャルゲームとして開始。		宝塚歌劇団『メイちゃんの執事——私の命に代えてお守りします』(星組、2月)	インターネットラジオ「ラブライブ部ラジオ課外活動」(—12年)	東日本大震災。ももいろクローバーZとして活動開始。
	映画『るろうに剣心』(主演：佐藤健、ワーナー・ブラザース映画)	宝塚歌劇団『銀河英雄伝説@TAKARAZUKA』(宙組、8—10月)。宝塚歌劇団『JIN——仁』(雪組、10—11月)	インターネットラジオ『ラブライブ部μ's広報部』(—16年)	2.5次元舞台上演作品数、動員数が前年の倍。約70作品、115万人に。乃木坂46デビュー。
		宝塚歌劇団『銀河英雄伝説@TAKARAZUKA』(宙組、1月)。宝塚歌劇団『戦国BASARA』(花組、6—7月)。宝塚歌劇団『ブラックジャック——許されざる者への挽歌』(雪組、2月)。宝塚歌劇団『逆転裁判3——検事マイルズ・エッジワース』(宙組、1月)		ル テアトル銀座が閉館。

2009	舞台『戦国BASARA』シリーズ初演（主演：久保田悠来）。『音楽舞闘会「黒執事」―その執事、友好』初演（主演：松下優也）。	68	35		
2010	ミュージカル『忍たま乱太郎』（忍ミュ）初演、舞台『薄桜鬼――新選組炎舞録』（主演：早乙女太一）	29	38	『薄桜鬼』（チバテレビほか）『薄桜鬼 碧血録』（チバテレビほか）	
2011	『テニミュ』（2ndシーズン、―14年）。舞台『銀河英雄伝説 第一章 銀河帝国編』（主演：松坂桃李）、スーパーミュージカル『聖闘士星矢』（主演：鎌苅健太）	48	39	『HUNTER × HUNTER』（マッドハウス制作、日本テレビ系、―14年）。『TIGER & BUNNY』（サンライズ制作、MBSほか）	『TIGER & BUNNY』。『ラブライブ！』「電撃G's magazine」（メディアワークス）で連載開始。
2012	舞台『弱虫ペダル』（ペダステ）シリーズ初演（主演：村井良大）。ミュージカル『薄桜鬼』シリーズ（薄ミュ）初演（『斎藤一篇』）。舞台『TIGER & BUNNY THE LIVE』（出演：平田広明、森田成一）、ミュージカル『コードギアス 反逆のルルーシュ――魔人に捧げるプレリュード』（主演：高木心平）、舞台『サクラ大戦奏組――雅なるハーモニー』（主演：田上真里奈）	115	70	『薄桜鬼 黎明録』（TOKYO MXほか）。『新テニスの王子様』（テレビ東京ほか）	『ハイキュー!!』（原作：古舘春一）「週刊少年ジャンプ」（集英社）で連載開始。
2013	『セラミュ』（ネルケ版、主演：大久保聡美、―17年）	139	88	『ラブライブ！』第一期（TOKYO MXほか）。『プリティーリズム・レインボーライブ』（テレビ東京系、16年にスピンオフが『KING OF PRISM by PrettyRhythm』として映画化）	

モバイルゲーム『Tokyo 7th シスターズ』(Donuts) 開始。		宝塚歌劇団『アルカサル――王城』(星組、12月)。宝塚歌劇団『伯爵令嬢――ジュ・テーム、きみを愛さずにはいられない』(雪組、10月)。宝塚歌劇団『ベルサイユのばら―オスカル編』(宙組、5―6月)。宝塚歌劇団『ベルサイユのばら――フェルゼンとマリー・アントワネット編』(宙組、8―9月)		ネルフェス2014in 武道館。一般社団法人日本2.5次元ミュージカル協会設立。AKB46握手会で傷害事件。
ブラウザゲーム『刀剣乱舞―ONLINE―』(DMM GAMES) 開始。モバイルゲーム『あんさんぶるスターズ!』(Happy Elements カカリアスタジオ) 開始。		宝塚歌劇団『ルパン三世――王妃の首飾りを追え!』(雪組、1―2月)。スーパー歌舞伎II『ワンピース』(主演:市川猿之助) 初演		青山劇場閉館、日本青年館閉館。AiiA 2.5 Theater Tokyo (2.5次元ミュージカル専用劇場) の運用を開始 (3月)。

2014	ミュージカル『AMNESIA』、『ペダステ箱根学園篇 野獣覚醒』海外公演（台湾）。舞台『學蘭歌劇帝一の國』シリーズ初演（主演：木村了）。超歌劇『幕末Rock』初演（主演：良知真次）。『テニミュ』2ndシーズン完結。舞台『炎の蜃気楼 昭和編』シリーズ（—18年）	136	103	『美少女戦士セーラームーン Crystal』（ニコニコ生放送ほか、—15年）、『ハイキュー!!』第一期（TBS系）。『ラブライブ！』第二期（TOKYO MXほか）	ライトノベル『炎の蜃気楼 昭和編』開始（〔コバルト文庫〕、集英社、—17年）	
2015	『テニミュ』（3rdシーズン、—19年）、『セラミュ』上海公演、『テニミュ』台湾、香港公演。ミュージカル『刀剣乱舞』（刀ミュ）トライアル公演（主演：黒羽麻璃央）。ハイパープロジェクション演劇『ハイキュー!!』（演劇『ハイキュー!!』、主演：須賀健太）。『ONE PIECE LIVE ATTRACTION』（東京ワンピースタワー）。ライブ・スペクタクル『NARUTO—ナルト—』初演（主演：松岡広大）。ミュージカル『デスノート——THE MUSICAL』初演（主演：浦井健治、柿澤勇人）。	132	123	『ハイキュー!!』第二期（毎日放送ほか）。『おそ松さん』第一期（テレビ東京ほか、—16年）、大ヒット。“おそ松さんブーム”。以後、アニメ、ドラマ、映画でキャラ立ちする男性オンリー作品やバディものが人気に。		

アプリゲーム『刀剣乱舞―ONLINE Pocket―』(DMM GAMES)開始。	BSスカパー！オリジナルドラマ『弱虫ペダル』放映、舞台と同じキャスト。	宝塚歌劇団『浪漫活劇 るろうに剣心』(主演：早霧せいな、雪組、2―3月)。東宝ミュージカル『王家の紋章』(主演：浦井健治)	バーチャルYouTuber(VTuber)キズナアイ登場。初音ミク、冨田勲追悼特別公演『ドクター・コッペリウス』に出演(Bunkamuraオーチャードホール)。AbemaTV開局。	
アプリゲーム『A3!』(リベル・エンタテインメント)開始。		宝塚歌劇団『はいからさんが通る』(花組、10月)。スーパー歌舞伎II『ワンピース』再演。	『刀ステ義伝』、海外ライブビューイング(香港、台湾、タイ)	『ヒプノシスマイク――Division Rap Battle』プロジェクト開始。2.5次元舞台の動員数、市場規模過去最高を記録。
アプリゲーム『少女☆歌劇 レヴュースタァライト―Re LIVE』	『刀ミュ』の刀剣男士、『NHK紅白歌合戦』に出演。	宝塚歌劇団『ポーの一族』(花組、1―3月)。新作歌舞伎『NARUTO―ナルト―』(主演：坂東巳之助)	第1回バーチャル紅白歌合戦配信。	AiiA 2.5 Theater Tokyo閉館。

2016	舞台『刀剣乱舞——虚伝 燃ゆる本能寺』（刀ステ、主演：鈴木拡樹、—17年）、ライブ・スペクタクル『NARUTO—ナルト—』ワールドツアー開始。舞台『黒子のバスケ THE ENCOUNTER』（主演：小野賢章）	150	133	『薄桜鬼——御伽草子』。『ハイキュー!!』第三期（毎日放送ほか）。『刀剣乱舞——花丸』第一期（TOKYO MX ほか）。映画『KING OF PRISM by PrettyRhythm』応援上映が人気に。	『鬼滅の刃』（原作：吾峠呼世晴）「週刊少年ジャンプ」（集英社）で連載開始。
2017	『刀ミュ』上海公演。ミュージカル『少女☆歌劇 レヴュースタァライト——The LIVE#1』（主演：小山百代）。"逆2.5"を企図する『錆色のアーマ』上演（主演：佐藤大樹、増田俊樹）。ミュージカル『王家の紋章』（主演：浦井健治）、舞台『KING OF PRISM——Over the Sunshine!』（主演：橋本祥平）応援上演スタイル採用。『花咲く男たち』で『サクラ大戦』の男性キャストによるショウが開始。	223	171	『活撃 刀剣乱舞』（TOKYO MX ほか）、映画『はいからさんが通る——前編 紅緒、花の17歳』、映画『KING OF PRISM——PRIDE the HERO』応援上映定着。『おそ松さん』第二期（テレビ東京ほか、—18年）	『活撃 刀剣乱舞』「ジャンプスクエア」（集英社）で連載開始。ライトノベル『炎の蜃気楼 昭和編』終了で、シリーズ"環"結。
2018	『セラミュ』（乃木坂46版、主演：山下美月、井上小百合）、『浪漫活劇るろうに剣心』（主演：元宝塚歌劇団トップの早霧せいな）	278	197	『銀河英雄伝説 Die Neue These』（NHK）。『少女☆歌劇 レヴュースタァライト』（TBS ほか）。『刀剣乱舞——花丸』第二期（TOKYO MX ほか）。映画『はいからさんが通る——後編 花の東京大ロマン』。	松澤くれはの小説『りさ子のガチ恋♡俳優沼』（集英社）、2・5次元俳優にハマった女性ファンのリアルが描かれる。

	『テレビ演劇 サクセス荘』（テレビ東京系、原案：松田誠）、『寝ないの?小山内三兄弟』（日本テレビ系）、“2.5次元俳優”多数登場。映画『刀剣乱舞』（主演：鈴木拡樹、東宝）	宝塚歌劇団『花より男子』（花組、6―7月）。新作歌舞伎『NARUTO―ナルト―』再演、京都南座で超歌舞伎『今昔饗宴千本桜』（主演：中村獅童）、初音ミクが出演、大向こうは「初音屋」。新作歌舞伎『風の谷のナウシカ』（主演：尾上菊之助）	『テニミュ』「ニコニコ動画」で無料配信。伊達杏子の娘・伊達あやのがVTuberデビュー。	2.5次元ミュージカル専用シアター、AiiA 2.5 Theater Kobeオープン。
ディズニーアプリゲーム『ディズニー ツイステッドワンダーランド』（ツイステ）サービス開始（原案：枢やな）。	『NHKバーチャル紅白歌合戦』（元旦放映）、『KING OF DANCE』（読売テレビ系）2.5次元俳優多数登場（テレビドラマと舞台連動）。	宝塚歌劇は新型コロナウイルスの影響で8月まで全公演休演。歌舞伎は新型コロナウイルスの影響で7月まで休演。	テレワーク進む。5Gサービス開始。	新型コロナウイルス感染拡大の影響、いわゆる“コロナショック”で東京オリンピック延期、ライブステージの中止、テレビアニメ、ドラマ、映画の延期相次ぐ。大打撃を受けた舞台演劇人を救うためのクラウドファンディング「シアターコンプレックス」プロジェクト（発起人松田誠）、7月にサービス始動。

2019	舞台『機動戦士ガンダム00——破壊による再生Re:Build』（主演：橋本祥平）。『刀ミュ』。『刀ステ』。『テニミュ』3rdシーズン最終公演「全国大会青学vs立海後編」。演劇『ハイキュー!!』新キャスト（主演：醍醐虎汰朗）。『錆色のアーマ——繋ぐ』（主演：佐藤大樹、増田俊樹）			『KING OF PRISM——Shiny Seven Stars』（テレビ東京ほか）。『鬼滅の刃』、大ブームへ。	『錆色のアーマ』コミカライズ（KADOKAWA）
2020	舞台『鬼滅の刃』（主演：小林亮太）。舞台『KING OF PRISM——Shiny Rose Stars』（主演：橋本祥平）。ミュージカル『デスノート THE MUSICAL』キャスト変更で再演（主演：村井良大、甲斐翔真）。『テニミュ』2月に3rdシーズン全公演終了。舞台『ヒプノシスマイク——Division Rap Battle』Rule the Stage。演劇『ハイキュー!!——最強の挑戦者』（主演：醍醐虎汰朗）新型コロナウイルスにより東京公演以後中止。『科白劇 舞台『刀剣乱舞／灯』~~綺伝 いくさ世の徒花~~ 改変 いくさ世の徒花の記憶』（舞台が科白劇として改編され上演）。ミュージカル『新テニスの王子様』（主演：今牧輝琉）開始。			『ハイキュー!!』第四期（TBS系、毎日放送）。『新サクラ大戦』（TOKYO MX ほか）。劇場版『鬼滅の刃 無限列車編』記録的大ヒット。興行収入歴代1位に。	『鬼滅の刃』連載終了。

あとがき

本書は、「二次元（虚構）と三次元（現実）の間の行為者と受容者たちの文化実践」を「二・五次元文化」として初めて概念化した論考[1]を発表してから、継続的におこなってきた研究プロジェクトの成果の一部です。青弓社から「ＷＥＢ青い弓」で「二・五次元文化」について連載してみないかとお誘いいただき、温めていたアイデアを書き始めてみると、二・五次元文化の裾野の広さをあらためて痛感しました。本書では、二・五次元文化の代表的な領域と位置づけている「二・五次元舞台」を論じてきましたが、それは二・五次元文化研究への第一歩にすぎず、コスプレ、声優／キャラライブコンサート、コンテンツツーリズム、応援上映、Ｖチューバーなどは、本書では詳しく論じられませんでした。それらの研究を形にしたうえで、「二・五次元文化」についてあらためて考察することを今後の課題にしたいと思います。

本研究を進めるにあたって、横浜国立大学から助成を受けて二〇一四年度から毎年開催している「二・五次元文化を考える公開シンポジウム」では、二・五次元文化の多方面で活躍しているゲストをお迎えして貴重なお話をうかがい、議論を深めることができました。そして一七年にはＪＳＰＳ科研費（挑戦的研究（萌芽））「「二・五次元文化」における参加型文化による嗜好共同体構築に関する研究」（課題番号17K18459）の助成をいただきました。

日本二・五次元ミュージカル協会の松田誠代表理事には、二・五次元舞台の可能性について、たくさんの示唆を与えていただき、大変お世話になりました。そして、ハイパープロジェクション演劇『ハイキュー!!』の演出家ウォーリー木下さんは、公演中、ご多忙にもかかわらず、貴重なお話を聞かせてくださいました。あらためまして、お礼を申し上げます。ネルケプランニングの関係者様のご厚意にも深謝いたします。

そして、取材に快く応じてくださったNelke China（奈爾可〔上海〕文化発展有限公司）の譚軍社長、ネルケプランニング中国事業部の黄輝さん、そして関係者のみなさまに、この場をお借りいたしまして、心からお礼を申し上げます。

アンケートに回答してくださったファンのみなさま、個別インタビューに応じてくださったみなさま、熱い二・五次元愛を共有してくださり、本当にありがとうございました。

また、ウェブ連載にお声をかけてくださり、書籍化にあたっては遅筆の筆者を辛抱強く励ましてくださった、青弓社の矢野未知生氏に感謝いたします。

最後に、いつも温かく見守ってくれる家族にもありがとうを伝えます。

*

本書は、マンガ、アニメ、ゲーム、声優、特撮、アイドルなどの文化史、ブロードウェイミュージカルや宝塚歌劇団などとのスタイルの比較・検討、パフォーマンス論を援用したキャラクターと俳優の身体についての考察、そしてファンへの量的・質的調査から「二・五次元舞台」にアプローチしました。しかし、それは数あるアプローチの一つにすぎません。本書が「二・五次元舞台」研究、そして「二・五次元文化」研究の活性化のきっかけとなったならば、これ以上の喜びはありません。

二〇二〇年十一月

須川亜紀子

注

(1) 前掲「ファンタジーに遊ぶ」

［著者略歴］
須川亜紀子（すがわ・あきこ）
横浜国立大学大学院都市イノベーション研究院教授
専攻はポピュラー文化研究、オーディエンス／ファン研究
著書に『少女と魔法――ガールヒーローはいかに受容されたのか』（NTT 出版）、共編著に『アニメーション文化 55のキーワード』（ミネルヴァ書房）、『アニメ研究入門［応用編］――アニメを究める11のコツ』（現代書館）、共著に『小説の生存戦略――ライトノベル・メディア・ジェンダー』（青弓社）など

2.5次元文化論《じげんぶんかろん》　舞台・キャラクター・ファンダム

発行――2021年1月27日　第1刷
定価――2000円＋税
著者――須川亜紀子
発行者――矢野恵二
発行所――株式会社青弓社
〒162-0801 東京都新宿区山吹町337
電話 03-3268-0381（代）
http://www.seikyusha.co.jp
印刷所――三松堂
製本所――三松堂

ISBN978-4-7872-3480-3　C0036